Struggle

Nar-Dos

ՊԱՅՔԱՐ

ՆԱՐ-ԴՈՍ

ISNB: 978-1-60444-825-2

Հրատարակված է Ամերիկայի Միացյալ Նահանգներում:

Կապ՝

IndoEuropeanPublishing@gmail.com

ISNB: 978-1-60444-825-2

1

189* թվի մեծ պասի նախավերջին շաբաթն էր, օրն երկուշաբթի, ապրիլ ամսի տաք, հիանալի մի օր: Փոքրիկ եկեղեցու սպիտակ ներկված պատի տակ, տախտակի նեղ նստարանի վրա, նստած էին մի պառավ և մի նորատի կին: Նրանք սպասում էին ճաշի ժամերգությանը: Հագուստներից երևում էր, որ պատկանում են հարուստ դասակարգի: Պառավը հագնված էր թիֆլիսեցի կնոջ տարազով, նորատին՝ եվրոպական: Նրանք հարս ու սկեսուր էին:

Պառավի գլուխը ծերությունից շարժվում էր անդադար կամ վերևից ներքև, կամ ձախից աջ, կարծես «այո» կամ «ոչ» էր ասում, և աչքերը ջրակալում էին շարունակ, թեև արտաքուստ նա շատ էլ ծեր կնոջ տպավորություն չէր թողնում: Բարությունն ու միամտությունը կաթում էր նրա փափուկ դեմքի ամեն մի խորշոմից, և այդ դեմքը մի տեսակ բութ-պայծառ արտահայտություն ուներ:

Հարսը կլիներ մոտ քսան-քսաներկու տարեկան: Սկեսրոջ կողքին նստած՝ ամբողջ գլխով և ուսով բարձր էր նրանից: Փետրազարդ և ծաղկազարդ փեղույրի շրջապատն այնքան լայն էր առջևից, որ արևի տակ ստվեր էր ձգում նրա նիհար դեմքի վրա, քթից վերև: Նա կատարյալ գեղեցկուհի էր, այն ուրույն գեղեցկուհիներից, որոնց դեմքն առաջին իսկ անգամից խորապես տպավորվում էր դիտողի հոգու մեջ և ինչ-որ քնած լարեր է շարժում այնտեղ մաքուր ու մելամաղձիկ, ինչպես տեսքը սգավոր գեղեցկուհու: Աիագին թերթերունքների տակ պատսպարված նրա սևորակ աչքերը նայում էին կարծես անդունդից և այնպիսի մի թախիծով, որ կարծես նրա հետ ծնվել, նրա հետ էլ պիտի մեռնեին: Նա հագնված էր ինտելիգենտ կնոջ պարզությամբ ու ճաշակով և նստած շիտակ՝ նեղ նստարանի ծայրին, ըստ երևույթին զգուշանալով, որ եկեղեցու պատի սպիտակ ջրաներկը չկպչի մեջքին:

Երկինքը բարձր էր, շատ բարձր և իր բարձրությունից նայում էր ներքև բաց-փիրուզի անփայլ կապույտով: Արևի ճառագայթները հուրհրատում էին եկեղեցու և զանգակատան կաթուղիկեների եռանկյունիները ծածկող արծաթագույն թիթեղների մեջ: Հարևան խարխուլ տան կտրան ծայրին, նորաբույս առատ կանաչի մեջ կանգնած էր հազիվ մի ամսական սպիտակ մի գառ՝ ականջները սուր ցցած, նայում էր դեպի եկեղեցու բակը, մայում էր համառորեն, և նրա սուր ձայնը զիլ արձագանք էր տալիս գարնանային պարզ օդում:

Ծտերը խմբովին թևերի ամբողջ թափով շեշտակի գալիս նստում էին բակի մեջ տնկված հակակի ծառերի վրա, ճվու-ծլվլում էին արևի ճաճանչների տակ պեծին-պեծին տվող մատաղ տերևների մեջ և հանկարծ, կարծես մի ազդանշանով, պոկ էին գալիս բոլորը միասին ու կորչում օդի մեջ եկեղեցու վրայով կամ կողքերով: Օդը շարժվում էր անդադար ինչ-որ անհանգիստ հունչով — մերթ սառն, մերթ տաք: Այդ ժմեռն էր, որ իր օրհասի վերջին շունչն էր փչում, և գարունն էր, որ իր տաք շնչառությամբ բնության վերածնությունն էր ավետում:

Եկեղեցին գտնվում էր քաղաքի աղմկալի կենտրոններից հեռու, և բակում հանգուցիչ անդորրություն էր տիրում: Բակն երեք կողմից շրջափակված էր տներով, իսկ չորրորդ կողմը, զանգակատան հետևը, մի փոքրիկ ձոր կար, որը ծառայում էր աղբանոցի տեղ: Այդտեղ քջուջ էր անում ժամկոչի թղսկան հավը ձվից նոր ելած իր բազմաթիվ ճուտերով, իսկ աքաղաղը, չափազանց ծանրաշարժ ու բրդոտ ոտնորով, կանգնած էր աղբանոցի ծայրին հպարտ ու հանդուգն և իր առողջ թոքերի ամբողջ ուժով ծուղրուղու էր կանչում, արձագանք տալով հայտնի չէ որտեղից, բայց շատ հեռվից լսվող մի ուրիշ ծուղրուղուի, որին նա ուշի-ուշով ականջ էր դնում իր ամեն մի կանչից առջև:

Կամաց-կամաց հավաքվում էին ժամավորները — մեծ մասամբ կանայք և մեծ մասամբ պառավներ: Նրանք մտնում էին բակը հանգիստ քայլերով, երեսները խաչակնքում էին անկանոն, համբուրում էին եկեղեցու դուռը և, որովհետև դեռ վաղ էր, ցրվում էին արևի ախորժալի ջերմ ճառագայթներով ողողված բակում:

Բակը մտավ մի զառամյալ ծերունի՝ կոլոլված ձմեռվա խիստ խունացված վերարկուի մեջ, որի մաշված փեշերի ծայրերեից տեղ-տեղ դուրս էր պրծել դեղնած սպիտակ բամբակը: Ծերությունից երկուտակված էր այն աստիճանի, որ վերարկուի փեշերն առջևից գրեթե քսվում էր գետնին, իսկ հետևի փեշը տարօրինակ ձևով բարձրացել և երևան էր հանել նրա չորիկ-մորիկ ոտները, որոնցից մեկի վրա բարակ շալվարի պատառոտուն ··· մտել էր կիսակոշիկի՝ հնությունից լայնացած ճտի մեջ: Կարճ ձեռնափայտին դիմհար տալով՝ նա մոտեցավ եկեղեցու դռանը, գլխարկը վերցրեց, երեսը խաչակնքեց երեք անգամ երկարատև ընդհատումներով, հոտո ծանրորոն նայեց այս ու այն կողմը իր սպիտակախառն թավ հոնքերի տակից, և նրա ցրված հայացքը կանգ առավ եկեղեցու պատի տակ նստած երկու կնոջ վրա:

— Զաքա՞ր, — կանչեց այդ կանանցից պառավը, իր ջրակալ ժպտուն աչքերով նայելով նրան և գլուխը շարժելով վերևից երքև: Նրա ձայնը նմանում էր կոտրված և կոծկված ամանի ձայնին:

Ծերունին գլխարկը կամաց ծածկեց և մոտեցավ նրանց.

— Օսա՞ն... Մանե՞... Աչքս չի կտրում, չճանաչեցի: Բարի օր ձեզ:

Մանեն իր և սկեսուրի միջև տեղ բաց արեց և հրավիրեց ծերունու, որ նստի:

Ծերունին նստեց:

— Ժամ եք մանգալի՞, — հարցրեց նա:

— Հա, ուզում եմ շաբաթ օրը հաղորդվի, — ասաց Օսանը:

— Ղազարոսի հարության օ՞րը: Լավ է: Բաց պատարագ է: Բաց պատարագին հաղորդվելը լավ է: Աստված ընդունելի անի: Դու է՞լ, Մանե, — դիմեց ծերունին նորատի կնոջը:

— Ոչ, — պատասխանեց Մանեն մի քիչ շփոթվելով և իսկույն ավելացրեց. — բժիշկն ինձ արգելել է պաս պահել:

— Վնաս չունի, — նկատեց ծերունին մեղմորեն: — Պաս ուտելը մեղք չէ, երբ ստամոքսը չի վերցրել, մեղք չէ: Մեղքը վատ գործն է, վատ խոսքն է:

Ծերունին սկսեց հարցուփորձ անել իր բարեկամների առողջության մասին:

— Մենք լավ ենք, — ասեց Օսանը: — Դու ոնց ե՞ս: Քանի ժամանակ է մեր կողմը չես անցկենում:

— Է, Օսան, ինձ էլ կասե՞ն ոնց ես, — արտասանեց Զաքարը ծերունիներին հատուկ անտարբեր դժգոհությամբ: — Քարշ եմ գալիս էլի, սրա-նրա դռանը աղքատ Ղազարոսի պես, մինչև որ տեսնենք՝ երբ է աստված հոգիս առնում: Բեզարել եմ, Օսան, շատ եմ բեզարել. ձեզ խո բեզարացրել եմ ու բեզարացրել:

— Ի՞նչ բեզարացրել, ի՞նչ ես խոսում:

— Չէ, Օսան, ես գիտեմ՝ ինչ որ ասում եմ: Հոգի ունեմ աստծուն տալու, ուղիղը պետք է ասեմ: Որդիդ, Գրիգոր

Սերգեյիչը, շատ պատվական, շատ աղա մարդ է, շատ նեղ օրերիս է վրա հասել, անչափ շնորհակալ եմ, բայց ... մինչև ե՞րբ, ի՞նչ պարտական է ...

— Էդ մի ասի Զաքար, էդ մի ասի — մեղմորեն կշտամբեց նրան Օսանը և նրա անդադար շարժվող գլուխը մի րոպե կանգ առավ: — Ինձ ասացիր, նրան չասես. շատ կնեղանա:

Ծերունին նայեց կողքին նստած Մանեին:

— Եկե՞լ է Գրիգոր Սերգեյիչը:

— Ոչ, — պատասխանեց Մանեն

Ծերունու գլուխը կանգ ընկավ ձեռնափայտի գլխին դրած ձեռքերի վրա: Կարճ ժամանակ լռում էր թախծալի մտախոհությամբ:

— Ասում ես՝ մի ասի, Օսան, — խոսեց նա, կարծես ինքն իրեն: — Ախր ո՞նց չասեմ, ես էլ որ չասեմ, բաս ո՞վ ասի: Ես էլ որ չասեմ քարերը կբղավեն, ոնց որ ասված է ավետարանի մեջ: Ես մի աղքատ, անտեր-անտիրական մարդ՝ ձեռքից-ոտքից ընկած ... գիտե՞ս, թե նրա բարի հոգով տված մի քանի մանեթն ինչ արժե ինձ համար... Կար ժամանակ, — գիտես, էլի, — ես էլ շատ հազարներ էի խաղացնում ձեռումս... առնում էի, ծախում... փողը ջրի պես էր գալիս ու գնում: Գդակս ծուռ դրած՝ ոչ ցավ ունեի, ոչ դարդ. կարծում էի, թե աշխարհին իմս է... Բայց հիմի՞, ի՞նչ եմ. — մի աղքատ Ղազարոս. մտիկ եմ տալիս, թե որ հարստի սափրոն են թափ տալիս, որ գնամ շների հետ, — մեղա քեզ աստված, — փշրանքները հավաքեմ ուտեմ: Փող էլ ունեի, տուն էլ ունեի, կնիկ, որդիք ... ամեն բան ունեի, ոչինչ պակաս չէր, բայց ...ամեն բան էլ գնաց ձեռիցս, ամեն բան, ոչինչ չմնաց, ու մենակ ես մնացի Հովբ Երանելու պես, որ ասեմ՝ փառք, հազար փառք քեզ, տեր դու տվեցիր, դու էլ առար. երևի մի մեղք ունեի, որ ինձ պատժեցիր:

Ծերունին աչքերը բարձրացրեց դեպի երկինք և կարճ ժամանակ մնաց այդպես լուռ ու խորհրդավոր. նրա շրթունքները ցնցվում էին կամաց՝ լուռ աղոթողի պես:

Մանեն կողքից նայում էր նրա կեռ քթին, աչքի վրա առյուծի ճանկի պես խոնարհված թավամազ հոնքին, հին մագաղաթի պես չորացած ու ճաքճաքած այտին և զգում էր, որ չափազանց խղճում է այդ թշվառ, անզոր ծերունուն:

— Բայց որդիդ, Օսան, Գրիգոր Սերգեյիչը, գնում է ա՛յն ճանապարհով, որ տերն ինքն է ցույց տվել, — շարունակեց ծերունին, ցուցամատը բարձրացնելով դեպի երկինքը: — Աստված տալիս է նրան, և նա էլ ինձ պես խեղճերին է տալիս: Նա ուսում ունի և իր ուսումովը շատ առաջ կգնա: Ասենք հիմիկվա ուսումը... լավ է չլինի, քան թե կա: Հրեն իմ եղբոր որդին, Աշոտը... նա էլ ուսում ունի, գրում է: Բայց մեկ-մեկ որ ականջովս է դիպչում, թե ինչեր է գրում, մազերս բիզ-բիզ են կանգնում, ասում եմ՝ փառք քեզ, աստվա՛ծ, ինչ որ չէինք իմացել այն էլ ենք իմանում…Մի կտոր հաց էր տալիս, այն էլ կտրեց ու իսկի հարցնո՞ւմ է՝ կենդանի եմ, մեռել եմ, ինչով եմ ապրում, որտեղ եմ ապրում, — ո՛ր ասես: Էգուց էլ որ գլուխս վեր դնեմ (մեռնեմ), իսկի էլ չի ամալիլ, որ կրծքիս աման դնեն (ժողովարարությամբ թաղեն):

— Քա՛, ինչի՞, ի՞նչ ես ասում, — զարմացավ Օսանը:

— Չգիտեմ, Օսան ջան, չգիտեմ... Երևի այդ էլ իմ արած լավության փոխարենն է: Հինգ տարեկան երեխա էր. որ հայրն ու մայրը մեռան, վերցրի պահեցի, ուսումի տվի. հիմի որ մարդ է դառել, ինքն ունի, ես չունեմ, հիմի… աստված բարի տա նրան, աստված բարի տա: Ես այսօր կամ, էգուց չէ, բայց մարդ մարդու լավությունը չպետք է մոռանա, ուր մնաց հարազատ եղբոր որդին…

Մանեն ուշի-ուշով ականջ էր դնում ծերունուն, և նրա հոնքերի միքև խստորեն գծված բնորոշ մի խորշում ցույց էր տալիս, որ ինչ-որ խիստ անախորժ բան է զգում նա հոգեպես: Բայց նա ամենևին չէր խառնվում սկեսրոջ ու ծերունու խոսակցությանը և, ըստ երևույթին, աշխատում էր ուշադրությունը կենտրոնացնել իր ոտների տակ գետնի մեջ թաղված մի հին գերեզմանաքարի վրա, որի մակերեսը հավասարեցված էր գետնին և կողքերից, այս ու այնտեղ, նոր սկսել էին ծիլեր արձակել խոտի հատուկենտ փնջեր: Գերեզմանաքարի վրա քանդակված էր եպիսկոպոսական խույր, գավազան կրենդելի պես ծռված երկճյուղ օձագլուխներով և ինչ-որ քառանկյունի մի բան — անշուշտ ավետարան, որի բաց երեսների վրա մեծ դժվարությամբ կարդացվում էին հետևյալ խոսքերը՝ «Եկայք առ իս ամենայն վաստակյալք և բեռնավորք, և ես հանգուցից զձեզ»: Հնությունը, անձրևներն ու արևը և մարդկանց ոտներն իրենց անխուսափելի ավերածությունն էին տարածել այդ սրբազան նկարների և ավետարանական խոսքերի վրա, իսկ բուն արձանագրությունն այն աստիճան մաշվել էր, որ բոլորովին անընթեռնելի էր դարձել:

Նորանոր ժամավորներ էին գալիս, և եկեղեցու խաղաղ բակը

հետզհետե կենդանություն էր ստանում: Զաքարն իր խարխուլ ձայնով դեռ իր գանգատն էր անում եղբոր որդուց Օսանի ու Մանեի մեջտեղը կզացած, և Մանեն, ներքին անախորժությամբ լսելով նրան, դեռ դիտում էր եպիսկոպոսկան գերեզմանաքարը, երբ նրանց առջև բսնվեց պառավ, կմախքացած մի կին հնամաշ, տեղ-տեղ կարկատած սև հագուստով, խունացած սև քիշմիրի մի շալ գլխին:

— Քա՛, Հոռոմսի՞մ, — բացականչեց Օսանը: Հոռոմսիմն ընդհանուր բարև տվեց և աչքերով տեղ որոնեց նստարանի վրա, որ նստի: Նստարանն այնքան կարճ էր, որ չորրորդ անձի համար տեղ չկար նստելու, ուստի Մանեն շտապեց վեր կենալ:

— Վո՛ւյ, չէ՛, չէ՛, Մանե ջան, նստիր, — կանչեց Հոռոմսիմը և աշխատեց թույլ չտալ, որ նա վեր կենա:

Բայց և այնպես Մանեն վեր կացավ, իսկ Հոռոմսիմը չնստեց, և երկուսն էլ մնացին ոտի վրա:

— Այս որտե՞ղ ես, մեծ պասն անցկացավ, քեզ ժամումը չտեսա, — ասաց Օսանը:

— Վա՛յ իմ խեղճ գլխին. ես ա՛յն օրումն եմ, Օսան ջան, որ ժամ կամ պատարագ միտս գա, — պատասխանեց Հոռոմսիմը վերին աստիճանի խղճուկ ձայնով, որը, սակայն, ամենևին չէր համապատասխանում նրա ահագին աչքերի անախորժ փայլին, ոսկրացած դեմքի անդադար ձգձգվող մկանունքներին և վերին աստիճանի եռանդալից ուսերին, որոնք խիստ կռվարար կնոջ տպավորություն էին գործում:

— Ի՞նչ է պատահել:

— Էլ մի հարցնիլ, Օսան ջան, էլ մի հարցնիլ. իմ որդու արարմունքն ինձ ողջ-ողջ գերեզման դրեց:

— Էլի գժություններ է անո՞ւմ:

— Վույ այնպես գժվի նրան գժվեցնողը, ոնց որ ես եմ գիտեմ, — բացականչեց Հոռոմսիմն այնպիսի ահարկու մի եռանդով, որ կարծես թե այս էր նրա սրտի միակ ամենամեծ բաղձանքը: Հետո նա ձեռքերը ծալեց կրծքին, աչքերն աղոթողի պես ձգեց եկեղեցու պատն ի վեր և շարունակեց. — խնդրել եմ մայր աստվածածնից, որ նա այրվի, այրվի, այրվի, ոնց որ մենք ենք այրվում-փոթոթվում անկրակ նրա պատճառով: Խնդրել եմ տեր ամենակալից, որ նրա օրն ու կյանքն այնպես խավարի, ոնց որ մեր կյանքն է խավարել նրա պատճառով, սև ու մութ լուսանա նրա գլխին կարմիր զատիկը, ոնց որ սև ու մութ է արել նա մեր օրերը…

— Ի՛հ, լավ մի դու էլ, — նկատեց Օսանը սնահավատի սարսափով: — Եկեղեցու պատի տակն էլ այդպես կանիծե՞ն:

— Լավ չի Հոռոմսիմ, լավ չի, — նկատեց իր կողմից Զաքարը: — Քրիստոսն ասել է...

— Ի՞նչ է ասել Քրիստոսը, — հանկարծ բղավեց Հոռոմսիմը ծերունու վրա այնպիսի կատաղությամբ, որ խեղճի խոսքը մնաց բերանում: — Քրիստոսն ասել է՝ տուն-տեղ թող, մայր, կնիկ, որդիք մոռացիր, քաղցած-տկլոր ահիր նրանց ու ինչ որ աշխատես, տար բոզերի փորն ածա՞: Քրիստոսն ասել է՝ գնա հարբիր-տրաքվիր, կեսգիշերներին տուն արի ու առանց պատճառի կնկանդ փայտի տակ դիր ջարդիր: Հա՞, Քրիստոսն այդ է ասե՞լ: Բաս անիծե՞մ նրան այդպես գժվեցնողին: Բաս չասե՞մ:

— Սպասիր, Հոռոմսիմ, — ընդհատեց նրա խոսքերի տարափն Օսանը: — Դու գիտե՞ս ով է որդուդ խելքից հանել:

— Ինչո՞ւ, դու չգիտե՞ս, Մանեն չգիտե՞, — ասաց Հոռոմսիմը և, որովհետև Օսանն ըստ երևույթին, չգիտեր և զամացած նայեց նրա զայրացկոտ աչքերին, ավելացրեց. — Այն լպստած, այն աննամուս ակուշերկեն է, է՛լի... Հեղինե Սոլիկյանը — կտրվի նրա անունը:

— Քա՛, — բացականչեց Օսանը և ձեռքերը բռունցք կազմած՝ դրեց շրթունքների վրա ի նշան ապշության: Նա մեծ տարակուսանքով նայեց հարսի աչքերին, կարծես հարցնելով, թե մի՞թե նրան հայտնի էր այդ բանը:

Մանեն խուսափեց սկեսրոջ այդ հայացքից և մեքենայաբար նայեց դեպի հարևան կտուրը, որտեղ գառը նորից սկսել էր նայել համառորեն:

— Սոլիկենց Ստեփանի աղջիկը... կճանաչեմ, — ասաց Զաքարը, կարծես, ինքն իրեն:

— Ա՛յ, սև մահը ճանաչի նրան, գետինը դնեմ նրա անունը, — սրտանց վրա բերեց Հոռոմսիմը և արագորեն նստեց Օսանի կողքին: Ես զարմանամ եմ ձեզ վրա, Օսան, — ավելացրեց նա հանդիմանորեն. — ախր այն աննամուսին դուք ո՞նց եք տուն թողնում:

— Վո՛ւյ Հոռոմսիմ ջան, պարտական լինեմ, թե սրանից ավել ես իմացած լինեմ նրա արարմունքը: Ասենք այն գլխից ես չեմ հավանել նրան. ժամանակ-անժամանակ ներս կընկնի, չաչանակի պես կխոսի, լիրբ-լիրբ կծիծաղի, պապիրոս կքաշի, դուրս կտա ինչ-որ բերանը գա, ոչ մեծ կհարցնի, ոչ պստիկ: Բայց դե պստկուց հարսիս ընկերուհին է եղել, ուսումնարանում միասին են սովորել գալիս է, դուռը խո ետ չե՞մ դնիլ երեսին:

— Որ դուռն երեսին ետ չես դնիլ, խո կարո՞ղ ես ասել, սա ջահել աղջկա արարմունք չէ: Բա ջահել աղջիկը, ազապ աղջիկն այդպես աննամուս բաներ կանի՞: Ախր այսպես բան չի լինի Օսան ջան, Մանե ջան: Այնպես գժվեցրել է այն տղին, այնպես գժվեցրել, որ էլ աչքով աչք չունի կնկա վրա: Շատ անգամ, կեսգիշերներին, տուն է գալիս հարբած-տրաքված, էլ ի՛նչ ուշունցներ ասես չի տալիս այն խեղճ ու կրակ աղջկան, թե որ այն խեղճը մի ձայն էլ հանում է, պրծա՛վ. շունը կապիր, նրան բաց թող: Մինչև հիմի ծեծել չէր իմանում, հիմի այդ էլ է սովորել փուչ-փչանալուն: Վարժապետությունից ձեռք վեր առավ, մտավ հաշվապահ, երկու ամիս էլ չդիմացավ, կռվեց դուրս եկավ. մի տարի պարապ-սարապ թրև եկավ, հետո մտավ բանկը, այնտեղ էլ չպահեցին, դուրս արին, վերջը կնկա փողերը խաբխբելով դուրս բերեց բանկից, գնաց Մոսկով, թե՝ ուսումս կիսատ է, պետք է լրացնեմ: Մոսկովում ինչ արավ, ինչ չարավ — չեմ իմանում, երեք տարուց հետո ետ եկավ, սկսեց գրել լրագրերումն: Ասում են լավ փող է վերցնում, բայց մի գրոշ, մի սև գրոշ ասես տուն բերում է՞, որ աչքներս կոխենք: Աստված է վկա, օր է պատահում, որ տանը մի կտոր հաց չի լինում ըրեխանց ձայնը կտրելու համար, ողջ ձմեռը շան պես կոնկոռնալով ենք անցկացրել. տան քրեհը հավաքվել, տանիցը դուրս են անում: Մինչև այս հասակս ես վարձկան չեմ բանել ուրիշի դռանը, հիմի այդ էլ եմ անում — կտրվի նրա նամուսը — այն խեղճ աղջիկն էլ մի օր լավ, տասն օր հիվանդ, օր ու գիշեր մեկ արած՝ հալած մոմ է դարձել ասեղի ծայրին շատ մտիկ տալուց: Բայց դե մեր վերցրածն ի՞նչ պետք է լինի, որ հինգ փոր կշտացնի: Իսկ նա, փուչ-փչանալուս, ինչ որ աշխատում է բոզերի փորն է ածում: Սա օրենք է՞: Հը՞, ձեզ եմ հարցնում, սա օրենք է՞:

— Է՛,ժամանակ, ժամանակ, — արտասանեց Զաքարը ծերունիներին հատուկ անտարբերությամբ և գլուխը շարժեց:

— Ասում եմ՝ ա՛յ որդի, ինչի՞ ես այդպես անում, — շարունակեց Հռոմսիմը: — Ես, ասենք, պառավել գնացել եմ, բայց այս, խեղճ ջահել աղջկա օրն ինչի՞ ես մթնացնում: Ի՞նչ է արել քեզ, որ համ տկլոր ու քաղցած ես պահում, համ էլ ծեծում, ջարդում: «Թե որ չի ուզում, ասում է, տկլոր ու քաղցած մնա, թե որ չի ուզում, ասում է ծեծվի ու ջարդվի, ասում է, որ ուզամ է՝ գնա. ես դրան պահողը չեմ»:

— Քա՛, — արտաասանեց Օսանը և նորից ձեռքը բռունցք կազմած դրեց շրթունքի վրա:

Հոռոմսիմը ձեռքերը դինջ արեց ծնկներին և, իր եռանդալից աչքերով նայելով Օսանին, շարունակեց, կարծես Օսանի տեղ մոտը նստած լիներ իր որդին:

— Հիմա չես պահո՞ղը, ասում եմ, երբ որ խեղճ աղջկա ուղն ու ծուծը քամեցիր: Հի՛մի չես պահո՞ղը, երբ որ խեղճի բաժինքի փողերը դուրս բերիր տարար լակեցիր, — քթովդ դուրս գա: Թե որ պահողը չէիր, ասում եմ, բաս ինչի՞ ուզեցիր, ինչի՞ այդ խեղճ աղջկա մեղքն ընկար: Հը՞: «Այն ժամանակն, ասում է, ջահել էի, աշխարհք չէի տեսել, խելքս բան չէր կտրում. հիմի ամեն բան տեսել եմ, խելոքացել եմ»: — Տո , դա խելք է , ասում եմ, որ մարդ տուն-տեղ մոռանա. երեխեքին քաղցած, տկլոր պահի, կնկանը ծեծած-ջարդած ու ինքն աննամուս աղջկերքի հետևից թրև գա: Հը՞, դա խելոք է՞: Ասում եմ՝ բաս որ ժամումը տերտերը հարցրեց «տեր եմ» ու դու էլ լեզուդ չչորացավ, ասեցիր «տեր եմ», բաս չէիր իմանո՞ւմ, որ մինջև գերեզմանը տեր պետք է լինես ու անտեր չթողնես: Հը՞, բաս այդքան էլ չէիր իմանո՞ւմ: «Այդքանն էլ որ իմանայի, ասում է, իսկի ժամ էլ չէի գնալ: Ժամս ո՞րն է, ասում է, տերտերս ո՞րն է: Վեքսիլ խոմ չեմ տվել, ասում է, սուրբ պարտքս բկիցս բռնած առնեն, մի խոսք է, էլի, ասել եմ. ասեցնել են տվել, ես էլ ասել եմ. Ամենքն ասում են, ես էլ ասել եմ»: Դե արի ու բան ասա: Ի՞նչ ասեմ: Հը՞, ձեզ եմ հարցնում, ի՞նչ ասեմ:

Զաքարը գլուխը բարձրացրեց և նայեց Հոռոմսիմի զայրացկոտ ու տարակուսալից դեմքին:

— Ա՛յն ասա, թե՝ որդի, աստծու ճանապարհիցը դուրս ես գալիս, հոգիդ սատանի փայ ես անում, — ասաց նա ծանր ու հանդիսավոր ձայնով: — Ասա նրան, թե վեքսելը, թղթի մի կտորը, ավելի մեծ գին ունի՞, թե աստծու սուրբ սեղանի առաջ, խաչի ու ավետարանի վրա տված խոսքը:

— Ես, ասում է, աստված-մաստված, խաչ-մաչ չեմ ճանաչում, չէ՛, — աղաղակեց Հոռոմսիմն իր բարկացկոտ աչքերը փայլեցնելով ծերունու վրա:

— Տեսնում ե՞ս... բաս ասա թուրքացել է, էլի, — նկատեց Օսանը:

— Ականջ դիր, Օսան, ինչ եմ ասում, — ասաց Զաքարը, կամաց շոշափելով նրա թևը: — Ամեն աստծու օր ես ժամ եմ գալիս, իսկ կիրակի օրերը ճաշին Վանքն եմ գնում, որովհետև, պատարագին լավ ժամ են ասում: Վանքի բակը որ մտնում եմ տեսնում եմ լիքն է մեր ջահելներով: Օտար մարդ մտիկ տա, կասի՝ ի՛նչ ժամասեր են այս հայ ջահելները: Բայց որ հարցնես, իսկի մեկը մտնում է՞ պատարագ տեսնելու, երեսը խաչակնքելու, մոմ վառելու, աղոթք անելու: Բան չունե՞ս: Մտնողն էլ այնպես է պահում իրան աստծու սուրբ տաճարի մեջ, որ կասես իրանց տունը լինի: Երեսը խաչ հանել, մոմ վառել, ծունկ չոքել աղոթել խո չկա ու չկա. որ չամաչեն, պապիրոս էլ կքաշեն: Հիմի Հոռոմսիմի որդին էլ դրանցից է, է՛լի: Կարծում ես, մենակ դա է՞: Ու մենակ տղերքը չեն, Օսան, աղջկերքն էլ են այդպես:

— Ա՛յ հիմիկվա աղջկերքի նամուսն էլ այնտեղ գետինը դնեմ, — սրտանց վրա բերեց Հոռոմսիմը: — Դիփ դրանք չեն ջահելներին գժվեցնողը՞: Ի՞նչն էր իմ որդունը, առաջ ինչ նամաղուլներ էլ էր աներ, էլի տան պատիվն էլ գիտեր, կնկա պատիվն էլ. իսկ իմ առաջ կհամարձակվե՞ր մի ավելորդ խոսք ասել: Իսկ հիմի՞, ինչ որ կապվել է այն աննամուսի հետ... Շատ անգամ այնպես սրտի եմ գալի, Օսան ջան, որ ասում եմ դուրս անեմ տանից, էլ մոտ չթողնեմ, ջհաննամը — ուր ուզում է՝ կորչի, առանց այն էլ չկա ու չկա, թող իսկի չլինի, գոնե այն մեղքուկրակ աղջիկը կհանգստանա: Մեկ էլ ասում եմ՝ չէ. մարդ մեջ գցեմ, ո՞վ գիտե, ջահել է, ինձնից չի քաշվում, գուցե ուրիշներից քաշվի, խելքի գա: Օսան ջան, մի օր տեսնես նրան, չես կարո՞ղ խրատի:

— Խրատի՛, — բացականչեց Օսանը, և նրա գլուխն սկսեց ավելի շարժվել: — Ես ա՛յն լափնածեմ գլխին, որ ասի թե հա՛: Ափսոս, որ ես այդ բաները վաղ չեմ իմացել: Հա՛յ գիտի հա՛, բաս իմ որդին ջահել չի եղել էլի, որ այդ նամաուլները չի արել: Վույ, աստված ոչ անի. այն օրը սև մահ լիներ իմ գլխին:

— Օսան ջան, թե որ դու այդ բանը կանես, հենց իմանաս, թե մի գերի ես ազատել, — ասաց Հոռոմսիմը, և այս անգամ նրա կովարար ձայնը հնչում էր լացագին: — Մանե ջան, այն... այն... լավ աղջկան ասա՝ ի՞նչ ես ուզում մեզանից, ինչի՞ ես մեր մեղքը վեր առնում: Մանե ջան, չես իմանում, մի օր որ գաս տեսնես մեր հալը, լաց կլինես, աստված է վկա. քարն ի՞նչ է, քարն էլ լաց կլինի:

Արտասուքի կաթիլները մեկը մյուսի հետևից դուրս էին

ցայտում հարատև զրկանքներից ու վշտից կմախքացած պառավ կնոջ աչքերից և արագորեն գլորվում նրա խորշոմած այտերի վրայով, ադամանդների պես շողշողալով արևի ճառագայթների տակ։

Մանեն կանգնած էր լուռ ու անշարժ և նայում էր տամուկ աչքերով, շրթունքները պինդ սեղմած իրար, ըստ երևույթին զսպելով իրեն, որ ինքն ևս լաց չլինի այդ խեղճ պառավի աղեկտուր խոսքերը լսելիս և առատ արտասուքները տեսնելիս։

— Շատ լավ, — ասաց նա հանկարծ. — ես կտեսնեմ նրան, անպատճառ կտեսնեմ։

Արևն ավելի ու ավելի տաքացնում էր օդն ախորժելի ջերմությամբ։ Վերևը, եկեղեցու տանիքի վրա, նստած էին երկու աղավնի ուռած-փքված և դունդունում էին իրենց քնքեր խուլ ձայնով։ Եկեղեցու պատի հետևից, բակի մյուս կողմը, լսվում էին ժամավոր կանանց բարձրաձայն խոսակցության և երբեմն ծիծաղի ձայները։

Վերջապես, եկավ քահանան — նոր-նոր աղվամազը դուրս եկած մի նորընծա, մեջքին խիստ հուպ տված փայլուն փարաջայով և փափուկ կաստորի նոր գլխարկով։ Հետո եկավ տիրացուն — տերտերից շատ ավելի հասակով մի մարդ խիստ մազակալած տգեղ դեմքով, արբեցողի պղտոր ու կարմիր աչքերով, ամառվա հնամաշ վերարկուով և տիրացուներից անբաժան հովանոցը ձեռքին։ Եկեղեցուց փութկոտ քայլերով դուրս եկավ ժամկոչը «հասարակը» տալու։ Դա գլուխն առաջ ընկած, կուրծքը ներս ընկած մի ժիր ծերունի էր ահագին սապատով և սև մահուդի այն աստիճան խունացած չուխայով, որ մեջքին՝ սապատի վրա կարծես մամուռ էր բսել և արևից խանձվել։ Փոքրիկ զանգակները — մեկը բարիտոն մյուսը տենոր — հնչում էին չափաբերական շեշտերով՝ տամ-տիմ-տոմ, և նրանց ձայները զիլ ծկլթոցով կարծես պոկ էին գալիս ինչ-որ մի բանից, ուրախական աղաղակով դուրս թռչում զանգակատան կաթողիկեի նեղ կամարներից, բազմերանգ թելերի պես հյուսվում իրար հետ, սլանում օդի մեջ և շնչասպառ մարում արագորեն, կարծես ողբալով, որ իրենց գոյությունն այդքան կարճալի է։

2

Հոռոմսիմի որդու և Հեղինե Սոլիկյանի միջև եղած կապը թեև վաղուց էր հայտնի Մանեին, բայց նա իբրև կրթված կին՝ միանգամայն հեռու էր պահում նրանց անձնական գործերին միջամտելուց և չտեսնելուն էր տալիս նրանց ավելի քան մերձավոր հարաբերությունները: Նա շատ լավ ճանաչում էր թե Սեդրակ Նաւիբյանին, և թե Հեղինե Սոլիկյանին, մանավանդ վերջինիս. գիտեր, որ երկուսն էլ ազատ, անկախ հայացքների տեր անձեր են, ամեն տեսակ նախապաշարումներից հեռու և, ինչպես ասում էր Հեղինե Սոլիկյանը, «բուրժուական բարոյականությունը» ժխտող: Բայց երբեք չէր կարծում, որ նրանք, այդպիսի անձեր լինելով հանդերձ, զուրկ կլինեն խղճահարության ամենատարրական զգացումից անգամ և ընդունակ կլինին զոհ բերելու իրենց հանցավոր կրքին մի ամբողջ անմեղ ընտանիք: Այս պատճառով Հոռոմսիմի պատմությունը այն աստիճան վրդովել էր նրա հոգին, որ նա վճռեց այդ օրն իսկ տեսնել ընկերուհուն և լրջորեն խոսել նրա հետ: Այդ դիտավորությամբ երեկոյան դեմ դուրս եկավ տնից:

Հեղինե Սոլիկյանն ապրում էր երեք սենյակից բաղկացած վարձու մի բնակարանում իր մեծ քրոջ՝ Սալոմեի հետ, որը խուլ ու համր պառաված մի օրիորդ էր մոտ քառասուն տարեկան, ականջների մեջ շարունակ բամբակ խրած: Հայր, այր, եղբայր նա չուներ, ուներ միայն այդ մի հատիկ քույրն, որին սիրում էր ոչ այնքան նրա համար, որ իր քույրն էր, որքան նրա դժբախտության համար: Իսկ Սալոմեն, աշխարհային բոլոր վայելքները մոռացած, նույնիսկ արտաքին աշխարհից միանգամայն կտրված, հոգով-մարմնով նվիրված էր փոքրիկ քրոջը, որին սիրում էր առանձին մի քնքշանքով և նայում էր նրա վրա մոր պես: Թվում էր, թե նա ուրիշ ոչ մի հոգացողության չունի, բայց միայն այն բանից սակավաթիվ ժամերին, երբ Հեղինեն տանն էր լինում, ոչ մի բանի պակասություն չզգար, դժգոհության ոչ մի առիթ չունենար: Սալոմեի ամբողջ աշխարհայացքը պարփակված էր տան չորս պատերի մեջ: Տան գործերին նվիրված էր ֆանատիկոսի եռանդով և օրնիբուն զբաղված էր մաքրելով, լվանալով, եփելով, թեև ծառա ունեին, մնացած ժամանակը զբաղվում էր կամ իր հնամաշ շորերը կարկատելով, կամ գուլպա գործելով, կամ իր անթիվ ծաղկամաններով, որոնցով լիքն էին բոլոր լուսամուտները և պատշգամբը:

Այժմ էլ, երբ Մանեն գնաց նրանց տուն, Սալոմեն ինչ-որ բան էր շինում խոհանոցում, և Մանեն անցողակի տեսավ նրան՝ թևերը քշտած և թաց գոգնոցով: Երևի իր այդ անկարգ դրությունից քաշվելով, Սալոմեն դուրս չեկավ հյուրի մոտ, բայց նրա փոխարեն սենյակից գնդակի պես դուրս նետվեց ինքը Հեղինեն — դեռևս շատ ջահել մի աղջիկ ոսկե պենսնեով, մինչև ուսերը խուզած զանգուր մազերով, առանց կորսեի, գիրուկ, կլորիկ, ցածրահասակ, տեղնուտեղը եռանդ, կրակ ու ծիծաղ, կարծես չարաճճի մի տղա լիներ աղջկա շոր հագած:

— Մանե ջան, այս ո՞ր քամին է քշել քեզ իմ կողմը, — կանչեց նա, իր փափլիկ կարճ մատներով առնելով նրա ձեռքերը: — Ի՜նչ լավ է, որ եկել ես. ես մեռա մենակությունից, թեև նոր եմ վերադարձել տուն և այնքան հոգնած եմ, որ քիչ էր մնում պառկեի քնեի: Արի մի պռոշտի անենք:

Եվ նա բարձրացավ ոտների ծայրերի վրա, որ հասնի Մանեի շրթունքներին:

— Դե՜, շամփուր խո չե՞ս կուլ տվել, մի քիչ կռացիր, որ հասնեմ: Եղբորդ պես բարձրացել ես, կարծես թե ուզում ես... շլոր քաղել:

Մանեն ծիծաղեց ակամա և խոնարհվեց Հեղինեի դեմքի վրա: Հեղինեի այդ անկեղծ ուրախական ընդունելությունը մոռացնել տվեց նրան այն վրդովմունքը, որով եկել էր՝ կռվելու ընկերուհու հետ:

Մանեի շրթունքները մի քանի անգամ պինդ համբուրելուց հետո, Հեղինեն, մի ձեռքով բռնած նրա ձեռքից, մյուսով քթի վրա ուղղելով պենսնեն, ներս տարավ նրան ծաղկամանների երկայն շարանի միջով, նստեցրեց բազմոցի վրա և ինքն էլ արջի քոթոթի պես թրմփալով, տեղավորվեց նրա կողքին:

— Երեկ եղբորդ էի հարցնում, թե ի՞նչ է պատահել քեզ, հիվանդ խո չե՞ս, որ չես գալիս ինձ մոտ:

— Եղբո՞րս, — զարմացավ Մանեն:

— Հա՜, Վահանին:

— Մի՞թե նա այստեղ է:

Հեղինեն սկզբում ինքը զարմացավ Մանեի այդ հարցի վրա, հետո հանկարծ բարձրաձայն ծիծաղեց: Ծիծաղելիս նրա փափլիկ այտերի և լիքը կզակի վրա մատնեհարներ էին գոյանում:

— Այ քեզ բա՜ն... Մի՞թե նա դեռ չի եկել քեզ մոտ:

— Չէ: Ես մինչև անգամ չգիտեի, թե այստեղ է:

— Ի՜նչ ես ասում, — բացականչեց Հեղինեն, և նրա ծիծաղը սաստկացավ: — Իսկ նա ասում էր, թե բոլորովին ողջ և առողջ ես, թե արդեն սկսել ես զատկվա համար պասքաների պատրաստություններ տեսնել, թե ինձ համար ինչ-որ մի սյուրպրիզ ես պատրաստում... մի խոսքով՝ խոսում էր այնպես, որ կարծես թե հենց նոր քեզ մոտ էր եղել: Եվ բոլորովին լրջորեն, գիտե՞ս: Հա՜, հա՜, հա՜... Ի՜նչ մազալու մարդ է: Չափազանց հավանում եմ նրա բնավորությունը Սուտ կխոսի հենց միայն նրա համար, որ սուտ խոսած լինի և զվարճանա, թե ինչպես դիմացինը ճշմարտության տեղ է ընդունում իր սուտը: Դուրս է գալիս մի տեսակ «գեղարվեստը գեղարվեստի համար»: Ա՜յ, եթե դու ունենայիր նրա բնավորության գեթ մի հազարերորդ մասը, այսինքն՝ կյանքի և մարդկանց վրա նայեիր նրա պես հեզնորեն, այդպես... չէիր լղարիլ, թեև խորհուրդ էլ չէի տալ, որ նրա պես չաղանայիր: Մոսկալի բան է դառել, որ տեսնես: Առաջը կանգնած՝ ուղղակի թզուկ էի երևում ինքս իմ աչքում, թեև ես էլ մի մսի գունդ եմ: Իսկ բարձրությո՜ւնը... Միրտս ասում էր՝ թռչեմ նստեմ ուսին լավ տեսնելու համար — մա՞րդ է, թե մի այլ արարած աժդահաների ցեղից: Ա՜խ, ինչպե՜ս կուզեի, որ նա իմ եղբայրը լիներ: Նրա հայացքից, հետո խոսակցության տոնից այնպիսի մի բան ես զգում, որ կարծես թե խտղտում են կողերիդ տակ. համ ախորժելի է, համ անախորժ, համ ծիծաղում ես, համ զայրանում, բայց ընդհանրապես զժի պես ուրախ ես զգում քեզ: Որ նրա մարմնի ահագնությունից չվախենամ, անպատճառ կսիրահարվեմ արևս վկա: Խտտած ժամանակ մի քիչ որ պինդ հուպ տա ճխիլ-մխիլս կհանի: Նրա համար կատվի խաղ կլինի, ինձ համար՝ մկան մահ:

Եվ, շատ սրամիտ համարելով իր այդ համեմատությունը, Հեղինեն շարունակեց ծիծաղել, բայց Մանեն չժպտաց անգամ: Առիթը շատ հարմար էր, որ Մանեն խոսք բանար իր այցելության նպատակի մասին, և Հեղինեի վերջին խոսքերն այն աստիճան ցինիկական թվացին նրան, որ քիչ մնաց ընկկերուհու երեսովը շպրտեր՝ «մեկը բավական չէ՞, որ երկրորդն էլ ես ուզում ունենալ», բայց զսպեց իրեն և ասաց.

— Սպասիր, մեկ զա ինձ մոտ, այնպե՜ս կռվեմ որ:

— Իսկ ես, որ քո տեղը լինիմ, վրա կընկնեմ և այնքան

կպաչպչեմ, որ երեսի կաշին կպոկեմ: Ես եղբայր չունիմ և չեմ ունեցել, բայց որ ունենամ, զգում եմ, որ գժի պես կսիրեմ;

Հեղինեն վեր կացավ, մի պապիրոս առավ սեղանի վրա դրած թղթի արկղիկից, վառեց և նորից նստեց Մանեի մոտ:

— Ո՞ւրիշ աաա, է՛, ինչպե՞ս ես: Այսօր... Սպասիր, այս ի՞նչ ես քսել վզիդ: Երեսդ մի քիչ այն կողմն արա: Ա՜խ, երակդ է: Իսկ ես կարծեցի թանաք ես քսել: Դե՜ մի՞թե կարելի է այդքան լղարել: Մարդդ դեռ չի՞ վերադարձել հանքերից:

— Ոչ:

— Գիտե՞ս, այսօր հիվանդանոցի լուսամուտից տեսա քեզ սկեսուրիդ հետ: Ասացի՝ փա՜ռք քեզ, աստված, ահա՜ մի օր, երբ իմ սիրուն թռչնիկը դուրս է թռել վանդակից գարնան հրաշալի օդում ճախրելու: Բայց մի բան հարցնեմ. ի՞նչ հաճույք ես զգում, որ առանց պառավի տանից դուրս չես գալիս: Վախենո՞ւմ ես, ինչ է, որ... Բադամյանը հանկարծ բռնի ու փախցնի...

Մանեն հոնքերը կիտեց և հայացքը ձգեց ծնկներին:

— Դու, երևի, մեզ տեսել ես այն ժամանակ, երբ մենք ժամ էինք գնում կամ ժամից գալիս, — ասաց նա բավական սառն կերպով:

— Ժա՞մ... ի՛նչ ես ասում: Ճաշին էր, որ ձեզ տեսա:

— Այո մեծ պասին ճաշին էլ են ժամ ասում:

Հեղինեն հանկարծ իր փափլիկ ձեռքերը խփեց ավելի ևս փափլիկ թշին:

— Ա՜խ, ճիշտ որ... հիմա խո մե՛ծ պաս է: Հիշո՞ւմ ես, մեծ պասին որ մեզ, աշակերտուհիներիս, ժամ էին տանում հաղորդելու: Տերտերը պպզում էր սյունի տակ, իսկ մեզ թխսկան հավի պես հավաքում էր իր շուրջը և կրկնել տալիս «Մեղայի» խոսքերը, «որկրամոլությամբ և մասամբ նորին, ողջախոհությամբ և մասամբ նորին, զիճությամբ և մասամբ նորին, ոտնահարությամբ և մասամբ նորին...»: Հիշո՞ւմ ես, որ ես փոթկոցս չէի կարողանամ պահել, իսկ դու կմշտում էիր կուռս թե՝ սուս կաց: Դու մինչև այժմ էլ մնացել ես նույնը, իսկ ես... Ա՛յ, ինչ է նշանակում մեծանալ և աստծո ճանապարհից հեռանալ: Բավական չէ, որ այլևս չեմ ապաշխարում այլև մոռացել եմ ապաշխարության օրերը: Վա՛յ, հազար վա՛յ իմ հոգուն. Սադայելը կպրի կարասը կկոխի ու կհանի: Այն ժամանակ հազար «վա՛յ, նանի ջան» կանչի, ո՞վ է օգնողը: Երանի քեզ, որ ժամ էլ ես գնում, պաս էլ ես պահում, հաղորդվում էլ ես: Մեզ համար պատրաստ է

Աբրահամի գոգը, իսկ ինձ համար՝ սանդարամետը: «Վա՛յ ինձ, վա՛յ ինձ, վա՛յ ինձ. զի անթիվ են հանցանք իմ. աններելի են մեղք իմ և... և... և...»: Դե՛, միտս գցիր, է՛, տեսնում ես մոռացել եմ:

Եվ Հեղինեն չարաճճի կերպով խթեց Մանեի կողքը: Մանեն խիստ սառնորեն վեր կացավ նրա մոտից և հեռացավ դեպի լուսամուտը, որի բաց փեղկի ապակիները բոցավառվում էին մայր մտնող արևի հրավառ ճաճանչներից: Նա զգում էր, որ ընկերուհու մասամբ անհոգ, մասամբ հեգնական, մասամբ ցինիկական և ընդհանրապես բավական անձնապաստան տոնը հետզհետե գրգռում է իրեն այն աստիճան, որ նրա սանձարձակ-ծաղրական լեզուն նողկանքի պես մի բան է ազդում իրեն:

Հեղինեն նայեց նրա հետևից, պապիրոսի ծուխը հանեց քթածակերից և ուրախ քրքջաց: Նրա ծիծաղի մեջ լսվում էին անախորժ սուր ծկլթոցներ, չձյութված սռնու ծվոցի պես, և ծիծաղելիս նա բարձրացնում էր դեմքը, կարծես կամենալով պենսնեն ամուր պահել քթի վրա, որ վայր չընկնի ծիծաղի պատճառած ցնցումներից:

— Զարմանալի է, ինչո՞ւ ես նեղանում , — բացականչեց նա. — Մի՞ թե ճիշտ չէ, որ դու արդար ես, իսկ ես՝ մեղավոր, որ դու դրախտը կգնաս, իսկ ես դժոխքը:

Մանեն կամաց դարձավ և շատ լրջորեն նայեց ընկերուհու պենսնեին, որի հետևից չէին երևում նրա աչքերը, որովհետև պենսնեի պարզ ապակիները պլպլում էին լուսամուտի ապակիներից անդրադարձող արևի պայծառ լույսերի տակ:

— Ես զարմանում եմ քեզ վրա, Էլեն, — ասաց նա: Դու կրթված աղջիկ ես, նույնիսկ բարձր ուսում ես ստացել. մի՞թե այնքան չես հասկանում, որ կան բաներ, որոնց եթե չես հավատում, գեթ պիտի գիտենաս հարգել և, համենայն դեպս, չծաղրել:

— Այսի՞նքն:

— Մի՞թե կարելի է ծաղրել մի բան, որ միլիոնավոր մարդկանց հոգեկան միակ ամենաբարձր մխիթարությունն է կազմում...

— Կրոնական զգացո՞ւմն՝ ուզում ես ասել:

— Այո՛, կրոնական զգացումը, — շեշտեց Մանեն: — Այդպե՞ս են անում Եվրոպայում, ուր գնացել ման ես եկել դու:

Հեղինեն պապիրոսն արագորեն դրեց մոխրամանի վրա և վեր

կացավ: Մանեի խոսակցության լուրջ տոնը, ըստ երևույթին, ազդեց նրան, և նա ինքը լուրջ դեմք առավ:

— Դու ի՞նչ գաղափար ունիս Եվրոպայի մասին, — ասաց նա: — Չլինի՞ կարծում ես այնտեղ մղդսիներ չկան: Սխալվում ես, սիրելիս: Իսկական մղդսի ուզում ես, արի տանեմ քեզ Եվրոպա: Թե չէ մերոնք ի՞նչ են, — անամոթ կեղծավորներ և անհավատներ: Գլադստոնի պես մի ազատամիտ մարդու գրասեղանի վրա հրեն, ասում են, հոմ-ռուլի կեղքին աղոթագիրք է դրված միշտ: Իսկ Տոլստոյի գրվածքները խո ինքդ էլ ես կարդում. մի տող կգրի՞, որ մեջը աստված չլինի:

— Եվ ի՞նչ է ապացուցանում այդ, — հարցրեց Մանեն:

— Այս ա՛յն է ապացացանում, իմ սիրունիկ տիկին, որ Երուսաղեմում էլ են շներ հաչում: Իսկ ինչ վերաբերում է այն բանին, որ դու ինձանից հարգանք ես պահանջում դեպի կրոնական զգացումը, ես մի օրինակ կպատմեմ քեզ իմ պրակտիկայից: Մի անգամ ինձ կանչում են մի ծննդաբեր կնոջ մոտ՝ տգետ տատմոր փչացրածն ուղղելու համար: Մի խեղճ ու կրակ արհեստավոր կին էր: Գնում եմ և ի՞նչ տեսնում. ուշաթափ ծննդաբերի գլխին տղամարդի ահագին մի փափախ և բարձի տակ սոխի մի շամփուր, իսկ բուխարու վրա մի դյուժին վառած մոմ: Ի՞նչ ես կարծում, ի՞նչն էր թելադրում այս ծիծաղելի բաներն անելու:

— Պարզ նախապաշարումը և սնահավատությունը:

— Եվ ոչ կրոնական զգացո՞ւմը, որ մայրն է բոլոր նախապաշարումների և սնահավատությունների: Չէ՞ որ կրոնը, — ո՛րն ուզում ես վերցրու, — ինքնին արդեն իսկայական մի նախապաշարում և սնահավատություն է: Եվ ո՛ւր էր, թե նա բավականանար միայն պառավական միամիտ և անվնաս նախապաշարումներով: Մինչդեռ մենք գիտենք, որ նա անհաշիվ աղետներ է բերել մարդկության գլխին: Խո գիտես ինչ բան է կրոնական մոլեռանդությունը. մարդիկ դուրս են գալիս հոգեկան նորմալ դրությունից, խելագարվում են, գազանանում և կամ իրենց են չարչարում ու մորթում, կամ ուրիշ իրենց նման արարածների: Ոչ մի համաճարակ հիվանդություն, ոչ խոլերան, ոչ ժանտախը և ոչ նույնիսկ ամենամեծ պատերազմներն այնքան զոհեր չեն տարել, որքան տարել և տանում է նույնիսկ մեր ժամանակում կրոնական մոլեռանդության համաճարակը: Հիշիր, քրիստոնեության առաջին դարերը, ինկվիզիցիան, հիշիր իսլամականության կատաղի բռնկումները, կամ թեկուզ հենց բուդդայականությունը, որը թեև ուրիշի մի մազին անգամ չի դիպչում, չի գործում քրիստոնեության և մահմեդականության պես հրով ու սրով, բայց դրա փոխարեն ուտում է ինքն իրեն, կամաց-կամաց ծծում, մաշում և մահացնում ի՛ր իսկ օբյեկտին: Դեռևս ո՛չ մի կրոն աշխարհիս երեսին ոչինչ չի վերածնել, ոչ մի բանի կյանք ու կենդանություն չի տվել, այլ միայն կործանել է, կործանել է շարունակ և շարունակ շահ ու ավեր է տարածել իր շուրջը ամենակուլ վիշապի պես...

Մանեն նորից դարձել էր դեպի լուսամուտը և նայում էր դուրս: Նրա առջև բացված էր ամբողջ արևմուտքը և քաղաքի մի մասը սարալանջին՝ իրար վրա կուտակված տներով, որոնց բազմերանգ տանիքները կարծես թե դարսված էին իրար վրա ձկան թեփի պես: Արևմուտքում, լեռան քամակին, մի ամբողջ ֆեյերվերկ էր վառված անշարժ ու հուրհրատին. նոր մայր մտած արևը հուժկու թափով դուրս էր շպրտել լեռան հետևից իր բոցավառ ճաճանչները հսկայական հովհարի պես. և այդ ճաճանչները ադամանդյա երկայն ասեղների նման ցցվել էին երկնքի վրա անշարժ կանգնած նոսր ամպերի մեջ: Լեռը հսկայական մի ստվեր էր ձգել իր լաջին կուտակված տների վրա և խաղաղ, հետզհետե զովացող օդը կարծես թե լցված էր ոսկու փոշով:

Մանեն մռայլ հայացքով նայում էր իր առջև բացված այդ հրաշալի տեսարանին, սրտի մեջ զգալով ինչ-որ անորակելի հույզեր ու կրքեր, և հետևից լսում էր Հեղինեի ձայնը, որը ճռնչում էր ծղրիդի պես ջղերը քայքայելու չափ երկար, հանդուգն ու համառ: Նա զգում էր, որ ընկերուհու ասածների մեջ ճշմարտություններ շատ կան, բայց և, միևնույն ժամանակ, մի անորոշ բան նրա հոգու խորքում բողոքում և չէր ուզում հաշտվել այդ ճշմարտությունների հետ:

Հանկարծ նա ցնցվեց իրանի վրա զգացած ինչ-որ անախորժ մի բանի շփումից, — կարծես մեջքին օձ էր ուզում փաթաթվի, — և միևնույն ժամանակ ականջի մոտ լսեց Հեղինեի հեգնական ձայնը.

— Ճշմարիտ չե՞մ ասում արդյոք, իմ սիրուն տիկին:

— Չգիտեմ, — կամաց արտասանեց Մանեն և, արագորեն ազատելով իրանը նրա անախորժ գրկախառնությունից, սկսեց անցուդարձ անել սենյակում ջղային քայլերով:

— Չգիտե՞ս... ինչպե՞ս չգիտես, — բացականչեց Հեղինեն: — Գիտե՛ս, բայց հին մտքերդ շարունակում են քշե՛լ քեզ իրենց հին ճանապարհով: Ես քեզ շատ լավ եմ հասկանում. քո մեջ կատարվում է հնի և նորի կռիվը: Բայց եթե չես ուզում այդ կռվի զոհը դառնալ, պետք է միանգամից անցնես այդ երկու հակառակ և մեկը մյուսին ոչնչացնող տարրերից ամենազորավորի կողմը, որը նորն է, իհարկե: Այլապես կոմպրոմիսները չեն օգնի: Այսինքն՝ այդ բանն այժմ շատ դժվար է քեզ համար, որովհետև մի անգամ արդեն այնպիսի մի հիմարություն ես արել, որ...

Մանեն կանգ առավ ակամա և զարմացած նայեց ընկերուհու աչքերին:

— Ի՞նչ հիմարություն:

— Որ ամուսնացել ես: Ի՞նչ բան է ամուսնությունը կնոջ համար, — անխորտակելի մի շղթա, որ պինդ կապում է նրա ոչ թե միայն ձեռքն ու ոտքը, այլև սիրտը, հոգին, ուղեղը — ամե՛ն բան: Ի՞նչ բան է ամուսնացած կինը. — ստրուկ, փալաս, տան զարդ, տղամարդու հեշտասիրության առարկան, նրա անկողնի ընկերը միայն, և ուրիշ ոչինչ, ոչինչ, ոչինչ...

— Դու զզվելի գաղափար ունիս ամուսնության մասին, — նկատեց Մանեն նողկանքով:

— Ոչ, սիրելիս, ես ճիշտ այն գաղափարն ունիմ ամուսնության մասին, ինչ գաղափար որ նա պարունակում է իր մեջ: Մնացածը կամ կեղծիք է, կամ անհասկացողություն, կամ ինքնախաբեություն:

— Ուրեմն ամուսնությունը դու... անբարոյականությո՞ւն ես համարում:

— Ես ավելի զորավոր բառով կարտահայտեմ այդ: Ամուսնությունն ես պոռնկություն եմ համարում...

— Էլե՞ն...

— Այո՛, պոռնկություն... սրբագործված պոռնկություն, որով ամուսնությունն ավելի ևս զզվելի պիտի լինի հասկացողի համար, — բացականչեց Հեղինեն և, ինչպես երևում էր նրա վառվող աչքերից, ամենևին կատակ չէր անում: — Ամուսնությունը պոռնկություն չի լինիլ ա՛յն ժամանակ միայն, երբ կինը մարդկային իրավունքների տեսակետից համահավասար աստիճանի վրա կլինի կանգնած տղամարդու հետ կյանքի բոլոր ասպարեզներում և երբ կինը ծախու առարկա չի լինի, այլ տղամարդու պես ազատ ընտրող: Ցույց տուր ինձ, խնդրեմ, մի կին, մի հատիկ կին, որ ամուսնության գործում ազատ ընտրող լինի հանդիսացած:

— Եթե խոսքդ իմ մասին է, կարող եմ հավատացնել քեզ, որ «այո» ասելիս ոչ ոք չի բռնաբարել իմ կամքը:

Հեղինեն քրքջաց իր ձայնի անախորժ ծկլթոցներով:

— Եվ դու, ա՛յ միամիտ, կարծում ես, թե կարո՞ղ էիր ասել «ոչ», բացականչեց նա: — «Ոչ» չէիր կարող ասել, որովհետև նախ՝ այդ բառը վաղուց ջնջված է կնոջ բառարանի միջից և երկրորդ՝ եթե «ոչ» ասեիր, այդ միևնույնը կլիներ, թե ինքդ քեզ սովամահի դատապարտեիր: Մի՞թե այնքան չես հասկանում, որ սոցիալական այժմյան պայմաններում կինն ամուսնանում է նրա համար միայն, որ ինքն իրեն կերակրել չի կարող, որովհետև նրան չեն սովորեցրել և թույլ չեն տալիս իր հալալ քրտինքով հաց ճարելու: Ուստի բոլոր, այսպես կոչված, օրինավոր ընտանիքների աղջիկները ստիպված են ամուսնանալ, այսինքն ճարել մի տղամարդ, որ պահե իրենց, այլապես նրանց կմնար կամ կուսանոց մտնել, կամ անառականոց: Բայց որովհետև կուսանոցի դռներն ավելի նեղ են, ուստի եզրակացությունը պարզ է... Ահավասիկ, սիրելիս, այդ է եղել բուն պատճառը, որ դու ասել ես «այո», և ոչ թե այն, թե ոչ ոք չի բռնաբարել քո կամքը: Կամքի բռնաբարումն այն ձևով, ինչ ձևով որ հնումն էր կատարվում, մեր ժամանակում չկա, իհարկե, նույնիսկ գյուղերում, բայց դրա փոխարեն կա այժմ այդ գերերջանիկ հնության հետևանքը, որ ավելի սարսափելի է: Այդ հետևանքը հոգու և մտքի մասամբ բռնի և մասամբ կամավոր այն շղթայումն է, որի մեջ կաշկանդված՝ կինը չի հասկանում իր դրությունը կամ, եթե հասկանում էլ է, չի իմանում ինչ անի, ինչպես դուրս գա այդ դրությունից, և կամա-ակամա մնում է միշտ նույն կամազուրկ, նույն ճնշված, նույն բռնաբարված ողորմելի ստրուկը տղամարդու, իր տիրոջ ձեռքին:

— Բայց խո դու դեմ չե՞ս ամուսնությանը, — հարցրեց Մանեն զարմացած ոչ այնքան նրա խոսքերի, որքան այն լրջության վրա, որով պաշտպանում էր նա իր մտքերը:

— Ես դեմ եմ միայն ամուսնության այժմյան հարեմական կարգերին, որոնց մեջ կինը նկատվում է ոչ ավելի, քան ծախու արարած, առանց որևէ իրավունքի, բայց մեկի ստրուկն ու հարճը լինելու անպայման պարտականությամբ: Սա այնպիսի անբարոյականություն է, բարքերի այնպիսի այլասեռումն, որ այժմյան ամուսնության դեմ սովորական պոռնկությունը, հավատացնում եմ քեզ, շատ օրինավոր, շատ ազնիվ բան է հանդիսանում: Սովորական պոռնիկ կինը ծախում է իր մարմինը և փոխարենը փող է ստանում փորը կշտացնելու համար. բայց նա ազատ է, նա անկախ է, ոչ մի պարտավորութուն չի կաշկանդում նրան, նա վայելում է անհատի բոլոր իրավունքները և, երբ կամենա, կարող է վռնդել իրեն գնողին: Իսկ ամուսնացող բարոյական կինը, իրեն ծախելով հանդերձ, ինքն է փող տալիս իրեն գնողին և դեռ խաչ ավետարանով էլ պարտավորվում է ցմահ հնազանդ լինելու նրան, այսինքն՝ նրա ստրուկը լինելու: Վերցնենք օրինակ քեզ...

— Էլե՛ն, այդ ինչե՞ր ես ասում, — շշնջաց Մանեն այս անգամ պարզորեն ապշած նրա հանդգնության վրա: — Ես խո նրա համար չե՞մ եկել քեզ մոտ, որ վիրավորես ինձ…

— Այ, ես այդպես էլ գիտեի, — բացականչեց Հեղինեն ծիծաղելով — Բուրժական մորալն արդեն խոսեց քո մեջ: Բայց անհոգ կաց, սիրելիս, ես ամենևին միտք չունիմ քեզ վերավորելու: Ես միայն ուզում եմ օգնել քեզ՝ դուրս գալու կախարդական այն դրությունից, որի մեջ գտնվում ես դու Բաղամյանի...

— Խնդրում եմ, այդ մասին ո՛չ մի խոսք, — խստորեն ընդհատեց նրան Մանեն գունատվելով:

Հեղինեն նորից ծիծաղեց:

— Մի՛ վախենալ, այդ մասին չեմ խոսելու, որովհետև գիտեմ, որ ինձ չես վստահանում, չնայելով որ ես քեզ անկեղծ սիրում եմ: Է՛հ, ի՞նչ արած: Այդ ավելի վատ քեզ համար, — դառնորեն և մի քիչ վիրավորված՝ ավելացրեց Հեղինեն:

Մանեն նորից մոտեցավ լուսամուտին:

Արևն այժմ խորն էր մտել սարի հետևը և արագորեն հանգցնում էր իր բոցավառ ճաճանչները: Հորիզոնի բազմերանգ գույները քանի հեռանում էին արևմուտքից, այնքան ավելի խունանում և աննկատելի կերպով միանում էին երկնքի լեղակագույն կապուտակի հետ: Հորիզոնից դեպի վեր, դեպի երկնակամարի խորքն էին լողում սպիտակ ամպի նուրբ քուլաներ — կարծես դաշտի մեջ արածելով հանգիստ դեպի իր գիշերային օթևանն էր գնում գառների ցրված մի հոտ:

Հեղինեն նստեց բազմոցի վրա, ոտը ոտի վրա դրեց և շարունակեց:

— Քո վարմունքով դու միայն հաստատում ես, որ իմ ասածը ճշմարիտ է, այսինքն, որ քո հոգին ու միտքը շղթայված են և շղթայված ա՛յն աստիճան, որ չես ուզում թույլ տալ ոչ մի ազատ կրիտիկա: Եթե հոգիդ ու միտքդ շղթայված չլինեին, այդպես չէիր տանջիլ ինքդ քեզ, չէիր աշխատիլ սպանել քո մեջ ազատ սիրո զգացումը, այդ բանը հանցանք համարելով: Հիշո՞ւմ ես, մի անգամ ասացիր ինձ, թե ամուսնացած կինը իրավունք չունի սիրելու ուրիշ տղամարդու: Եվրոպացի կինը կծիծաղեր, — եթե ավելին չասեմ, — քո ասիական կլասիկ այդ խոսքերի վրա: Դրանից ավելի զորավոր ապացույց չէիր կարող տալ, որ հոգիդ ու միտքդ շղթայված են ստրկական կյանքի և բուրժուական մորալի մի որոշ — ուզո՞ւմ ես ասեմ — կրոնական սնահավատության մեջ, որից դուրս ամեն ինչ և ամենից ավելի ազատ սերը սոսկալի մի հանցանք, մահացու մի մեղք է թվում քեզ: Ի՞նչ հանցանք, սիրելիս, ի՞նչ մեղք: Ո՞վ է գրել այդ հանցանքի, այդ մեղքի կրիտերիումը: Ծննդաբեր կնոջ գլխին տղամարդու փափախ և բարձի տակ սոխաշար շամփուր դնող մեր պառավնե՞րը: Ախր մեկ մտածիր, հոգիս. չէ՞ որ դրանք, այդ պառավները, առսակավն ամոթալի ավտորիտետներ են քեզ պես կրթված, ինտելիգենտ մի կնոջ համար: Մի քիչ կոչում արա քո առողջ դատողությանը, այն կրթությունը, որ ստացել ես, այն գրքերին, որ կարդում ես — և կտեսնես, որ պառավական այդ ցնդաբանությունները մի ժանգոտ գրոշի արժեք անգամ չունին և ընդունակ են միայն հոգեկան ապարդյուն տանջանքներ պատճառելու: Չե՞մ տեսնում, ինչ է, որքան փոխել, մաշել և ջղային են դարձրել քեզ այդ հիմար տանջանքները: Ոչինչ ինձ վրա այնքան ծանր տպավորություն չի գործում, որքան ա՛յն, երբ տեսնում եմ, որ եզներն իրենք են իրենց ոտով գնում և վզները լծան տակ կոխում: Այդպիսի տպավորություն ես գործում դու ինձ վրա: Հավատա, սիրելիս, որ մարդ բնության ձայնից ավելի լավ ղեկավար չի կարող ճարել իր համար: Իսկ բնությունն ամենից առաջ սիրում է ազատություն, ազատություն ամեն բանի մեջ: Եվ բնության ձայնն է միայն, որ ընդունակ է ցույց տալու ուղիղ ճանապարհը տարակուսանքների մեջ չմոլորվելու համար, միայն թե մարդ ականջ ունենա լսելու, հոգի ունենա ըմբռնելու և խելք ունենա հասկանալու: Բնության ձայնով եմ ես առաջնորդվել միշտ, և տես՝ ինձնից էլ ազատ, անկախ, կենսուրախ և անհոգ արարա՛ծ...

— Բնության ձա՛յնը, — շշնջաց Մանեն, կարծես ինքն իրեն, մտառու հայացքը հեռու հորիզոնին հառած: — Դրանով խո անասուններն էլ են առաջնորդվում: Բայց մենք, որ մարդ ենք, աստծու պատկերը կրող էակ, բանական, իմացական արարած, հապա ինչո՞ւ է մեզ տրված ամենաբարձր այս շնորհը — այս բանականությունը, այս իմացականությունը: Ինչո՞ւ համար մեր գլխի մեջ գործում է այս ուղեղը, մեր կրծքի մեջ բաբախում այս սիրտը, երբ մենք էլ, անասունների պես, պիտի ման գանք չորս ոտի վրա և կույր, կոպիտ, ստոր բնազդից զատ ուրիշ ավելի բարձր, ավելի վեհ, ավելի նվիրական ու կարող ձայնի ղեկավարություն չպիտի ճանաչենք: Օ՛, ուրեմն քանդենք այս տները, մարենք մեր օջախները, գահընկեց անենք հանճարներին, կործանենք նրանց ստեղծած տաճարները, հալածենք, ոչնչացնենք ամեն բան, ինչ որ բարձր է անասնականութունից, ինչ որ վեհ է և սուրբ, ինչ որ աստվածային կնիք է կրում իր վրա: Ուրեմն մոռանանք, մոռանանք իսպառ, որ աշխարհիս երեսին դա եղել մեկը, որ իր սեփական արյունով հանել է մարդկության անասնականությունից, փրկել է նրան հեթանոսության կապանքներից, բարձրացրել է նրան մինչև երկնքի աստղերը, և նորից իջնենք դեպի ցած, դեպի մեր նախնական վիճակը, գնանք ախոռների մեջ դարման ուտենք, դաշտերի մեջ խոտ արածենք, թավալգլոր գանք ցեխի մեջ և քաղցած ժամանակ հոշոտենք իրար, որովհետև այս է պահանջում բնության ձայնը... Ա՞յս ես պահանջում, հա՞, ա՞յս է քո պահանջածը, — բացականչեց Մանեն հանկարծ ամբողջ մարմնով դառնալով դեպի Հեղինեն, և նրա աչքերը վառվում էին ներքին բուռն հուզումից: — Մինչդեռ ես կասեմ, որ ա՛յն, ինչ որ դու ես քարոզում, սոփեստություն է, ստություն է, կեղծիք է, դիմակ է միայն: Իսկ ճշմարտությունն այնն է, որ դուք սարսափելի եսասերներ եք, բանական արարածի պատկերը կորցնելու չափ եսասերներ: Ձեզ անծանոթ է քրիստոնեական գթության, անձնվիրության, անձնազոհության, նույնիսկ պարզ խղճահարության զգացումը, որովհետև դուք միայն ձեր անձի մասին եք մտածում: Դուք գոհ և երջանիկ լինիք, թեկուզ ուրիշները դժոխային տանջանքներ կրեն ձեր պատճառով, — այդ ձեր հոգը չէ: Ահա՛ թե ինչ մարդիկ եք դուք:

Հուզումից շառագունել էր Մանեի դեմքը, վզի և քունքերի վրա, նուրբ կաշու տակ, լցվել էին երակներ. խոշոր աչքերը վառվում էին անկեղծ զայրույթով: Նա այնքան գեղեցիկ էր այդ րոպեին, որ շատ էլ քնքուշ զգացումներ չունեցող ընկերուհին նայում էր նրան ուղղակի հրճվանքով և իր շարժուն դեմքի չարաճճի ծամածռություններով կարծես աշխատում էր ավելի գրգռել նրան, որ նա ավելի գեղեցկանա:

Երբ Մանեն վերջացրեց, Հեղինեն վեր թռավ, վազեց դեպի նա և գրեթե բռնությամբ տիրապետեց նրա ձեռքերին:

— Դու պաթոսով խոսել էլ ես իմանամ, ես այդ չգիտեի, — բացականչեց նա ծիծաղելով: — Հիանալի՜ էր: Երդվում եմ ազիզ արևովդ, հրճվանքով էի լսում և մանավանդ դիտում, որովհետև չես կարող երևակայել, թե որքա՜ն գեղեցկանում ես գրգռված խոսելիս: Երևակայում եմ, որ եթե դերասանուհի լինեիս և մի որևէ տրագիկական դեր լինեիս կատարելիս, որպիսի ֆուրոր կհանեիր քո այդ գեղեցկությամբ, զայրույթի այդ անկեղծ ոգևորությամբ, կրծքային ձայնիդ այդ հրաշալի ինտոնացիաներով... Դե՛, շատ մի խլպլտայ ձեռքերդ բաց չեմ թողնելու... Քո այդ սիրուն մոնոլոգից հետո ես միայն մի բան եմ ուզում հարցնել քեզ. արդյոք իմ հայտնած մտքե՞րն են քեզ այդպես գրգռում, թե ուրիշ որևէ մի բանով եմ մեղանչել քո դեմ:

— Իմ դեմ չէ՛, որ մեղանչել ես դու, այլ մեղանչում ես աստծու դեմ:

— Ինչո՞վ: Որ ժամ չեմ գնում, պաս չեմ պահում, չեմ հաղորդվում և... սիրո՞ւմ եմ քեզ:

— Որ դու Նասիրբյանի կնոջն ու մորն այնպիսի աղետալի վիճակի մեջ ես դրել, — ահա՛ թե ինչով ես մեղանչել աստծու դեմ, — այլևս չկարողանալով հանդուրժել Հեղինեի հեգնություններին, ուղղակի շպրտեց նրա երեսին Մանեն:

— Ինչ ասացի՞ր, — արագ հարցրեց Հեղինեն, բաց թողնելով Մանեի ձեռքերը, և նրա ծիծաղկոտ դեմքը մի ակնթարթում լուրջ արտահայտություն ստացավ՝ լի հետաքրքրությամբ և զարմանքով, — Նասիբյանի կնոջն ու մո՞րն ասում ես… Ի՞նչ աղետալի վիճակ... Ի՞նչ կապ ունեն նրանք մեր խոսակցության հետ... Ես քեզ չեմ հասկանում:

Այն աստիճան անկեղծ էր Հեղինեի զարմանքը, որ Մանեն զղջաց, թե ինչու ինքն այդքան փոքրոգի եղավ ընկերուհու հեգնական նկատողությունների դեմ և, նրանից վրեժ լուծելու պախարակելի զգացումից դրդված, այդպես հանկարծ ու խստորեն ասաց այն, ինչ բանի համար որ եկել էր ընկերուհու մոտ և ինչ որ կարելի էր ասել նրան ավելի մեղմորեն: Նրա զայրույթը մեղմացավ, և նա այս անգամ բարեկամական-հանդիմանական տոնով պատմեց այն բոլորը, ինչ որ լսել էր այդ օր եկեղեցու բակում Հռոմսիմից: Պատմելիս աշխատում էր կարելույն չափ շարժել Հեղինեի կարեկցությունը դեպի Նասիբյանի թշվառ ընտանիքը և ուրախությամբ տեսնում էր, որ ընկերուհին լսում է մեծ ուշադրությամբ և հետզհետե լցվում բարկությամբ:

— Ցա՛ծ, ստո՛ր, զարշելի՛ մարդ, — բացականչեց Հեղինեն, այլևս չկարողանալով զսպել իրեն, և սաստիկ հուզված՝ սկսեց անցուդարձ անել սենյակում արագ, փոքրիկ, ջղոտ քայլերով, որի ժամանակ նրա ոտների տակ ճռճռում էր հատակի մի տախտակը:
— Հավատում եմ... կարծում ես չե՞մ հավատում... բոլոր բաներին հավատում եմ, ինչ որ պատմել է այն խեղճ պառավը... հավատում եմ, որովհետև այդ խոզի ճուտը, այդ չորացած ապուխտն ընդունակ է ամեն բանի... Ափսո՛ս միայն, որ ես այդ բաները չեմ իմացել, թե չէ...

— Իբր թե՞...

Հեղինեն արագ նայեց Մանեին և, իսկույն քայլերի ընթացքը փոխելով, գնաց կանգնեց նրա առջև.

— Մի՞թե դու ինձ վրա այն աստիճան վատ կարծիք ունիս, որ չես հավատում ասածիս, — ասաց նա, խիստ լրջորեն նայելով ընկերուհու աչքերին: — Ի՞նչ անեմ, երդվե՞մ, որ հավատաս: — Ես քեզ լրջորեն ասում եմ, որ առաջին անգամն եմ իմանում նրա այդ ցածությունները: Եվ որտեղի՞ց պիտի իմանայի. ինքը խո չէ՞ր պատմելու: Թե չէ, որ իմանայի.. Չես կարող երևակայել, թե որքա՛ն զզվում եմ այժմ նրանից, որովհետև չգիտես, ախր, թե որքա՛ն աներես մարդ է, որքա՛ն հանդուգն, որքա՛ն լիրբ: Այստեղս է հասցրել, ա՛յ (Հեղինեն աջ ձեռքի ցուցամատը կոխեց իր չաղ կզակի տակ): Տիզ, կատարյալ տիզ, կպել, պոկ չի գալիս: Իսկ դու, ո՞վ գիտե, ինձ ես մեղադրում: Շատ անգամ ուղղակի դուրս եմ անում, բայց նա, երեսը շան կաշի շինած, էլի շարունակում է թրև գալ հետևիցս, թե ինչ է՝ մի անգամ գլուխս քարովն եմ տվել և... Ա՛խ այս հիշողությունն ուղղակի գժվեցնում է ինձ: Որքա՛ն անփորձ, որքա՛ն հիմար եմ եղել առաջ...Տե՛ս, տես, ա՛յ նա գալիս է: Որ ասո՛ւմ եմ: Որ ասո՛ւմ եմ, — կրկնեց Հեղինեն, կարծես ֆիզիկական մի սուր ցավից աղաղակելով:

Մանեն լուսամուտից նայեց դեպի փողոց և տեսավ Նասիբյանին փոքրիկ, արագ քայլերով դեպի Հեղինեի բնակած տան դուռը դիմելիս: Հետո բնազդմամբ նայեց ընկերուհուն և գրեթե վախեցավ — ա՛յն աստիճան փոխված տեսավ Հեղինեի դեմքը:

Ես կգնամ, — ասաց նա անհանգստացած:

Հեղինեն արագորեն բռնեց նրա ձեռքից:

— Ո՞ւր... Չէ՛, սպասիր: Դու պետք է մնաս ու տեսնես քո աչքով, որ ես երբեք չեմ տալիս նրան: Ես հիմա եմ հասկանում, որ դու ինձ վրա այդ աստիճան զայրացած ես այդ սրիկայի պատճառով: Քո բարեկամությունն այնքան թանկ է ինձ համար, որ ո՛չ մի պայմանով չէի կամենալ, որ դու որևէ կասկած տանեիր ինձ վրա: Խնդրում եմ մնա:

Ոչ, աստված է վկա, լավ կլինի, որ...

Միևնույն է, չեմ թողնիլ — ընդհատեց նրան Հեղինեն այնպիսի համառությամբ, որ Մանեն ավելորդ համարեց պնդել իր հեռանալու վրա: — Ինչքան վատ գաղափար ուզում ես՝ կարող ես ունենալ իմ մասին, բայց որ կարծում ես, թե այդ սրիկայի արարքների մեջ իմ մատը խառն է, այդ շատ ծանր է ինձ համար:

Խիստ հուզված, նա պենսնեն պոկեց քթից, թաշկինակով սրբեց ապակիները և նորից դրեց քթին: Նա բոլորովին կերպարանափոխվել էր. սովորական չարաճճի, կենսուրախ արտահայտության հետքն անգամ չէր մնացել նրա դեմքին, և այդ կլորիկ ու փափլիկ դեմքի վրա մսերը նկատելի կերպով ցնցվում էին ջղաձգաբար: Նա գունատվել էր և փոքրիկ, կարծես մանկական բերանի կաս-կարմիր շրթունքները կրծում էր փղոսկրի պես՝ պլպլող ու պինդ ատամներով, իսկ ձեռքերը հետևը տարած՝ մսալի մատները բաց ու խուփ էր անում տարօրինակ կերպով, կարծես պատրաստվում էր կատվի պես հարձակվել Նասիբյանի վրա, հենց որ նա մտներ:

3

Ներս մտավ Նասիբյանը, — խորշոմած փոքրիկ դեմքով, երկարաթև սպիտակ փողկապով, խիստ նիհար, ըստ երևույթին թոքախտավոր, ցածլիկ, մոտ երեսուն տարեկան մի երիտասարդ, որի մեջ, սակայն, երիտասարդական ոչինչ չկար, բացի ջղային արագ քայլվածքից և խիստ սև ու խոշոր աչքերից, որոնք լի էին խիզախ համարձակությամբ և ինչ-որ անզուսպ կրակով: Նրա մի հոնքը, աջը, վերև էր թռել, կարծես ապշել էր ինչ-որ բանի վրա, և այդ կողմից նրա կիսադեմն ավելի երիտասարդական էր, ավելի գրավիչ ու սիրուն, քան ձախ կողմինը, որի վրա, հոնքի ու աչքի տակ, խորշոմներն ավելի շատ էին, ավելի պառավական և ավելի մռայլ ու զաղտնապահ:

Մտնելուն պես նա ուզում էր մոտենալ Մանեին, որ բարևի նրան, բայց տեսնելով Հեղինեի բռնած տարօրինակ դիրքը, կանգ առավ զարմացած, որի ժամանակ նրա ձախ ունքն էլ վեր թռավ:

— Ինչո՞ւ ես եկել, — հարցրեց Հեղինեն, պենսնեի պարզ ապակիների միջից փայլեցնելով նրա վրա ցասումնալից աչքերը:

Նասիբյանը սկզբում կարծես թե շփոթվեց ոչ այնքան այդ հարցից, որ Հեղինեն տվեց իրեն երրորդ մի անձի ներկայությամբ, որքան այն տարօրինակ փայլից, որ տեսավ նրա աչքերի մեջ, և վերին աստիճանի լարված-թշնամական այն տոնից, որով նա տվեց իրեն այդ հարցը:

— Ինչպե՞ս թե ինչու եմ եկել, — շշնջաց նա մեքենայաբար:

— Հա, ինչո՞ւ ես եկել, հարցնում եմ քեզ, — կրկնեց Հեղինեն, ձայնը բարձրացնելով, և մի քայլ առաջ դրեց:

Նասիբյանը տարակուսանքով նայեց Մանեին, կարծես հարցնում էր՝ «ի՞նչ է պատահել սրան», հետո իր խոշոր աչքերը նորից դարձրեց Հեղինեի վրա և հանկարծ ծիծաղեց տարօրինակ խուլ ձայնով, այնքան տարօրինակ, որ նրա ծիծաղը կարծես ուրիշ նպատակ չուներ, բացի միայն այն նպատակից, որ թոքից խուլս պոկի:

— Եկել եմ, որպեսզի թանկագին առողջությունդ հարցնեմ, — ասաց նա ու, արագորեն հանելով թաշկինակը, թքեց մեջը:

— Իսկ մորդ ու կնոջդ առողջությունը, իսկ զավակներիդ առողջությունը երբևիցե հարցնո՞ւմ ես, պարոն, — աղաղակեց Հեղինեն:

Նասիբյանը մի րոպե լուռ նայեց նրան զարմացած, հետո, թաշկինակը կամաց կոխելով սյուրտուկի գրպանը հարցրեց.

— Վաղո՞ւց է, որ հոգում ես մորս, կնոջս և զավակներիս առողջության համար:

— Այն ժամից, պարոն, երբ իմացա, որ դու նրանց հետ

վարվում ես ամենաանխիղճ կերպով, ամենավերջին կինտոյի պես:

Նաժիբյանը հոնքերը սաստիկ կիտեց և կասկածանքով լի թռուցիկ մի հայացք ձգեց Մանեի կողմը:

— Այդ ո՞ր ժամից է, համարձակվում եմ հարցնել, օրիորդ, — ասաց նա իր մոխրագույն փափուկ կաստորի գլխարկը դնելով աթոռի վրա և շինծու հանգստությամբ երկու ձեռքով ուղղելով փողկապի թևերը:

— Հենց ա՛յս ժամից, պարոն: Այս րոպեիս միայն իմացա, որ դու ամենախայտառակ կերպով ծեծում ես կնոջդ, պառավ մորդ դռնեդուռ ես գցել, զավակներիդ քաղցած ու տկլոր ես պահում: Եվ դու ինտելիգե՛նտ մարդ ես անվանում քեզ, և դու հոդվածներ ես գրում բռնությունների, անարդարությունների դեմ, և դու պաշտպա՛ն ես ցույց տալիս քեզ ճնշվածներին, հալածվածներին, և քեզ արմատական հայացքների տեր հրապարակախո՛ս են անվանում, քե՛զ, քե՛զ…

— Սպասի՛ր — աղաղակեց Նաժիբյանը, իր ահագին աչքերը ոլորելով Հեղինեի վրա: — Այս դո՞ւք եք պատմել սրան, տիկին, — դարձավ նա Մանեին արագորեն:

Հեղինեն մի ոստյունով թռավ և կանգնեց նրա ու Մանեի մեջտեղ, ուղղակի Նաժիբյանի քթի տակ: Նա դողում էր կատաղությունից և պեննանեն ցնցվում էր նրա քթի տակ:

— Այո՛, այս տիկինն է պատմել, իսկ այս տիկնոջը պատմել է մա՛յրդ, — աղաղակեց նա: — Ի՞նչ է, ուզում ես ուրանա՞լ: Հա՞: Այն խեղճ պառավը կարծել է և այս տիկնոջն էլ այնպես է հասկացրել, թե ես եմ քեզ դրդում, որ այդ անպիտանությունները գործես, ուստի սրա միջնորդությունն է խնդրել, որ քեզ չգժվեցնեմ, կարծես թե խելքս գնում է քո այդ զզվելի դեմքի համար: Ահա՛ թե, պարո՛ն, որ աստիճան հանցավոր եմ հանդիսանում ես քո այդ գարշելի արարքների պատճառով: Եվ ինչո՞ւ համար, որ հենց սկզբից չեմ վռնդել քեզ իմ մոտից շան պե՞ս:

Մի ակնթարթում Նաժիբյանի դեմքը սփրթնեց սպիտակ քանթանի պես: Վայրկենական կատաղության ուժգին թափով նա բռնեց Հեղինեի ուսերից, ըստ երևույթին պատրաստվելով դեն շպրտելու նրան կամ գլորելու իր ոտների տակ, բայց իսկույն զսպեց իրեն և միայն սարսափելի համառումով կամաց հեռացրեց նրան իր առջևից, ամբողջ կատաղությունն արտահայտելով միմիայն ահարկու աչքերի և ձեռքերի խիստ լարված մկանների մեջ: Չնայելով իր պստիկ և նիհար կազմվածքին, նրա ոսկրացած ձեռքերն այնպիսի ուժ էին հավաքել իրենց մեջ, որ Հեղինեն իր մսեղ ուսերի վրա սաստիկ ցավեր զգաց և ճչալով դուրս պրծավ նրա ձեռքերից, ճանկնդեղի պես կարմրատակած:

— Ինչպե՜ս դու համարձակվում ես... ինչպե՜ս դու համարձակվում ես, — աղաղակեց Հեղինեն լացագին, քթից պոկելով պենսնեն, և նրա աչքերից անզոր վիրավորանքի և ծայրահեղ կատաղության արցունքի կաթիլներ դուրս ցայտեցին:

Նասիբյանը լուռ էր: Նա շնչում էր ծանր և իր ահարկու աչքերով խժռում Հեղինեին:

Մանեն պինդ կպել էր լուսամուտի տախտակին և զարմանքից ու վախից ցամաքել տեղնուտեղը:

— Խնդրում եմ, ներեցեք ինձ, տիկին, — դարձավ նրան Նասիբյանը, աշխատելով կարելույն չափ հանգիստ խոսել և նրա շրթունքները ցնցվում էին կատաղությունից:

— Ես շատ ցավում եմ, որ այս օրիորդը ձեր ներկայությունն է ընտրել իր լվացքը լվանալու համար՝ և եթե ես նույն կեղտաջուրը չեմ թափում իր գլխին, դրա համար թող պարտական լինի ձեր ներկայությանը: Բայց, երևի, մենք ուրիշ ժամանակ կգտնենք մեր հաշիվները տեսնելու, ինչպես հարկն է...

— Ա՞յդ ինչ սպառնալիք է, — կանչեց Հեղինեն, առաջ վազելով, բայց չհամարձակվելով մոտենալ նրան, որովհետև Նասիբյանը նորից ոլորեց նրա վրա չարությամբ լի իր ահարկու աչքերը, և նրա շրթունքների ջղային ցնցումը սաստկացավ:

— Երևի այս օրիորդն ինձ ձեր առջև ներկայացրել է իբրև մի փալաս, որի քթից բռնած՝ կարող է ման ածել, ինչպես ուզենա: Սխալվում է, շատ է սխալվում և ձեզ էլ սխալեցրել է, տիկին: Այդ դուք հետո կտեսնեք, հետո կիմանաք…

— Դարձյա՞լ սպառնալիք. դարձյա՞լ, — աղաղակեց Հեղինեն, կատաղությունից ինքն իրեն ուտելով:

Սակայն Նասիբյանն այս անգամ նրան չնայեց նույնիսկ: Նրա արտաքինն ավելի հանգիստ ու հպարտ կերպարանք առավ, և հայացքը լի հանգիստ արժանապատվությամբ նայում էր Մանեի փեշերին: Նա շարունակեց:

— Իսկ այժմ ես կամենում եմ մի երկու խոսք ասել ձեզ, տիկին, քանի որ դուք այսպես թե այնպես խառնվել եք այս գործին: Որ մայրս պատմել է ձեզ իմ ընտանեկան վիճակը և ձեր միջնորդությունն է խնդրել, այդ բանին ես հավատում եմ, իհարկե, որովհետև տգետ կին է, անկիրթ կին է: Բայց դուք հանձն եք առել այդ միջնորդությունը, անշուշտ հավատացած լինելով, թե դրանով բարի գործ կլինիք կատարած, այդ բանը, — ներեցեք, տիկին, — ինձ մի փոքր... զարմացնում է, որովհետև, դուք ինտելիգենտ կին եք, կրթված կին եք և պետք է հասկանայիք, որ ուրիշի ընտանեկան գործերին միջամտելն առհասարակ լավ բան չէ, թեկուզ այդ միջամտությունը լիներ նույնիսկ ամենալավ միտումներով, ամենաբարի զգացումների թելադրությամբ: Կնոջս ծեծում եմ, թե պաշտում. մորս դռնեդուռ եմ գցել, թե պալատներում նստեցրել զավակներիս քաղցած եմ պահում, թե շատ ունենալուց տրաքեցնում, — այդ ոչ ձեզ է վերաբերում, ոչ այս օրիորդին, և՜ ոչ ուրիշ որևէ մարդու: Եվ ես ոչ ոքի թույլ չեմ տա, որ...

— Դուք ինձ վիրավորում եք, պարոն, — շշնջաց Մանեն ապշած: — Ես այդ մասին ոչինչ չեմ ասել ձեզ:

— Ճիշտ է, շատ ճիշտ է, դուք ոչինչ չասացիք ինձ այս մասին, բայց այս րոպեին ևս «միջնորդությունս» բառը լսեցի... Հետո, ձեր ներկայությունը մեր այս ընդհարմանը… Եվ, բացի դրանից, թույլ տվեք ինձ մի քիչ ավելի սրատես լինելու. տեսնում եմ, որ դուք հավատացել եք մորս ասածներին և ձեր սրտում մեղավոր եք համարում ինձ:

Մանեն այս անգամ շարժվեց տեղից, չկարողանալով զսպել իր զայրույթը:

— Պարո՛ն, երևի չեք նկատում, որ ինքներդ ձեզ հակասում եք, — նկատեց նա խստորեն: — Այս րոպեին ասացիք, թե ոչ ոք իրավունք չունի խառնվելու ձեր ընտանեկան գործերին, մինչդեռ այժմ ձեր իրավունքն եք համարում մտնել ուրիշի սիրտը և քրքրելու այնտեղ, թե ինչ է մտածում ու զգում նա:

— Ներեցեք, տիկին, ես…

Խնդրում եմ, թողե՛ք ինձ հանգիստ:

Եվ Մանեն, սաստիկ հուզված, դուրս գնաց արագ քայլերով:

Նասիբյանը մնաց սառած իր տեղում՝ բերանը բաց, աչքերը չռած:

— Օ՜, օձ... թո՛ւյն... դժոխքի վիժմունք… Ե՞րբ պետք է ազատվեմ քո այդ զարշելի դեմքից, — անհուն ատելությամբ շշնջաց նրա քթի տակ Հեղինեն և դուրս վազեց ընկերուհու հետևից:

Մանեին բռնեց նախասենյակում:

— Մանե ջան, դու գնո՞ւմ ես:

— Ես սովոր չեմ այդպիսի տեսարանների և... ջղային եմ, — ասաց Մանեն, խուսափելով Հեղինեի աղերսող աչքերից և աշխատելով խլել հուզմունքից դողացող իր ձեռքերը նրա ձեռքերի միջից:

Հեղինեի աչքերը հանկարծ վառվեցին կատաղի վճռականությամբ:

— Ես դուրս կանեմ նրան... փողոցից մարդիկ կկանչեմ, ոստիկան կկանչեմ..

— Ի՞նչ ես ասում... ի սեր աստծու, — շշնջաց Մանեն վախեցած: — Թող գնամ, աղաչում եմ, թող…

— Սպասիր, Մանե ջան: Մի վախենար, ոչինչ չեմ անիլ: Ես սաստիկ գրգռված եմ, չեմ իմանում ինչ եմ ասում... Օ՜, դժոխք, դժոխք, կատարյալ դժոխք... Այրվում եմ, խորովվում եմ, ուզում եմ մսերս կրծել, թե ինչո՞ւ ֆիզիկապես այսքան թույլ եմ, ինչո՞ւ ձեռքերիս մեջ այնպիսի մի ուժ չունիմ, որ բռնեմ կոկորդից և խեղդե՜մ... խեղդե՜մ... Սպասիր, մի փախչիր: Ոչինչ չեմ անիլ... դժբախտաբար, ոչինչ չեմ կարող անել, ոչի՜նչ... արյունս միայն իզուր այսպես կպղտորեմ: Սպասիր: Գոնե ասա, որ ինձնից նեղացած չես և չես մեղադրում ինձ:

Մանեն շատ լրջորեն նայեց Հեղինեի աչքերին, որոնց հուսահատական-կատաղի փայլը փոխվել էր գրեթե մանկական պաղատագին արտահայտության:

— Քե՞զ... ոչ: Ես համոզվեցի, որ մեղավորը նա է: Եվ նրա անամոթ սոփեստությունն էր, որ ինձ այսքան գրգռեց:

— Շնորհակալ եմ, շատ շնորհակալ եմ, Մանե ջան, — ասաց Հեղինեն, պինդ սեղմելով նրա երկու ձեռքը, — Չես կարող երևակայել, թե որքան սիրում եմ քեզ և որքան թանկ է ինձ համար քո կարծիքը: Լեզվիս մի նայիր. սիրտս շատ ավելի բարի է, քան լեզուս: Գիտե՞ս ինչն է ինձ ավելի կատաղեցնում. — այն, որ ես կարծում էի, թե ազատ եմ, ինչպես երկնքի թռչունը, ինչպես օդը, մինչդեռ տեսնում եմ, որ գլխիս պատրաստել եմ այնպիսի մի բռնակալ, որպիսին չի կարող լինել նույնիսկ մի գազան-ամուսին, մի ճորտատեր: Օ՜, հա՜խս է, հա՜խս է: Ինչպես երևում է, դեռ շատ փորձանքներից պիտի անցնեմ ինձ կատարելապես ազատ ու անկախ զգալու համար... Դե՛ գնա, ես քեզ չեմ ուզում պահել: Ներիր, որ քեզ այսպիսի անհամ դրության մեջ դրի: Նա ճիշտ էր ասում, քո ներկայությունը չպիտի ընտրեի լվացքս անալու համար: Բայց այլևս չեմ կարող համբերել, ո՛չ չեմ կարող: Դանակն արդեն ոսկորին է հասել: Այս րոպեին այնպիսի լվացք լվանամ նրա գլխին, որ մեջը խեղդվի: Դու գնա, իսկ ես հենց այս րոպեին կտեսնեմ այդ սրիկայի հետ իր սպառնացած հաշիվները: Օ՛, նա դեռ չի ճանաչում ինձ...Գնա, ցտեսություն:

Երբ Մանեն շտապով դուրս եկավ փաղոց, վերևից, բաց լուսամուտից նրա ականջին դիպան Հեղինեի կատաղի ծկլթոցները: Այդ ձայներն այնպիսի անհաճո զգզիռ պատճառեցին նրա ջղերին, ինչպես խարտոցի կանչռտոցը սղոց սրելու ժամանակ: Եվ նա շտապեց հեռանալ ամոթահար այն բանից, որ այդ միջոցին խաղաղ փողոցով անցող մի երկու մարդ կանգ առան տան դիմացը մայթի վրա և զարմացած ու հետաքրքրությամբ նայում էին դեպի լուսամուտը:

4

Հետևյալ օրը, կեսօրից առաջ, Մանեն նամակ էր գրում ամուսնուն, երբ նախասենյակից նրա ականջին դիպավ մի բամբ ձայն, որը հարցրեց դուռը բաց անող ծառային «ո՞վ կա տանը»: Նա իսկույն ճանաչեց եղբոր ձայնը և, գրիչը վայր ձգելով, դուրս վազեց:

Նախասենյակում նրա դեմն ելավ Վահանը — հսկայամարմին և թիկնավետ մի երիտասարդ՝ կես-այրված մի հաստ սիգար բերանին: Ծղոտի լայնեզր գլխարկը ետ էր զցել ճակատից, որի վրա քրտնքի առատ կաթիլներ էին դուրս ցայտել: Հագած էր ուսերը խունացած դեղնագույն ամառվա վերարկու, որի ամենավերի կոճակն էր միայն զցված, իսկ փեշերը ետ էին քաշվել և երևան էին հանում նրա անսովոր հաստ փորը, որի վրա աղեղնաձև կախ էր ընկած ժամացույցի հաստարակ մետաղի շղթան սևացած: Նա կլիներ 30-35 տարեկան, սակայն երեսին մազ չկար ամենևին, որով շատ էր նմանում երեսը սափրած դերասանի: Գեղեցիկ ոչինչ չկար նրա արտաքինի մեջ, բացի միայն աչքերից, որոնք շարունակ ժպտում էին ամենքին և ամեն բանի ուրախ հեզնությամբ վերաբերվող բարեսիրտ մարդու քաղցր ժպիտով:

Քույրը փարեց եղբոր վզին և կարոտի բուռն զգացման զեղումից լաց եղավ:

Սակայն եղբայրն այդքան զգայուն չեղավ. նախ մեղմորեն բռնեց քրոջ ձեռքերից, հեռացրեց նրան իրենից, հետո բերանից հանեց սիգարը և հարցրեց.

— Հը՞, ի՞նչ է պատահել, մեռա՞ծ էի, ի՛նչ է, և հանկարծ հարություն առած ես տեսնում ինձ, Ղազարոսի պես:

Մանեն ժպտաց և մատներով սրբեց արտասուքը:

— Գնա՛, ես քո քույրը չեմ, — ասաց նա խռովածի պես, բայց դարձյալ ժպտում էր:

— Ա՛յ քեզ բլան: Ինչո՞ւ:

— Ինչո՛ւ: Որովհետև քանի օր է, որ եկել ես և նոր ես հիշում ինձ, ինչպես միշտ:

— Ինչպես միշտ: Ուրեմն էլ ինչո՞ւ ես նեղանում: Եվ խո հիշել եմ վերջապես. դու ա՛յդ ասա, Ղազարի քույր, թե չէ՝ մնացածը դատարկ բան է: Այսօր չլինի, վաղը լինի, ի՞նչ վնաս: Մերը «յավաշն» է: Ասիացի չե՞նք: Բայց աստվածդ սիրես, օգնիր, մի էս անտերը հանենք:

Վահանը սիգարը դրեց բերանը, բաց արեց վերարկուի կոճակը, շուռ եկավ և ձեռքերը մեկնեց դեպի քույրը:

Մանեն բռնեց նրա վերարկուի թևերի ծայրերից, քաշեց, քաշեց և հազիվ կարողացավ հանել:

— Դե ասում ես. մեր «յավաշը» որ չլինի, այսքան կչաղանա՞նք, որ վերարկուն չհանվի: Անտերը հուպ է տալիս, է՛, կռներիս տակը: Երևակայիր, վեց տարի է, որ հագնում եմ, բայց էլի ափսոս գալիս է, որ դեն գցեմ: Իսկ ձեր այս շոգն էլ…

Վահանը գլխարկը կախեց վերարկուի վրա և թաշկինակով սկսեց սրբել քրտնած ճակատն ու շլինքը:

— Ես մի բանի վրա եմ զարմանում և նեղանում քեզնից, Վահան, — նկատեց քույրը լրջորեն:

— Այսինքն:

— Ինչո՞ւ մեր տանը չես իջնում, որ գալի՛ս ես Թիֆլիս:

— Կարծեցի նոր բան ես ուզում ասել: Մի վախենար, քույրիկ ջան, թանկ հյուրանոցում չեմ իջած, վճարում եմ ընդամենը 75 կոպեկ:

— Ախր ինչո՞ւ է՛:

— Որովհետև ես շատ եմ սիրում անկախություն ասված

բանը: Խո գիտես իմ նշանաբանը, ոչ պարտավորվել, ոչ պարտավորեցնել: Բացի դրանից, ես սարսափելի էգոիստ մարդ եմ, ուզում եմ աչքիցդ կարելույն չափ հեռու լինել, որ ավելի շատ սիրես ինձ: Բայց արի մի տեսնենք ոնց ես: Ուղիղ մի տարի է, որ չեմ տեսել քեզ — անցած գարունքից:

Եվ եղբայրը քրոջ ձեռքից բռնած ներս տարավ:

— Աղջի ջան, շատ ես լղարել, աչքումս, — ասաց Վահանը արևի պայծառ շողերով լուսավորված սենյակի մեջ լավ դիտելով Մանեի դեմքը: — Իսկի չի երևում, թե իմ քույրն ես: Ինչո՞ւ չես գալիս ինձ մոտ, որ չաղանաս: Այս ամառ որ գաս, կտանեմ: Հավատա: Մի քիչ տաք է մեր կողմերը, բայց վնաս չունի, օդը առողջարար է: Իսկ նոր գինեգործարանս արդեն պատրաստ է և այս տարի գինիները պատրաստելու եմ արդեն ամենանորագույն սիստեմով: Այժմ եկել եմ մի քանի գործիքներ տանելու և այս քանի օրս այդ բանի հետևից եմ ընկած:

— Լավ, ո՞ւմ համար ես աշխատում այդքան:

— Ազգի համար;

— Դու ծիծաղում ես, բայց տես, մազերդ արդեն սպիտակում են, — լրջորեն նկատեց քույրը, շոշափելով եղբոր մի քիչ երկարացած և սպիտակախառն մազերը քունքերի վրա: — Ինչո՞ւ չես ամուսնանում:

— Որովհետև վախենում եմ լղարեմ: Բացի դրանից, չէ որ կինս էլ պետք է աժդահա լինի ինձ պես, իսկ այժմյան աղջիկներն ինչ են ներկայացնում իրենցից — ինչպես գրում են ռուսերեն մտածող մեր գրողները — երեքշահանոց վառիկներ, այն էլ աղբանոցում քչուջ արած վառիկներ: Բայց դու քոնն ասա: Ո՞նց ես, լա՞վ ես: Լսեցի մարդդ նոր հանքեր է գտել, ճի՞շտ է:

— Ճիշտ է: Այժմ այնտեղ է:

— Գիտե՞ս, ես նրան համ հավանում եմ, համ չեմ հավանում, հավանում եմ նրա եվրոպական ձեռնարկուի խիզախ ոգին, որը կարող է նրան շատ առաջ տանել. չեմ հավանում նրա լրջությունը: Լուրջ մարդիկ իմ մահն են: Բայց ինձ մի բան է հետաքրքրում. ինչպե՞ս եք ապրում իրար հետ:

— Ինչպե՞ս թե...

— Ուզում եմ ասել սերից-մերից կա՞:

Մանեն սկզբում շփոթվեց, հետո ստիպեց իրեն ծիծաղել:

— Որովհետև, գիտե՞ս ինչու եմ հարցնում, — շարունակեց

Վահանը, — նա սառը, դու տաք. նա՝ այսպես ասած՝ ֆլեգմատիկ, դու սանգվինիկ: Ինչպե՞ս են հաշտվում ձեր տեմպերամենտները:

— Շատ լավ են հաշտվում, շատախոս: Նախ նստիր, մի քիչ հանգստացիր, — ասաց քույրը և, եղբոր ձեռքից բռնելով, տարավ նստեցրեց գրասեղանի մոտ: — Կամաց, չկոտրես, — բացականչեց նա ծիծաղելով, երբ աթոռը ճռճռաց Վահանի ահագին մարմնի ծանրության տակ:

— Սրա համար չէի նստում է, — ասաց Վահանը և թեքվեց գրասեղանի վրա, — Այս ի՞նչ է, գրականությա՞մբ ես պարապում:

— Ամուսնուս նամակ եմ գրում:

Վահանը ձեռքով ծածկեց նամակը:

— Կուզե՞ս ասեմ ինչ ես գրում:

— Ասա:

— «Սիրեցյալդ իմ Գրիշա, իմ անգինս, իմ պաշտելիս, իմ տե՛ր և թագավոր: Մի՞թե ինձ ուզեցիր նրա համար, որ բերես ձգես այս չորս պատերի մեջ և ինքդ հեռանաս, թողնելով ինձ սիրատոչոր, ինչպես իր վարդի թփից զրկված սոխակը վանդակի մեջ: Մի՞թե այն գանձերը, որ որոնում ես մայր հողի ծոցում, ավելի թանկ են քեզ համար, քան ես: Ինչի՞ս են պետք աշխարհիս թեկուզ բոլոր գանձերը, երբ դու մոտս չես, երբ ես մինակ եմ, տխուր, քո կարոտը քաշելով շարունակ: Առավոտ է գալիս իր քաղցրանվագ թռչուններով, իր ճաճանչափայլ արևով — ամեն ինչ մութ է թվում ինձ. գիշեր է գալիս իր շողշողուն աստղերով, իր հրաշափառ լուսնով — երկինքը թխպոտ է երևում աչքիս: Եվ հեկեկում եմ ես սենյակիս մենության մեջ դառնագին ու վշտահար և տարածում եմ ձեռներս դատարկ օդի մեջ, շշնջալով՝ «ո՞ւր ես, ո՞ւր ես, արի՛, իմ սիրելի, արի՛, իմ, պաշտելի, արի՛ իմ...» և այլն, և այլն, և այլն: Ձեռքս կկտրեմ, թե այս ոճով և այսպիսի բան չես գրել: Թույլ կտա՞ս կարդամ:

— Թույլ եմ տալիս:

Վահանը վերցրեց նամակը և սկսեց կարդալ.

— «Ուզում ես՝ կարդա, ուզում ես՝ չէ, — ինձ համար էլ այդ միևնույն է, — բայց ես քեզ չեմ ազատիլ իմ հաշիվներից...»: Սա ի՞նչ բան է:

— Կարդա՛, կարդա՛, — բացականչեց Մանեն, անկեղծ զվարճանալով այն խիստ կոմիկական արտահայտության վրա, որ ստացել էր եղբոր դեմքը զարմանքից:

Վահանը շարունակեց կարդալ.

— «Անցյալ օր բանկից հանեցի ընթացիկ հաշվով 200 ռ.: Այդ գումարից 48 ռ. տվի մայրիկի համար նոր վերարկուի, որովհետև այս շաբաթ հաղորդվում է. 15 ռ տվի ինձ համար ամառվա գլխարկի. 12 ռ տվի խոհարարին անցյալ ամսվա համար. 53 ռ, տվի քո գոված Սարիբեկյաններին, որոնք այնքան թաց փայտ էին ուղարկել, որ միայն մխում էր, 22 ռ. տվի...»: Դե՛, սա բանի նման չէ, — բացականչեց Վահանը, նամակը ձգելով գրասեղանի վրա: — Այս ի՞նչ հիմարություններ ես գրել:

Մանեն գլուխը ետ էր գցել և թուլանում էր ծիծաղից:

— Հը՛, ի՞նչ կասես, — ասաց նա, — ձեռքդ կտրո՞ւմ ես, թե չէ:

Վահանը ուսերը վեր քաշեց:

— Օ՛յին եմ ասում, է՛: Ես քեզ միշտ պոետիկ արարած եմ ճանաչել, և հանկարծ... Վերարկու, խոհարար, թաց փայտ... Հիմա՛ եմ հասկանում, իզուր չէ, ախր, որ մատերիալիստի կին ես դարձել:

— Բայց ի՞նչ կասես, որ այդ մատերիալիստը չի ուզում իմ հաշիվները կարդալ և սաստիկ նեղանում է, որ ամեն նամակիս հետ մի երկար հաշիվ եմ ուղարկում իմ ծախսած փողերի մասին:

— Ի՞նչ կարող եմ ասել, բացի միայն ա՛յն, որ մարդ արարածը լի է հակասություններով: Բանաստեղծություններն ատելով ատում եմ, բայց թարսի պես մեկ էլ տեսար իրար հետևից շարվում են ուղեղիս մեջ չափաբերական շեշտերով՝ « Օ՜հ, ի՜նչ անուշ և ի՜նչպես զով առավոտուց փչես, հովիկ, ծաղկանց վրա գուրգուրալով և մազերուն կուսին փափկիկ»: Եվ մինչև անգամ սկսում եմ երգե՛լ, երևակայիր: Եվ այս բանը միշտ պատահում է այն ժամանակ, — սա էլ շատ հետաքրքրական է, — երբ առավոտները հագնում եմ կոշիկներս: Պա՜հ, էլի մոռացա, — հանկարծ բացականչեց Վահանը, ձեռքը խփելով ճակատին:

— Ի՞նչը:

— Եկածս օրից ուզում եմ նոր կոշիկ առնել, միշտ էլ մոռանում եմ: Հոգուդ սատկեմ, այսօր որ գնալիս լինիմ միտս գցիր, թե չէ խայտառակություն է: Տես է, կասես խոզի դնչեր լինին, — ասաց Վահանը, ցույց տալով իր մաշված, ծռմռված և փոշեծածկ ահագին կոշիկները: — Լավ, ի՞նչ ես ծիծաղում այդքան:

Մանեն հանկարծ դադարեց ծիծաղելուց, առաջ վազեց և սաստիկ հուզված, առավ եղբոր ձեռքը:

— Վահան ջա՛ն... որ իմանաս որքա՛ն ուրախ եմ... որքա ՛ն ուրախ եմ, որ եկել ես…

— Դե՛, հիմա էլ սկսեցիր արտասվել… Նստիր: Նստիր մի լավ նայեմ:

Վահանը առաջ քաշեց մոտակա աթոռը և քրոջը նստեցրեց իր դիմացը:

Մանեն շտապով սրբեց աչքերից դուրս ցայտած արտասուքի կաթիլները և նորից սկսեց ժպտալ:

Վահանը կարճ ժամանակ հետաքրքրությամբ նայում էր քրոջ աչքերին, հետո ուսերը վեր քաշեց տարակուսանքով:

— Կանա՛յք... Անհասկանալի արարածներ եմ ասում, է՛, աֆինքսնե՛ր: Մերթ ծիծաղ՝ մերթ լաց: Կատարյալ գարնանային եղանակ, մերթ արև, մերթ անձրև: Բայց չլինի՞ թե « արև է՝ վայ է, անձրև է՝ վայ է»: Հը՞:

— Չեմ հասկանում, ինչ ես ասում:

— Ուզում եմ ասել... Որտե՞ղ է սկեսուրդ:

— Ժամումն է:

— Խո չե՞ք կռվում իրար հետ, ինչպես ամեն հարս ու սկեսուր:

— Չէ, նա չափազանց բարի կին է, և ես շատ գոհ եմ նրանից:

— Է՛, փառք աստծու: Իսկ ամուսինդ... շատ ժամանակ է՞, հանքերումն է:

Մանեն մի քիչ շփոթված, մի քիչ կասկածամտությամբ նայեց եղբոր աչքերին, հետո բռնի կերպով ծիծաղեց և կամաց խփեց նրա ձեռքին:

— Դու քո մասին պատմիր, քո. ի՞նչ ես շարունակ իմ մասին հարցնում, — ասաց նա:

— Իմ մասին ի՞նչ պատմեմ, քույրիկ ջան: Հացը բոլ, գինին բոլ, ուտում եմ, խմում, մթնում է՝ քնում: Քեզ էլ նամակ չեմ գրում: Դու էլ ջգրու ոչինչ չես գրում: Ու երկուսս էլ քվիթ ենք դուրս գալիս:

— Սպասիր: Ինչո՞ւ երեկ Հեղինեին խաբել ես, թե ինձ մոտ ես եղել, մինչդեռ քո երեսն ես այսօր եմ միայն տեսնում:

— Որովհետև ազատամիտ օրիորդներին ես շատ եմ սիրում: Նա օրիորդ է, չէ՞: Իսկ հայտնի է, որ ում սիրում ես, նրա հետ ուզում ես կատակ անել: Նրա թխլիկ դեմքը որ տեսնում եմ, ուզում եմ այսպես հինգ մատներովս բռնել, կամաց.... այսպես... շուռ տալ ու հանկարծ — հո՛պ — նորից գետնի վրա դնել:

— Բայց գիտե՞ս, որ նա քեզ շատ է հավանում, — ասաց Մանեն ծիծաղելով:

— Դրո՞ւստ, — կանչեց Վահանը կոմիկական սարսափով:

— Նրա ահագին մարմնից որ չվախենամ, ասում է, անպատճառ կսիրահարվեմ:

Վահանը աչքերը ձգեց առաստաղին և ձեռքերը բարձրացրեց:

— Փա՛ռք քեզ, տե՛ր, — արտասանեց նա որպես թե թեթևացած, — Ա՛յ, չէի կարծում, թե չաղությունս, որից այսքան նեղվում եմ ես, կարող է փրկել ինձ այդպիսի մի մեծ վտանգից: Մի հետաքրքրական բան են պատմում նրա կյանքից, չե՞ս լսել:

— Ի՞նչ բան:

— Պատմում են, որ իբր թե մի անգամ, իր ազատամիտ կավալերներով շրջապատված անցնում է եղել մի գինետան առաջով: «Տղե՛րք, ասում է. — ի՞նչ կտաք մտնեմ մի բաժակ արաղ կոնծեմ»: — «Թե որ կմտնես, — ասում են կավալերները, — մի-մի պաչ կտանք»: — «Հա-ա՞, — ասում է, — դե հիմի թամաշ արեք»: Ու քո այդ fin de siecle օրիորդը դորթ որ չի ուզում մտնե՛լ: Այնպես որ էլի կավալերներն են ամաչում և կոնից բռնում ետ քաշում:

— Վահան մի՞թե չես խղճահարվում, որ նրա մասին այդպիսի…բաներ ես հնարում, — նկատեց Մանեն անկեղծ, մեղմ նախատինքով: — Չէ՞ որ, ուրիշ տեղ որ պատմես, կարող են գտնվել մարդիկ, որ կհավատան:

— Հավատացնում եմ, քույրիկ ջան, այս պատմությունը ես չեմ հնարել: Ես միայն իմ լսածն եմ պատմում: Պատմողն էլ ո՛վ էր — մի խավարամիտ: Ի դեպ, դու խավարամիտ ե՞ս, թե ազատամիտ:

Մանեն ծիծաղեց.

— Խավարամիտ եմ:

— Թյո՛ւ… Բառն ինքն արդեն հոտում է: Ա՛խ, ներողություն, քույրիկ ջան. դու չէ՛, դու չէ: Դու հոտավետ ես վարդի պես: Բայց թունդ խավարամիտը քո մարդը պետք է լինի, ա՛յ, ի փառս Հայաստանյաց կաթողիկե և առաքելական սուրբ եկեղեցվո: Ափսոս, որ լավ չեմ ճանաչում նրան: Չափից դուրս պեդանտ մարդ է երևում աչքումս: Դրա համար սիրտս չի կպչում, — չնեղանաս, խնդրում եմ: Բայց և այնպես պետք է մի անգամ զնամ տեսնեմ ինչ բանի է: Մեզնից հեռու կլինի մոտ մի հարյուր վերստ: Խոսքը մեր մեջ մնա. բացի հանքարդյունաբերությունից, վաշխառությամբ էլ խո չի՞ պարապում:

— Վահա՛ն, ի՛նչ չար լեզու ունիս, — նորից նախատեց նրան քույրը, այս անգամ նկատելի կերպով նեղացած:

— Ես մեղա աստծու, ես մեղա աստծու... Բայց այս ի՞նչ տեսակ տուն ես պահում, ոչ մոխրաման կա, ոչ լուցկի:

Մանեն վեր կացավ, դուրս գնաց և երբ նորից ներս մտավ մոխրամանն ու լուցկու տուփը ձեռքին, Վահանը վերցրել էր գրասեղանի վրա դրված փառակազմ գրքերից մեկը և թերթում էր՝ հանգած սիգարն ատամների մեջ բռնած.

— Այս գիրքը կարդացել ես, իհարկե, — ասաց եղբայրը:

— Այդ ի՞նչ է:

— «Դոն Կարլոս»:

— Հա. անցյալ օրը վերջացրի:

— Այստեղ է սաված, չէ՞... Ինչպե՞ս է անունը:

— Ո՞ւմ անունը:

— Թագուհու:

— Եղիսաբեթ:

— Հա՛: «Եղիսաբե՛թ, Եղիսաբե՛թ, դու խլեցիր ինձնից իմ դրախտը, որպիսզի Փիլիպոսի ծոցում փչացնես»: Կարծեմ այդպես է ասում, չէ՞,Դոն Կարլոսը:

Մանեն արագ մի հայացք ձգեց եղբոր վրա, հետո սկսեց ուղղել բազմոցի վրա դրված ձեռակար բարձիկները:

— Լավ չեմ հիշում... Հա՛ , կարծեմ այդպիսի մի բան կա, — ասաց նա շինծու անտարբերությամբ: — Բայց լսիր ինչ եմ ասում, — հանկարծ դարձավ եղբորը: — Երկա՞ր ես մնալու այստեղ:

Վահանը գիրքը ծածկեց ու դրեց գրասեղանի վրա:

— Ի՞նչ է, արդեն ձանձրացա՞ր ինձնից: Իսկույն կգնամ:

— Էէ՛հ, — արտասանեց Մանեն ջղայնորեն: — Ուզում եմ ասել, որ զատիկին մեզ մո՞տ կլինես:

— Այդ բանը գործերիցս է կախված, քույրիկ ջան. կարող է պատահել, որ հենց վաղը գնամ, և կարող է պատահել որ մի ամիս էլ մնամ, որովհետև գյուղատնտեսական ընկերության մեջ էլ մի քանի գործեր ունիմ:

— Կարող է պատահելը մի կողմը թող, ես ուզում եմ, որ դու մնաս... Հասկանո՞ւմ ես:

— Ոչ, չեմ հասկանում: — Ասաց Վահանը սիգարը վառելով: Այսինքն չեմ հասկանում, թե ինչու ես ուզում, որ մնամ:

— Ախր մենակ ենք, մարդ չկա: Գրիգորն էլ գրում է, թե գործերն այնքան խառն են, որ զատկին հազիվ թե կարողանա գալ: Էլ ի՞նչ զատիկ, որ ամեն օրվա պես տխուր ու տաղտկալի պիտի անցկացնենք: Սա ի՞նչ կյանք է, մարդ չի իմանում ինչ անի, ուր գնա, ում հետ խոսի: Այս գրքերն էլ որ չլինեին՝ ես կմեռնեմ ձանձրույթից:

— Խե՛ղճ, խե՛ղճ քուրիկս: Ախր գիտեի, որ նամակիդ մեջ այն չպետք է գրեիր, ինչ որ գրել ես: Ես միշտ այն համոզումն ունեի, որ մատերիալիստի հետ ամուսնանալդ մի սխալ քայլ էր: Դու պետք է պոետի կին լինեիր, որ փեշը փեշիցդ կարած՝ չհեռանար մոտիցդ, թե չէ... էլի՞ երեխա չես բերում...

— Ո՛ւհ, էլի սկսեցի՞ր:

— Մի զայրանար, քույրիկ ջան, զավակ որ ունենաս, ախր, այդպես լացկան չես լինիլ: Բայց հանաքը մի կողմը մնա, շատ ես լղարեր: Այդ ի՞նչ է վիզդ, կարապ ե՞ս: Իսկ ականջներիցդ լույսն այնպես է թափանցում, որ կարծես կարմիր լապտերներ ես կախել: Բայց մի վախենար, դու դարձյալ սիրուն ես, այնքան սիրուն ու նազելի, որքան... Ելիսաբեթը: «Ելիսաբե՛թ, Ելիսաբե՛թ, դու խլեցիր ինձնից իմ դրախտը, որպեսզի...»:

Վահանը վեր կացավ, մատով կամաց խփեց քրոջ կզակին, ծիծաղեց և մոտեցավ լուսամուտին:

Երկինքն երեկվա պես մաքուր էր ու բարձր, արևը նույնպես թափում էր ներքև իր տաք ու պայծառ շողերը: Դիմացը գտնված տան բաց պատուհաններից, վերին հարկում, դաշնամուրի ձայներ էին գալիս, պեղալի կրծքային թախծալի հնչյուններով հարուստ: Այդ պատուհաններից մեկի վրա դրված էր կլոր ու բարձր մի վանդակ, որի մեջ ճախրում էր մի դեղձանիկ՝ առանց ձայն հանելու:

Վահանը ձեռքով արավ քրոջը:

— Արի այստեղ:

Մանեն մոտեցավ նրան:

— Տեսնո՞ւմ ես այն դեղձանիկը վանդակի մեջ: Ինչքա՛ն նման է քեզ... այն տարբերությամբ միայն, որ դու ինքդ ևս լալիս, իսկ նրա տեղ լաց է լինում դաշնամուրի պեդալը:

Մանեն ոչինչ չասաց, միայն հարցրեց.

— Այսօր ճաշին մեր տանն ես, չէ՞:

— Թե որ ուզում ես, կմնամ:

— Մենք պաս ենք պահում այս շաբաթ, կուզե՞ս քեզ համար ուտիսվա բան պատրաստել տամ:

— Ոչինչ չի հարկավոր: Այս մի օրը լոբի ուտելով քո չափ չեմ

լղարիլ, մի վախենալ: Այս սկեսուրդ չէ՞, որ գալիս է: Այն ծերունին ո՞վ է հետը: Կասես Բաղամյանի հորեղբայրը լինի:

— Այո, նա է:

— Ժամիցն են գալի՞ս:

— Այո:

— Ի՛նչ գտել են իրար: Խե՛ղճ տղա: Տես, է՜:

Sic transit gloria mundi! ...Ի դեպ. այդ Բաղամյանները ի՞նչ ազգական են ամուսնուդ:

— Սկեսուրս այդ ծերունու քրոջ տալի աղջիկն է:

— Է՜, այդ շատ հեռու գնաց: Այդպես որ գնանք, ես ու դու էլ դալայ-լամայի ազգական դուրս կգանք:

Ներս մտան Օսանն ու Զաքարը: Զաքարը, նախասենյակում հանել էր հնամաշ վերարկուն, որի տակ հագած էր աստված գիտե քանի տարվա երկարափեշ մի սյուրտուկ խիստ կեղտոտ ու ճմռված: Անդրավարտիքի կարճ տոտերից մեկը, ինչպես միշտ, ներս էր պրծած կիսակոշիկի լայնացած ճիտը, որի ականջի մի ծայրը պոկվել և կախ էր ընկել երկարումեկ:

Օսանը խիստ ուրախացավ, որ Վահանին տեսավ, բայց և բավական հանդիմանեց նրան, որ քրոջը մոռացել է:

— Բաս ինչպիսի՞ եղբայր եմ, որ չմոռանամ, — նկատեց Վահանը կատակով: — Ո՞նց ես, ո՞նց, խնամի, դու ա՛յդ ասա: Պառավել ես:

— Հա՛, որդի ջան, պառավել եմ: Գլխիս ջլերը թուլացել են: Աչքերիցս էլ ջուր է գնում:

— Ժամիցն ես գալիս, ողորմած կենա:

— Այն ժամը պահի քու արևը, որդի ջան:

— Պարոն Զաքա՞ր: Դո՞ւ ոնց ես: Դու խո բոլորովին պառավել ես:

— Բաս ուզում էիր, որ ջահելանա՞մ, հերդ լուս դառնա: Ես ա՛յն ցավն ու դարդն եմ տեսե՞լ:

— Հա՛յ գիդի հա՛: Միտդ է, որ Գնորգ աղի քարվանսարում ապրանքի հակերի գլխին կանգնած, տեր-ողորմյան ձեռիդ մեկ-մեկ բաց անել էիր տալիս ու...

— Թո՛ղ, թո՛ղ, — շտապով ընդհատեց Վահանին ծերունին: — Այդ բաները մի՛, միտս մի՛ բերի:

— Ավա՛ղ, փառացն անցավորի, չէ՞, պարոն Զաքար: Պառավներդ որ չլինեք, մեր ժամերը խո փակվեցի՞ն: Հը՞, պարոն Զաքար:

— Է՛լի որ, է՛լի որ, — պնդեց ծերունին: — Թե որ աստվածապաշտություն մնացել է, էլի պառավներիս մեջ է մնացել: Ջահելներդ եք, որ ոչ աստված եք ճանաչում, ոչ Քրիստոսին:

— Բայց հոգին սո՞ւրբ:

— Ոչ էլ հոգին սուրբ:

— Դե ո՞նց անենք, պարոն Զաքար, ասում են աստված չկա:

— Իհարկե. որտեղ սատանա կա, այնտեղ աստված ի՞նչ ունի:

Վահանը ծիծաղեց:

— Ասում են սատանա էլ չկա ախր:

— Ասո՛ւմ են, ասո՛ւմ են... Օ՛վ է ասում: Բաս ջահելներդ ի՞նչ եք, որ սատանա չեք: Հիմիկվա ամեն մի ջահելի փորում մի-մի սատանա կա պպզած:

— Բաս իմ փորումը երկուսն էլ կլինի, չէ՞, պարոն Զաքար;

Օսանն ու Մանեն ծիծաղեցին: Զաքարը, որը խոսում էր ամենայն լրջությամբ, իր թավ հոնքերի տակից նայեց Վահանի ահագին փորին և նույնպես սկսեց ծիծաղել զառամյալ ծերունու անձայն ու դողդող ծիծաղելով:

— Երեքն էլ կլինի ու, — նկատեց նա:

— Ղորթ, ինչ չաղացել ես, Վահան, աչքով չտամ, — ասաց Օսանը: — Քույրդ է՞, քանի գնում՝ լղարում է:

— Թող մի-երկու սատանա կուլ տա, նա էլ կչաղանա: Չէ՞, պարոն Զաքար, — հարցրեց Վահանը և նստեց ծերունու կողքին: Նա ձեռք առավ Զաքարին և էլ բաց չթողեց նրան: Գիտեր ամենքին հարմարվելու և ամենքի հետ խոսելու ձևը և խոսակցին գրավելու կախարդական մի ուժ ուներ:

Ճաշի սկիզբը, Վահանի շնորհիվ, անցավ ամենաուրախ տրամադրության մեջ: Մանեն սիրով նայում էր եղբոր մշտածիծաղ աչքերին, դիտում նրա հանգիստ, ինքնավստահ շարժումները և անդադար քրքջում նրա կատակների վրա: Նույնիսկ Զաքարը, որ թե՛ ծերությունից և թե՛ վշտից, ըստ երևույթին, առմիշտ կորցրել էր ծիծաղելու ընդունակությունը, նա էլ ծիծաղի նման ինչ-որ անորոշ ձայներ էր արձակում անատամ բերանից: Իսկ Օսանն ուղղակի չէր կարողանում կարգին ճաշել շատ ծիծաղելուց և թաշկինակով անդադար սրբում էր աչքերից գլգլացող ջուրը:

Չնայելով իր հսկա մարմնին, Վահանն ուտում և խմում էր

համեմատաբար չափավոր կերպով: Պասմա կերակուրները չէին դրա պատճառը և ոչ էլ այն, որ նա շատ ուտելու պահաջ էր զգում, — ընդհակառակը, — այլ ա՛յն, որ բժիշկները պատվիրել էին շատ չուտել: Մինչդեռ Զաքարը չտես մարդու ագահություն էր ցույց տալիս: Եվ իսկապես, երբեմն ուտելու-խմելու սովոր, այժմ շատ հազիվ էր պատահում, որ նա կուշտ փորով հաց ուտեր: Այդ բանը գիտեր Մանեն, որ Զաքարը, ինչպես միշտ, այս անգամ ևս եկել էր իրենց տուն հատկապես իր քաղցած փորը կշտացնելու համար, ուստի նրա հոգացողության գլխավոր առարկան այն էր, որ առատ կերպով կերակուր ու գինի մատակարարե այդ դժբախտ ծերունուն, մանավանդ գինի, դեպի որը առանձին թուլություն ուներ ծերունին:

Զաքարի հետ կատակներ անելիս Վահանը խոսք բաց արեց նրա եղբոր որդու՝ Աշոտ Բաղամյանի մասին: Ծերունին բորբոքվեց: Գինին արդեն ընկել էր նրա գլուխը: Նա ասաց, որ իր եղբոր որդու անունը չտան, որ Աշոտը «փարմասոն» է դառել. ժամ չի գնում, չի հաղորդվում, ուշունց է տալիս կաթողիկոսին, հակառակ է Գրիգոր լուսավորչի հավատին, եկեղեցին ուզում է քանդել, պասկը հիմար բան է համարում, մարդ ու կնոջ քարոզում է, որ իրարից բաժանվեն և ում հետ ուզում են՝ նրա հետ ապրեն և ուրիշ «այդ տեսակ բաներ»: Օսանը լսում էր նրան զարմանքով, իսկ Վահանը զվարճանում էր ծերունու բորբոքման վրա, անդադար խթխթում նրան և ծածուկ աչքով անում քրոջը: Մինչդեռ այդ անսպասելի միջադեպը հանկարծ փոխել էր Մանեի ուրախ տրամադրությունը: Նրան այլևս դուր չէին գալիս եղբոր կատակները և ամեն անգամ, երբ Վահանը բորբոքում էր պակասամիտ ծերունուն իր եղբոր որդու վրա ավելի խիստ բառերով հարձակվելու, Մանեն չէր կարողանում զսպել իրեն, որ հանդիմանական հայացքներ չձգե եղբոր վրա:

Երբ սեղանը հավաքեցին, Զաքարը պարզապես արբած էր. այնպես որ, երբ վեր կացավ, քիչ մնաց վայր ընկներ: Վահանը բռնեց նրա թևից և տարավ պառկեցրեց փոքրիկ թախտի վրա, իսկ Մանեն մի բարձ դրեց նրա գլխի տակ: Ծերունին միանգամայն թուլացած ինչ-որ մրթմրթաց, ըստ երևույթին օրհնեց քույր ու եղբոր ցույց տված հոգացողությունը և գրեթե իսկույն էլ քնեց, խաղաղ փափսացնելով քթածակերից: Օսանը նույնպես, իր սովորության համաձայն, հեռացավ իր սենյակը մի քիչ «հանգստանալու», որպեսզի երեկոյան դարձյալ ժամ գնար: Իսկ քույր ու եղբայր առանձնացան հյուրասենյակը:

Վահանը թիկն էր տվել ասեղնագործ թավշյա բարձիկներով և մետաքսյա մութաքաներով զարդարված բազմոցի վրա և ծխում էր բերանից անպակաս սիգարը: Ճաշից հետո մի տեսակ ծուլություն էր տիրել նրա բոլոր անդամներին, և նա ընկած էր բազմոցի վրա ծանր ու անշարժ, նեղվելով իր չաղությունից: Ճաշասենյակի բաց դռնից լսվում էր պատի ժամացույցի լեզվակի թիք-թաքը: Այդ թիք-թաքը, ճաշից ծանրացած ստամոքսը, շուրջը տիրող անդորրությունը և բավական տաք օդը քուն էին բերում նրա վրա:

5

Մանեն նստած էր լուսամուտի առաջ և մտախոհ նայում էր դեպի փողոց: Փողոցում, ուղղակի լուսամուտի տակ, ցցված էր հեռախոսի սյուներից մեկը, որի վրայով անցնող կարմրավուն երկաթալարերը մի տեղ շողշողում էին արևի տակ: Փողոցը խաղաղ էր, հեռվից միայն լսվում էր երբեմն-երբեմն տրամվայի զանգակի ձայնը: Այս սենյակից նս երևում էր դիմացի տան պատուհանի վրա դրված վանդակը, որի մեջ դեղձանիկն առաջվա պես լուռ ճախրում էր թառերի վրա վերևից ներքև, ներքևից վերև աստիճանական կարգով: Մանեն հիշեց եղբոր համեմատությունը և զարմացավ, թե որքան ճիշտ կերպով ըմբռնել էր նա իր դրությունը: Մի՞թե, իիրավի, ինքը նման չէ այդ խղճուկ թռչնակին: Փակված, միշտ փակված, ցմահ փակված, միշտ ձգտելով դեպի ազատություն և միշտ էլ անկարող լինելով իրագործել իր այդ ձգտումը: Վանդակի ցանցերը չեն միայն, որ խանգարում են նրան, այլև սովորությունը, անվստահությունը, վախը ցանցերից այն կողմը գտնված անհայտությունը խորհրդավոր ու ահավոր, ինչպես ամեն մի անհայտություն: Բաց արա վանդակի դռնակը, և թռչնակը դեպի ազատությունն ունեցած իր բոլոր ձգտումով հանդերձ թերևս դուրս չգա այստեղից և խցկվի մի անկյուն վախեցած այն ահավորությունից, որ ներկայացնում է դռնակից դուրս ազատության անհայտը…

— Ճիշտ որ աննախանձելի պիտի լինի դրությունդ:

Մանեն ցնցվեց և արագորեն նայեց եղբորը զարմացած, թե մի միգուցե այն ինչ-որ մտածում էր, արտահայտել էր խոսքերով:

Վահանն առաջվա պես թիկն էր տված հանգիստ, նայում էր ատամների մեջ բռնած սիգարի մոխրածածկ ծայրին և խաղացնում էր մի ոտը՝ մյուս ոտի ազդրին դրած:

— Այս է, է՜լի, էն շրջանը, որի մեջ ապրում ես... այդ երկու պառավները, — շարունակեց նա: — Բայց չէ՛, այնտեղ կան ուրիշներն էլ. fin de siecle կամ, ինչպես կասի պոլսեցին՝ տարավերջիկ օրիորդ Սոլիկյան, նրան սրտակից և, եթե չեմ սխալվում, կենակից Նասիբյանը, հետո... ամենամեծ ռահվիրաներից մեկն առաջադիմականների բանակում — Բաղամյան... Երկու կողմից էլ քվինթ-էսենցիա: Սրանք ա՛յս են փչում մի ականջումդ, նրանք մի ուրիշ բան են զռզռացնում մյուս ականջումդ: Մի կողմից՝ ժամ ու պատարագ, Աստված ու Քրիստոս, պաս ու հաղորդ, դժոխք ու սատանա. մյուս կողմից՝ «փարմասիոնություն», եկեղեցու կործանում, լայն, հանրամարդկային գաղափարներ, ապահարզան՝ ազատ սեր, առաջադիմություն և ես ի՞նչ գիտեմ է՝ ուրիշ ի՛նչ քար ու քացախ... Եվ եթե այս բոլորի վրա ավելացնենք քո վառ երևակայությունը, որ երբեմն էկզալտասիոնի է հասնում, այն ժամանակ...

Վահանը բերանից հանեց սիգարը և նայեց քրոջը:

— Ճշմարիտ, ես շատ եմ հետաքրքրվում և կուզեի իմանալ, թե ինչ է քո դերը երկու հակառակ բևեռների մեջ:

Մանեն չկարողացավ դիմանալ եղբոր հետաքննին հայացքին և ակամա խոնարհեց աչքերը: Նա այժմ, չգիտեր ինչու, վախենում էր եղբոր հոտառությունից:

— Չգիտեմ, — արտասանեց նա կամաց:

— Վահանն ուսերը թոթվեց և հորանջեց:

— Չգիտեմությո՛ւն... Բավական նախանձելի դրություն: Մեր ժամանակ փիլիսոփաներն են միայն, որ տալիս են այդ պատասխանը կյանքի և մահվան առեղծվածի առաջ կանգնած: «Չգիտեմ»: Ողորմելի՛ պատասխան, հավասարակշռությունը չգտնող հոգիների պատասխան, ինչպես ժամացույցի հարատև տատանվող լեզվակի միակերպ թիք-թաքը. — լսի՛ր (Վահանը մատով ցույց տվեց ճաշասենյակի դուռը), կարծես թե հարցնում է տարակուսանքով՝ ո՞ր կողմը, ա՞յս, թե՞ այն, ա՞յս, թե՞ այն, և ինքն էլ պատասխանում է իրեն բութ հուսահատաթյամբ՝ չգի՛-տեմ, չգի՛-տեմ, չգի՛-տեմ... թի՛ք-թաք, թի՛ք-թաք, թի՛ք-թաք... Անիծածը խոսում է կարծես: Իսկ ես գիտե՛մ, — ոչ այս և ոչ այն կողմը, այլ ուղղակի մեջտեղը, ուրեմն՝ ստո՛պ, կանգնիր:

— Բայց այն ժամանակ լեզվակն այլևս չի խոսիլ, և ժամացույցը կմեռնի...

Վահանը նայեց քրոջ խորհրդավոր աչքերին, ըստ երևույթին հանկարծակիի եկած նրա այդ անսպասելի պատասխանից, հետո հանկարծ ծիծաղեց:

— Մարդ լսի, կասի՝ քույր ու եղբայր այս ի՛նչ նրբաքնին խոսակցությամբ են զբաղված: Շատ մարդկանց ուղեղը զարգանում է երբեմն հիմարություններ դուրս տալու համար: Ով ճաշից հետո զվարճալի բաներով կզբաղվի, որ կերածը լավ մարսի, մենք... փիլիսոփայություններով ենք զբաղվում: Լեզվակն այլևս չի խոսիլ, ժամացույցը կմեռնի... Ռուսի չորտն է խաբար — ինչ՛եր ենք դուրս տալիս... լոբի ուտելուց հետո:

Եվ Վահանը սիգարը նորից բերանը դրեց, երեք բարձիկ իրար վրա հավաքած, քաշեց գլխի տակ ու երկարումեկ ձգվեց բազմոցի վրա երեսն ի վեր: Նա աչքերը ձգեց առաստաղից կախված ջահին, որի ապակյա գինտերը տեղ-տեղ պլպլում էին շողակնի երանգներով, և նորից սկսեց ականջ դնել ժամացույցի քնաբեր թիք-թաքին:

— Զարմանում եմ, որ դաշնամուր չես պահում, — ասաց նա, աչքերը հեռացնելով ջահից և ման ածելով ընդարձակ հյուրասենյակի մեջ: — Այս բոպեիս ամենայն հաճությամբ կլսեի որևէ պոպպուրի կամ վալս, չքնելու համար: Բայց չէ՛, այնտեղ ննջում են երկու անտիկ պառավներ, նրանց քունը կխանգարվի: Իսկ ես... (Վահանը նորից հորանջեց առաջվանից ավելի երկարատև) ես էլ կքնեմ, ինչպես երևում է նշաններից: Իսկ դու... դու կմնաս արթուն... ժամացույցի լեզվակի պես... Տես է՞, ինչ մյուզիկ է սարքել մեր sic transit-ը... Աստվածդ սիրես, փակիր այն դուռը:

Մանեն վեր կացավ և կամաց փակեց ճաշասենյակի դուռը, որտեղից լսվում էր Զաքարի կերկերաձայն խռմփոցը երբեմն այնքան տարօրինակ ու ընդհատվող, որ թվում էր, թե ծերունին խեղդվում է:

— Ապշում ես, թե այս ի՛նչ արարած է մարդ կոչված անասունը, — ասաց Վահանը: — Մի հարցնող լինի այդ ծերունուն՝ էլ ի՞նչ ունիս, որ ապրում ես, ինչու՞ ես ապրում, ո՞ւմ համար ես ապրում, ի՞նչ ես սպասում աշխարհից... Եվ դեռ դատում է, վիճում, բողոքում, զայրանում... Չես հասկանում, է՛լի, չես հասկանում... Բայց քո այդ պարոն Աշոտ Բաղամյանին ասա՝ ինչ ուզում ես — գրիր, ինչ ուզում ես — քարոզիր, միայն թե քաղցած մի պահիր այդ ողորմելի ծերունուն, լավ չէ...Հա, քեզ չե՞մ պատմել: Սրանից վեց տարի առաջ, Մոնպելիեից որ վերադառնում էի հայրենիք, Պարիզում հանդիպեցինք իրար: Հարյուր ֆրանկ փող ուզեց — տվի, բայց մինչև օրս էլ թե պետք է ստանամ: Մինչև այժմ չեմ հիշեցրել բայց այս անգամ որ տեսնեմ — կասեմ: Էլ ձեր տուն չի՞ գալիս, առաջվա պես:

— Գալիս է:

— Կասեմ, անպատճառ կասեմ, — կրկնեց Վահանը: — Վեց տարին կարծեմ բավական է: Ազատամտությամբ զբաղվելը լավ բան է, բայց պարտքի վճարումն էլ խո պախարակելի բա՞ն չէ: Մեր գյուղում մի մանրունք ծախող ունինք. Գավառից ոտը դուրս չի դրել, բայց այնքա՜ն թունդ ազատամիտ է, որ քարի վրա դնես, քարը կճաքի: Գլադստոնից ու Պառնելից է խոսում, իսկ Բիսմարկին որ ճանկը գցեն, չի խնայիլ նրա քաշալ գլխի երեք հատիկ մազերից մեկն անգամ — այնքան թունդերիցն է: Նրանից որևէ բան առնելիս, երբ կասկածում եմ ապրանքի որակության վրա, մինչև որ Բաղամյանի արևով չեմ երդվեցնում, չեմ հավատում, թեև Բաղամյանի երեսը չի էլ տեսել: Մի անգամ ասացի նրան, որ Բաղամյանը հարյուր ֆրանկս ուտում է: Ֆո՜հ, պետք է տեսնեիր ի՜նչ օյիններ հանեց գլխիս: Ուժը պատեր, հում-հում կուլ կտար: Ասենք, Նասիբյանն էլ պակաս հեղինակություն չի վայելում գավառում: Նրա հոդվածները... Տեր իմ ամենակալ այդ ի՞նչ հոդվածներ են: Թանաքո՞վ է գրում, թե արյունով: Որքան կրակ ու եռանդ, որպիսի՜ շանթ ու կայծակ: Երբեք մտքիցս չի անցել Պառնելի մահվան առթիվ գրած նրա մի հոդվածը: Երևակայիր, մարդն Իռլանդիայի «անթագ թագավոր» էր կոչվում, և հանկարծ խավարամիտ Ալբիոնը նրան այն դրության է հասցնում, որ խեղճը ստիպված լինում անձնասպանություն գործել: Պատճա՞ռը: Որովհետև սիրելիս է լինում Օշի անունով ինչ-որ մի կապիտանի կնոջ — սարսափելի մի հանցանք, որ ոչ մի կերպ չի ուզում ներել նրան «չոպոր» անգլիացին, «բուրժուական մորալի այդ տիպար ներկայացուցիչը»... Օ՜, Բրիտանիա, Բրիտանիա, որ իմանաս ինչպիսի՜ քնձռոտ մկներ են կրծում քեզ... է՜...

Այդ «է»-ն Վահանի բերանում փոխվեց երկարատև հորանջի,

իսկ այդ հորանջի շարունակությունն եղավ ժողովրդական երգի մի երկտողյանը՝

Էս ինչ խարաբ դարու հասանք, հարալէ,
Էս ինչ խարաբ դարու հասանք, հարալէ:

Երգը նորից փոխվեց հորանջի, առաջվաններից ավելի երկարատև և նյարդային:

— Առ այս սիգարը, քունս տանում է, — ասաց Վահանը: Մանեն եղբոր ձեռքից առավ հանգած սիգարը, դրեց մոխրամանի մեջ և հարցրեց.

— Կուզե՞ս բան ծածկեմ:

— Որ տապակվե՞մ: Ոչինչ հարկավոր չէ: Միայն շատ չթողնես, որ քնեմ: Մի ժամից վեր կացրու:

Վահանը քնեց հենց այնպես, ինչպես որ պառկած էր, երեսն ի վեր, և քնելուն պես սկսեց խռմփացնել, սկզբում թեթև, հետո ավելի ու ավելի ուժգին: Առանց այն էլ նա կարծես թե վիզ չուներ, իսկ այժմ, պառկած դրության մեջ, նրա վիզը բոլորովին կորել էր և վզի տեղ դուրս էին պրծել նրա չաղ մսերը կրծքի և ուսերի վրա:

Մանեն նորից նստել էր լուսամուտի մոտ, նայում էր դիմացի տան պատուհանի վրա վանդակի մեջ փակված թռչնակին, ականջ էր դնում եղբոր խռմփոցին և այնպիսի սաստիկ ձանձրույթ էր զգում, որ կարծում էր, թե սրտի վրա նստել է տղմի պես մի բան ծանր ու ճնշող...

6

Վահանը մեկ-մեկ դիպչում էր քրոջ տուն: Թիֆլիսում նա բազմաթիվ ծանոթներ և շատ բարեկամներ ուներ, ամեն օր մեկի կամ մյուսի տանն էր լինում հրավիրված և ամեն տեղ ցանկալի հյուր էր, ամենքը խլում էին նրան ձեռքից ձեռք: Զատիկի տոներին անգամ չկարողացավ քրոջ տանը լինել և այդ բանի համար մեծ հանդիմանություն ստացավ թե Մանեից, և՛ թե՛, մանավանդ, նրա սկեսուրից: Օսանն ընդհմին շատ նեղացած էր նրանից, որ նա իր հաղորդվելու օրն էլ չէր եկել ճաշին իրենց տուն:

Տոները Մանեի համար անցան վերին աստիճանի տխուր,

մանավանդ ամուսնուց սիրո և կարոտի զգացումներով զեղուն շնորհավորական հեռագիր ստանալուց հետո: Այդ հեռագրի ազդեցության տակ, նա հիվանդ ձևացավ և դուրս չեկավ Աշոտ Բաղամյանի մոտ, որը Զատիկը շնորհավորելու պատրվակով եկել էր նրան տեսնելու:

Բաղամյանը նստած էր հարևան սենյակում և խոսում էր Օսանի հետ: Օսանը հանդիմանում էր նրան իր քարոզած գաղափարների համար, իսկ Բաղամյանը ծիծաղելով ասում էր, որ իր հորեղբայրն այդ բոլորը հնարում է մասամբ իրենից, մասամբ իր հակառակորդների ասածները կրկնելով: «Լավ, ինչի՞ չես մին-մին մտիկ անում, — ասաց Օսանը. — մեղք չի՞. հացափոր ընկած է սրա-նրա դռանը»: Բաղամյանը զայրացավ: Նա ասաց, թե ինքը միշտ առաջարկել է Զաքարին, որ իր տանն ապրի, այն պայմանով միայն, որ արաղից ձեռք վերցնի, շատ չխմի, մանավանդ ման չգա քելեխների (վերջինս Զաքարի համար պարզապես մի հիվանդագին բան էր դարձել), բայց ծերունին չի կամեցել ընդունել այդ պայմանը և ինչպես որ անկարգ ապրել է հարուստ ժամանակ, նույն անկարգությամբ էլ ուզում է վերջացնել իր աղքատ ծերությունը: Սակայն, չնայելով դրան, Բաղամյանն այժմ էլ ամեն ամիս մի որոշ գումար ուղարկում է ծերունուն, որ նա հացափոր ման չգա ուրիշի տները, բայց նա այնքան ապերախտ է, որ դեռ զրախոսում էլ է իր եղբոր որդու վրա:

Մանեն Բաղամյանի խոսածը լսում էր կից սենյակից: Նա ակամա հիշեց եղբոր ասած հարյուր ֆրանկի պարտքը, որ Բաղամյանը դեռ չէր վճարել նրան: Եվ Մանեին թվաց, որ Վահանը թերևս այնպես հեգնորեն չխոսեր Բաղամյանի մասին, եթե այդ հարյուր ֆրանկի չհատուցված պարտքը չլիներ մեջտեղ: Քույրը շատ լավ ճանաչում էր եղբոր կծծի բնավորությունը, և այդ բանն ամենևին դուր չէր գալիս Մանեին: Ամբողջ վեց տարի էր անցել այդ չնչին գումարը պարտք տալուց ի վեր, և Վահանը դեռ չէր մոռացել, իսկ նա աղքատ չէր, հարուստ էր, մինչդեռ Բաղամյանը նրա համեստությամբ իսկապես աղքատ էր, որովհետև դրական աշխատանքով էր միայն իր ապրուստը հայթայթում:

Զատիկից հետո թատերասերների մի խումբ ներկայացում պիտի տար հայ կանանց բարեգործական ընկերության օգտին: Հեղինեն այդ ընկերության ամենաեռանդուն անդամակիցներից մեկն էր, և Մանեն երկու տոմսակ էր ստացել նրանից — մեկն իր, մյուսը եղբոր համար: (Սկեսուրը, իբրև հին կին, իր ամբողջ կյանքում թատրոն ասած բանը տեսած չէր և չէր ուզում տեսնել): Ներկայացման երեկոյան Վահանը կառքով եկավ, որ քրոջը թատրոն տանի: Նա մի քիչ ուշացել էր, այնպես որ Մանեն նրան էր սպասում՝ արդեն հագնված պատրաստ: Քրոջը տեսնելուն պես Վահանը չկարողացավ զսպել իր հիացմունքը:

— Շի՜կ — բացականչեց նա աջ ձեռքի բութ մատը չրխկացնելով միջամատի վրա: — Դու կատարյալ գեղեցկուհի ես եղել և մի քիչ էլ — խոսքը մեր մեջ մնա — կոկետ... ի՜նչ հասակ, ի՜նչ քնքշություն, ի՜նչ ճաշակ, ի՜նչ գրացիա… Լա՜վ, նազ մի անիր:

Եվ սկսեց երգել.

Նազ մի անիր, նազ մի անիր, նազ աղջիկ,

Դեյրեդ քաշե, թող մի անիր…

Ու հանկարց լռեց: .

— Հետո՞... չվերջացրիր, — բավական սառն կերպով նկատեց քույրը, որ հայելու առաջ կանգնած ուղղում էր մազերը: Պարզապես երևում էր, որ նա դեռևս նեղացած է եղբորից:

— Չէ՜, վերջը լավ չէ, — ասաց Վահանը: — Առանց այն էլ ես արդեն մի հանցանք եմ գործել ծնողներիս հիշատակի դեմ. Մտքումս կար, որ մեռելոցի օրը հորս ու մորս գերեզմանն օրհնել տամ և... մոռացա, այսինքն՝ մոռացնել տվին անիծվածները: Իսկի թողնում ե՞ն, որ մարդ հանգիստ մնա. մի օր մեկն է քարշ տալիս, մյուս օրը՝ մի ուրիշը: Հենց հիմա էլ հազիվ կարողացա մեկի ձեռքից յախես թափեի, թե չէ էլ ո՞վ կպրծներ քեզնից: Երևակայիր, որ մինչև օրս դեռ գործերս էլ չեմ վերջացրել: Ջհաննամը, որ գոնե մի բանի նման լինիմ…

Նա կանգնեց Մանեի հետևը և սկսեց քրոջ ուսի վրայից դիտել հայելու մեջ իր մազազուրկ դեմքը:

— Հոգուդ սատկեմ, քույրիկ ջան, մի թամաշ արա ըռխիս: Մոպսի շուն տեսել ե՞ս բերանի կողքերից կախ ընկած լպռիներով. ի՜սկը մոպսի շուն: Փո՜ւ, խայտառակություն... Եվ, չեմ հասկանում, ինչո՞ւ աստված զրկել է երեսս բուսականությունից:

Մանեն առավ փեղույրը, ծածկեց և սկսեց քորոցով ամրացնել մազերի վրա: Նա պինդ սեղմել էր շրթունքները, երևում էր, որ աշխատում էր զսպել ծիծաղի փոթկոցը:

Դու գիտե՞ս, որ մենք ուշանում ենք, — ասաց նա:

— Վնաս չունի, մեծ մարդիկ միշտ ուշ են գնում թատրոն, — ասաց Վահանը, նայելով ծոցի արծաթյա ջարդված ժամացույցին:
— Տոմսակս տուր տեսնեմ:
Մանեն Հեղինեից ստացած երկու տոմսակներից մեկը տվեց Վահանին: Վահանը նայեց տոմսակին, անդրավարտիքի գրպանից հանեց պորտմոնեն, տոմսակը մեջը դրեց, հետո նույն պորտմոնեից հանեց երկու հատ մի-մի ռուբլիանոց ինչ-որ կոպեկների հետ և դրեց քրոջ առաջ:
— Այս ի՞նչ է, — հարցրեց քույրը զարմացած:
— Տոմսակի արժեքը:
— Թե ի՞նչ:
— Թե ա՛յն, որ ձրի չեմ սիրում:
Քույրը երկար ժամանակ շատ լրջորեն նայում էր եղբոր ծիծաղկոտ աչքերին:
— Ուզում ես ինձ վիրավորե՞լ, Վահան:
— Չէ, քույրիկ ջան. ես ուզում եմ միայն հակառակ չգնալ նշանաբանիս:
— Կատակ չե՞ս անում:
— Փողի գործերում կատակ անելը հավասար է հանցագործության:
— Շա՛տ լավ, — ասաց Մանեն, ջղային արագ քայլերով հեռացավ նրանից, պահարանից հանեց վերարկուն, հագավ և նույն քայլերով դիմեց դեպի դուռը: Այստեղ հանկարց կանգ առավ և, դառնալով եղբորը, հարցրեց.
— Իսկ կառքի փո՞ղը ով պիտի վճարի:
— Կեսը ես, կեսը դու, — ծիծաղեց Վահանը: — Չէ՛, որովհետև ես քեզնից ավելի մեծ տեղ կբռնեմ, — ավելացրեց նա, — ուստի քեզնից ավելի կվճարեմ:
— Մեր տանը մի քանի անգամ հաց ես կերել ուրեմն տո՛ւր կերածիդ փողը, — աղաղակեց Մանեն:
Վահանի ծիծաղը սաստկացավ:
— Բռավո՛ , — բացականչեց նա ... — Կսիրեմ այդպիսի ապտակներ:
Մանեն զայրացած դարձավ և դուրս գնաց:
— Եվ դո՛ւ ես ամուսնուս պեդանտ անվանողը, — ասաց նա կառքի մեջ:
— Վահանը միայն շարունակում էր ծիծաղել, զվարճանալով քրոջ զայրույթի վրա: Այդ ծիծաղն ավելի ևս գրգռում էր Մանեին:

— Գնացել ես արտասահման, — շարունակեց Մանեն, — և հետդ, բացի գերմանական չոր հաշիվներից, ուրիշ ոչինչ չես բերել:

— Չո՞ր: Ինչո՞ւ չոր և ինչո՞ւ անպատճառ գերմանական, այլ ոչ իտալական կամ թե ֆրանսիական: Փողի հաշիվներից էլ փափուկ բան... Այդ մեկ: Երկրորդ՝ արտասահմանից ես ախր գիտության էլ եմ բերել, քույրիկ ջան, ինչո՞ւ ես մոռանում:

Մանեն բորբոքվեց:

— Գիտությո՜ւն... ի՞նչ գիտություն: Որտե՞ղ է քո գիտությունը: Ո՞վ տեսավ: Ո՞ւմ օգուտ տվիր քո գիտությունով: Գնացել ես գյուղում նստել, այգիներ ես ձգում, գինեգործարան ես շինում և, բացի քո փորի համար հոգալուց, ուրիշ ոչ

մի բանի մասին չես մտածում, թեկուզ ամբողջ աշխարհքը քանդվի էլ: Եվ դեռ ծաղրում ես ուրիշներին... ծաղրում ես ձեր գյուղի մանրավաճառին, որ նա իր տգետ տեղովը հետաքրքրվում է Գլադստոնով, Պառնելով...

Վահանը թեքվել էր և գիշերային կիսախավարի մեջ իր սովորական հեգնող ժպիտով, բայց փոքր-ինչ զարմացած, անթարթ նայում էր քրոջ զայրացած աչքերին:

— Մանե, այդ դո՞ւ ես, — արտասանեց նա:

— Այո, ես եմ, չէի՞ր սպասում:

— Բաս ասում էիր խավարամիտ ես:

— Թող, ի սեր աստծո, այդ հեգնություններդ: Դու անօգուտ մարդ ես, քեզնից և քո գիտությունից ոչ մի շահ չունի հասարակությունը:

— «Եթե ուսումեդ շահ չունի Հայաստան, թքել եմ քուալ, ուսումիդ ալ վրան», — վրա բերեց Վահանը և բարձրաձայն ծիծաղեց: — Բայց մի բարկանալ, քույրիկ ջան. մի բան եմ ուզում հարցնել: Այն քո առաջադիմականների հետ շուտ-շո՞ւտ ես տեսնվում:

Մանեն մեծ տհաճությամբ դեմքը շրջեց նրանից և ոչինչ չպատասխանեց: Որովհետև մի անգամ արդեն նեղացած էր եղբորից, այդ պատճառով Վահանի խոսակցության հեգնական տոնը այժմ հանում էր նրան իրենից և նա մեծ ջանք էր գործ դնում, որ զսպի իրեն:

— Պետք է ասած, որ դու բավական առաջադիմականացել և ազատամտականացել ես, — շարունակեց Վահանը: — Եվ իզուր ես կարծում, թե հետադեմ-խավարամիտների բանակին ես պատկանում: Բայց մի բան, որ շատ հավանեցի, այդ զայրանալդ է: Զայրանում ես շատ սիրուն և շատ շնորհալիորեն, որովհետև մեծ եռանդ կա մեջդ, և ինքդ էլ անկեղծ ես վերին աստիճանի: — Անկեղծ եմ ասում, քույրիկ ջան, որ այս անգամ չեմ հեգնում: — Իսկ նրանք, քո այն առաջադիմական բարեկամներդ... նրանց շատ էլ մի հավատա: Նրանք

արդեն ոտով-գլխով կեղծ են, — ավելի կեղծ, քան այժմյան Կախեթու գինիները, — և, հավատացնում եմ քեզ, իրենց գիտությամբ շատ քիչ են տարբերվում մեր գյուղի մանրավաճառից:

— Ես կարծում եմ, որ հասարակական գործիչներին քննադատելու իրավունք ունենալու համար, անհրաժեշտ է, որ քննադատողն ինքը հասարակական գործիչ լինի, — նկատեց Մանեն հանգիստ խստությամբ և յուրաքանչյուր բառը շեշտելով:

— Չնեղանաս, քույրիկ ջան, սկզբունքի տեսակետից ասածդ աբսուրդ է. մինիստրի գործերը քննադատելու համար հարկ չկա անպատճառ մինիստր լինելու, այլապես ի՞նչ պիտի ասեինք Բիսմարկի մազերը փետրահան անող մեր գյուղի

մանրավաճառին: Բայց այս դեպքում քո նկատողությունը լիովին արդարացի է: Ես, իհարկե, զրո եմ Բաղամյանի կամ Նասիբյանի հետ համեմատած, այսինքն՝ հասարակական գործիչ չեմ և, իհարկե, չեմ, քանի որ սիրային վեպեր,

բանաստեղծություններ չեմ թխում, կարմիր հոդվածներ չեմ գրում, փախչում եմ հոգաբարձական և երեցփոխական ընտրություններից, չեմ մասնակցում զանազան հայտնի և անհայտ ժողովների, այլ միայն սուս ու փուս զբաղված եմ սեփական որովայնս պարարտացնելով, հետևաբար իրվունք չունիմ քննադատելու մեր այդ երևելի հասարակական գործիչներին: Թեև այս էլ պետք է ասեմ, քույրիկ ջան, որ դու իզուր ես այդքան բարկանում ինձ վրա. ես խո չեմ քննադատում, ես միայն, այսպես ասած բարեկամական զրուցադրության մեջ, իմ անհատական կարծիքներն եմ հայտնում:

— Դու կարծիք հայտնել չգիտես, դու գիտես միայն հեգնել, ծաղրել և... բամբասել, պառավների պես:

— Հա՜, հա՜, հա՜, — պինդ ծիծաղեց Վահանը: — Ի՞նչ գեղեցիկ կերպով ըմբռնել ես խարակտերիստիկս... Կեցցե՜ս, բռա՜վո:

— Իսկ երբ բռնում են քեզ և հանդիմանում, — շարունակեց Մանեն, — գիտես կատակով ու ծիծաղով յախեղ թափել:

Վահանի ծիծաղը սաստկացավ:

— Բռա՛վո, բռա՛վո... Ասում եմ, է՛, հիանալի կերպով ըմբռնել ես խարակտերիստիկս կամ նկարագիրս, ինչպես ասում են մեր հոսհոսները: Բայց հիմի թող պակասն ես լրացնեմ, — ավելացրեց Վահանը, դադարելով ծիծաղելուց: — Ես ամենից առաջ, քույրիկ ջան, կոռեկտ մարդ եմ: Այսինքն՝ ես այն մարդկանցից եմ, որոնք երկու կռվողների միջամտած ժամանակ երկսի գլխին էլ փամփաչում են: Ուրիշ խոսքով՝ ես չեզոք մարդ եմ: Ջորին խո գիտես ինչ է, — ոչ ձի է, ոչ էլ էշ:

— Խոսք չկա լա՛վ ածականներով ես կնքում ինքդ քեզ…

— Օ՛, ներողություն, անասուններին ես չափազանց սիրում եմ հենց թեկուզ միայն նրա համար, որ նրանք չեն կծում իրար «ազատամիտ» և «խավարամիտ» բառերով: Ասելս այն է, որ ես ոչ ազատամիտ եմ, ոչ խավարամիտ, ոչ վաղեմական եմ, ոչ հետադիմական, ոչ արմատական եմ, ոչ պահպանողական — իհարկե, ա՛յն իմաստով, ինչ իմաստով, որ այդ բռերը գործ են ածում մեր մայմունների աշխարհում: Տեղը գա՝ սրա՛ գլխին կփամփաչեմ, տեղը գա — նրա՛ գլխին, որովհետև երկուսն էլ ինձ համար միևնույն հիմարներն են:

— Եվ ամենից խելոքը դու ես...

— Անշուշտ: Որովհետև արժե՞ միթե արյուն պղտորել մեր այս հիմարիոսների աշխարհում:

— Իհարկե, չարժե, որովհետև արյան պղտորումն առիասարակ խանգարում է մարդկանց... փորը հաստացնելուն

— Բռա՛վո, բռավի՛սիմո, — նորից բացականչեց Վահանը այնքան բարձրաձայն, որ կառապանը ետ նայեց զարմացած.

— Ինչ որ սուր է՝ սուր է: Հավանում եմ: Կեցցե՛ս:

Ներկայացումն սկսվելու վրա էր, որ քույր ու եղբայր հասան թատրոն: Օրկեստրը արդեն նվագում էր: Ահագին ժողովուրդ էր խռնվում ֆոյեում և դահլիճում: Ժխորը կատարյալ էր: Օդը հագեցած էր օծանելիքների սուր հոտով: Մանեն ու Վահանը հազիվ կարողացան գտնել իրենց տեղերը պարտերում: Աթոռների նեղ միջանցքից անցնելը կատարյալ պատիժ էր Վահանի համար, քրտնքակոխ եղած նա հազիվ էր կարողանում անցկացնել իր ահագին փորը, ջարդելով նստածների ծնկները կամ ստիպելով նրանց վեր կենալ:

Հասարակությունը համեմատաբար ընտիր էր, ինչպես

սովորաբար լինում է բարեգործական նպատակով տրվող հայերեն ներկայացումներին: Սովորական ներկայացումներին հայոց թատրոնի ամենապատվավոր տեղը՝ առաջին կարգերում բազմած են լինում աստված գիտե ինչ միջոցով ներս խծկված են տեսակ երեխաներ: Բայց այժմ այդ կարգերում աթոռակալել էին ֆինանսական աշխարհի հաստ ու բարակ տուզեր, մի գեներալ կլպած գանգով, մի քանի ուրիշ էպոլետներ՝ աստղերով և առանց աստղերի և գրական ու լրագրական աշխարհի ներկայացուցիչներ՝ երկար ժամանակ չխուզած մազերով և օսլայած շապիկի կեղտոտ օձիքներով:

— Պա՛հ, մի թամաշ արա, աստվածդ սիրես, — բղավեց Վահանը քրոջ ականջի մոտ, որպեսզի ասածը լսելի անե օրկեստրի ձայների և ժողովրդի հանած ժխորի մեջ: — Համայն հայ աշխարհն այստեղ է. զինվորականներ, չինովնիկներ, վաճառականներ, մտքի մշակներ — դիփ զոռբա-զոռբա մարդիկ: Այնտե՛ղ նայիր, այնտե՛ղ. առաջադիմականը նստել է հետադիմականի կողքին և քիթը չի բռնել: Տե՛ս այն քոսոտ բանաստեղծին, գեներալի աջ կողմը. կասես Ոլիմպոսի վրա է բազմած: Մազերն էլ չի սանրել անիծածը: Ասում են, որ սիրո մասին մի կոպեկանոց ոտանավոր երկնելու վրա տասը գրիչ է կրծում, որ առնվազն հինգ կոպեկ արժե: Բայց էգուց չէ, էսօր բախտ կունենանք կարդալու նրա ռեցենզիան: Հրե՛ն, հրե՛ն մեր հրապարակախոս-կրիտիկոսը, որի առաջին արհեստը պարտքեր անելն է չվերադարձնելու պայմանով, իսկ երկրորդ արհեստն՝ իդեալից և հավիտենական սուրբ ճշմարտություններից բարբառելը: Ինձ չափազանց դուր է գալիս նրա դեմքը. կասես ինքը Հիսուսն է կանգնած առաջդ: Իսկ նրա կողքին տես ինչքան համեստ նստած է մեր լրագրական կծոտողը: Ա՛յ ում համար կարելի է ասել՝ ինքը չկար թիզուկես, արարմունքն է գազուկես: Արժե, ճշմարիտ, կշռել՝ իմանալու համար, թե քանի փութ դուրս կգան նրա գործադրած բառերը — «զզվելի», «նողկալի», «գարշելի», «հրեշային», «ճիվաղային», «դժոխային», մի խոսքով՝ բարձրացիր աստիճանաբար մինչև սի ըստ եվրոպականի և մինչև փո ըստ հայկականի: Դու նկատե՞լ ես, որ ամեն մի հոդվածում այն աստիճան վառվում է ազնիվ բարկությունից, որ սպառնում է գրիչը կոտրել, իսկ սև թանաքն էլ միշտ կարմրում է, երբ որևէ ամոթալի արարք է նկարագրում:

— Վահան, բավական է, — շշնջաց քույրը նրա թևը քաշելով: Մանեն այդ միջոցին աչքը չէր հեռացնում իրենց առջև նստած մի տիկնոջից ու պարոնից, որոնք, պարզ երևում էր ականջ էին դնում Վահանին և գաղտագողի ժպտում կամ ծիծաղում անձայն, իրար նայելով:

— Սպասիր, քեզ մի ուրիշ երևելի էկզեմպլյար ցույց տամ, — շարունակեց Վահանը: — Տե՛ս, այն էլ մաշադիների ախարիի ռադիկալ-պուբլիցիստը, որ խմբագրատնից գողացել է խմբագրի յափնջին ու քոշերը և փախել է մեր կողմերը: Առջևը նստած տիկինը փոթկացրեց և իսկույն բերանը ծածկեց թաշկինակով, իսկ նրա կողքին նստած պարոնի ուսերն սկսեցին սաստիկ ցնցվել զսպված ծիծաղից:

— Վահան, մի՞թե չես զգում, որ համը տանում ես, — նկատեց քույրը հանդիմանորեն:

— Հավատա, քույրիկ ջան, ուղիղ եմ ասում, լրագրի մեջ եմ կարդացել յափնջու և քոշերի պատմությունը. գրողն էլ ինքը խմբագիրն էր, յափնջու և քոշերի տերը: Աստված է վկա: Բայց սպասիր տեսնենք ուրիշ ով կա: Ըհը՛, այն էլ չոպոր անգլիացիների բուրդը գզող Նասիբյանը: Նրա դեմքը լավ է՞ս դիտել — կասես ճմշկած ճանճուռ լինի, բայց աչքերը, — տե՛ս, նայում է վերնահարկին, — փիալեք են վառվո՞ւմ... Օ՛, ո՞ւմ եմ տեսնում, քույրիկ ջան, ո՞ւմ եմ տեսնում. իմ սիմպատիան — օրիորդ Սոլիկյանը: Հրեն մոտեցավ այն երիտասարդ զինվորականին: Ի դեպ երեկ իմացա, որ նրա անունը «էժանագին օրիորդ» է եղել, որովհետև — վատ բան չկարծես — եռանդուն մասնակցություն ունի եղել էժանագին գրադարանի գործում... Պահ, մեծ էշը նախրումն եմ թողել: Այն Բաղամյանը չէ՞: Մազերից ճանաչեցի: Գրո՛ղը տանի, Ջհսն է նստա՞ծ: Նայիր մազերին, տասը ցախավել դուրս կգա...

Մանեն քիչ էր մնում վեր թռչի և դուրս գնա, այնքան նրա համբերությունը հատավ եղբոր հեգնական նկատողություններից, որոնք այս անգամ, զվարճացնելու փոխարեն, պարզապես գրգռում էին նրա ջղայնոտությունը:

Բայց այդ միջոցին լռեց օրկեստրը, բեմի վրա՝ վարագույրի հետևից հնչեց զանգակը, և դեռևս ոտի վրա մնացող հանդիսականներն իրար խառնվելով՝ շտապեցին բռնել իրենց տեղերը:

Վարագույրը բարձրացավ, և ներկայացումը սկսվեց:

Վահանը թեքվեց և շշնջաց քրոջ ականջին.

— Կհավատա՞ս, որ չգիտեմ ինչ են խաղում և ովքեր են խաղացողները:

— Լռիր և կիմանաս: Պիեսը նոր է, ես էլ չգիտեմ, իսկ խաղացողները տեղիս հայտնի ընտանիքների պատկանող տիկիններ, օրիորդներ և պարոններ են:

— Հա-ա՞: Ուրեմն լռենք և լսենք:

Հիրավի, առժամանակ Վահանը լուռ էր և ուշի-ուշով դիտում էր ներկայացումը: Բայց երկար դիմանալ չկարողացավ, այս անգամ սկսեց ծաղրել դերակատարներին, չնայելով քրոջ պարզապես արտահայտած դժգոհության նշաններին:

— Այս ի՜նչ երևելի հայերեն են ջարդում ձեր հայտնի ընտանիքների պատկանող տիկինները, օրիորդները, պարոնները: Մի լավ լսիր, թե աստվածդ կսիրես: «Եիես ձիեզ սիրյում իեմ»... «Բարիերով չիեմ կարող արտահայտիել»... «Ազաչյում իեմ»... «Ի՞նչպիես կրվիեմ», ուզում է ասել, երևի, ի՞նչպես կռվեմ...

— Ս՛ սս, — լսվեց նրա հետևից:

Վահանը լռեց, ուզեց ետ նայել, բայց թե տեղը նեղ էր, և թե վիզ չուներ, որ գլուխը շրջեր: Թատրոնի դահլիճում անտանելի շոգ էր, այնպես որ խաղամիջոցին ամենքը դուրս թափվեցին պարտեզ: Այստեղ քույր ու եղբայր նստեցին սպիտակ սփռոցով ծածկված սեղաններից մեկի մոտ, ճեմելիքի կողքին:

— Սարսափելի ծարավ եմ, — ասաց Վահանը. — մի շիշ զարեջուր բերել տամ, դու էլ կխմես, չէ՞:

— Ես զարեջուր չեմ խմում:

— Լիմոնա՞դ:

Քույրը նայեց եղբոր աչքերին, նրա սառն հայացքի մեջ ինչ-որ անհայտ բան կար:

— Հետո չե՞ս վախենալ, որ պարտավորեցնես...

Վահանը ծիծաղեց և մոտիկ կանգնած սպասավորին պատվիրեց, որ մի շիշ սառն լիմոնադ բերի:

— Դու ինձ հանդիմանում ես, քույրիկ ջան, — ասաց նա մի սիգար վառելով, — բայց, որ լավ մտածես, կտեսնես, որ ես ընտրել եմ մարդկային կյանքի բոլոր նշանաբաններից ամենախելացին: Դու քեզ համար, ես ինձ համար: Սա օբսոլյուտիստների «ամենքը մեկի համար» վարդապետությունը չէ և ոչ էլ կոլեկտիվիստների «մեկն ամենքի համար» վարդապետությունը որ միննույն մեդալի մյուս երեսն է, այլ ինդիվիդուալիստների ամենաարդար սահմանորոշումը մարդկային կյանքի փոխադարձ հարաբերությունների համար: Ես քեզնից ոչինչ եմ պահանջիլ, դու էլ ինձնից ձեռք քաշիր: Ուզում եմ ստանալ — կտամ և կառնեմ, ուզում ես ստանալ, տուր և առ: Ու վերջացավ: Դու քեզ համար, ես ինձ համար: Կարծեմ շատ պարզ է, չէ՞:

— Այո, շատ պարզ է, որ դա կուշտ և ժլատ մարդու վարդապետություն է, — նկատեց Մանեն սառն հանգստությամբ:

Վահանը բերանից բաց թողեց սիգարի ծուխը և նայեց քրոջը զարմացած:

— Կուշտ և ժլա՞տ: Կուշտն էլի հասկանում եմ, բայց ժլա՞տը որտեղից կպցրիր պոչից:

— Չլինի՞ թե հիմա էլ ուզում ես ուրիշ սոփեստություններ անել, որ ժլատ չես:

Վահանը բոլորովին զարմացավ:

— Ես ժլա՞տ:

— Այո, դո՛ւ, — շեշտեց քույրը նույն հանգստությամբ: Ժլատությունդ երևում է մինչև անգամ հագուստիցդ: Մի լավ նայիր վրադ: Կարելի՞ է այդպիսի հագուստով այսպիսի տեղեր գալ: Չէի՞ր կարող, ինչ է, շապիկդ փոխել և, եթե չունիս, նորն առնել, իսկ սյուրտուկիդ ցերեկով նայե՞լ ես, թե ինչպես պլպլում է կեղտից:

— Ա՜, իմացա. դու ամաչում ես ինձ հետ նստել:

— Է՜, թող ի սեր աստծու, — ջղայնորեն արտասանեց Մանեն և դեմքը շրջեց եղբորից:

— Սպասիր: Ուրեմն դու մի քիչ կեղտոտ շապիկս և հնացած սյուրտուկս վերագրում ես այն բանին, որ ես ժլա՞տ եմ:

— Այո՛: Չես ուզում մաքուր ու լավ հագնվել, որ փող ծախսած չլինես:

— Անկե՞ղծ:

Մանեն չպատասխանեց, նա չէր նայում եղբորը:

— Լավ, ընդունենք, թե ասածդ ճիշտ է, — որ ճիշտ չէ, իհարկե, որովհետև ի՞նչ կարիք ունիմ լավ հագնվելու, քանի որ, դեռևս մտադիր չեմ նշանվելու: Բայց ինչ կապ ունի ժլատությունս նշանաբանիս հետ:

— Այն կապն ունի, որ «դու քեզ համար, ես ինձ համար» ասելով ուզում ես ապահովել քեզ, որ ոչ ոք աչք չտնկի գրպանիդ, իսկ գրպանդ քեզ համար...

— Լավ, մի շարունակիր, — ընդհատեց Վահանը, բաժակները լցնելով սպասավորի բերած լիմոնադից — դու վատ տրամաբան ես, քույրիկ ջան: Մի նեղանար, խնդրեմ: Գրպանիս որ այդքան նշանակություն տայի...

— Խոստովանիր, որ դու գյուղում վաշխառությամբ էլ ես պարապում, — հանկարծ դառնալով դեպի Վահանը, շպրտեց նրա երեսին Մանեն:

— Չէ, այդ էլ չեղավ, քույրիկ ջան, — նկատեց Վահանը և դատարկեց իր բաժակը: — Դու ուզում ես, — խմիր, քանի սառն է, — դու ուզում ես ամուսնուդ ջիգրը հանել, որ այն օրը նրան վաշխառու անվանեցի: Բայց չէ՞ որ ես կատակ էի անում: Գրպանիս որ այդքան նշանակություն տայի... Տե՛ս ով է գալիս... (Վահանն աչքով արավ դեպի պարտեզի մուտքը): Գրպանիս որ այդքան նշանակության տայի և վաշխառու լինեի, մինչև հիմա վաղուց բռնել էի քո այդ պարոն

Զնսի յախից, — թեև մազերից բռնելն ավելի հարմար կլիներ, — և պահանջել էի հարյուր ֆրանկս... տոկոսով հանդերձ, իհարկե:

Մանեն նայեց այն կողմը, որ կողմը որ աչքով արավ Վահանը, և տեսավ Բաղամյանին: Բաղամյանը մտավ պարտեզ: Նրա հետ էին նեղ ու կարճ սյուրտուկների մեջ պինդ կոճկված երկու երիտասարդ, որոնք, մեկը նրա աջ, մյուսը ձախ կողմն անցած, ստրկական-հարգական ակնածությամբ լսում էին նրա մի ինչ-որ պատմությունը:

— Տեսնո՛ւմ ես նրա հետ այն երիտասարդներին, — ասաց Վահանը քրոջը: — Դեմքերից, հագուստներից և շարժումներից տեսնում եմ, որ գավառացիներ են — գավառացիների ազատամիտ կծոտողներից, որոնք, սակայն, կատու են դարձել այստեղ: Տես, ինչքան զգույշ են քայլում, որ չդիպչի Զնսի թևին: Դա, տերը մի արասցե, սրբապղծություն կլինի. որովհետև գիտե՞ս ով է Բաղամյանը... Դու գավառում չես եղել, որ իմանաս, թե... Բայց հարյուր ֆրանկս պահանջելու փոխարեն հրավիրելու եմ, որ մի բաժակ լիմոնադ անուշ անի մեզ հետ:

Եվ երբ Բաղամյանն իր ուղեկիցների հետ մոտեցավ ու պիտի անցներ Վահանի ու Մանեի առաջով՝ առանց նրանց նկատելու, Վահանը կանչեց.

— Պարոն Բաղամյան:

Բաղամյանը կանգ առավ, նայեց նրա կողմը, ըստ երևույթին, իսկույն չկարողացավ ճանաչել, թե ով էր կանչողը, բայց Մանեին որ տեսավ նրա մոտ, շտապեց ներողություն խնդրելու իր թիկնապահ երիտասարդներից, թողեց նրանց և մոտեցավ քույր ու եղբորը:

— Այդ դո՞ւք եք, — բացականչեց նա, սեղմելով Վահանի ձեռքը: — Դուք այնքան ուշ-ուշ եք երևում մեր քաղաքում, որ, ներեցեք, իսկույն չկարողացա ճանաչել, մանավանդ, որ այդքան չաղացել եք: Բարև ձեզ, տիկին: Այդ ինչպե՞ս է, որ ձեզ չեմ նկատել թատրոնում:

— Որովհետև մենք հասարակական գործիչներ չենք և հետևն ենք նստած, — թռուցիկ մի ակնարկ գցելով քրոջ կողմը, ասաց Վահանը և կողքի աթոռը մոտ քաշեց: — Չէի՞ք բարեհաճիլ մեզ ընկերանալ:

Բաղամյանը շնորհակալություն հայտնեց և նստեց: Վահանը սպասավորեն պատվիրեց, որ մի բաժակ էլ բերի:

— Ուրի՞շ, ինչպե՞ս եք, — դարձավ Բաղամյանը Վահանին: — Այս ո՞ր քամին է քշել ձեզ Թիֆլիս:

— Ցիկլոնն ասացեք, այլապես ո՞ր քամին կարող է տեղից շարժել այս ահագին մսագունդը: Եկել եմ բժիշկներից խորհուրդ հարցնելու, թե ի՞նչ անեմ, որ այսպես չչաղանամ, երևակայեցեք, տանը հատկապես մի կշեռք եմ պահում, ամեն օր կշռվում եմ և տեսնում, որ օր օրի վրա ծանրությունս ավելանում է մինչև մի ֆունտ: Դե հաշվեցեք՝ տարին քանի փութ դուրս կգա: Անցյալ օրը մի ծանոթ բժշկի մոտ, էի, ասաց, որ այսպիսի ագրեսիվ չաղանալու դեմ չորս միջոց կա, մեկը մյուսից ավելի զորավոր. առաջին՝ ամեն օր ներկա լինել մեր եկեղեցիներում մեծ պասի ժամերգությանը սկզբից մինչև վերջը, երկրորդ՝ ներկա լինել հայկական ժողովներին. երրորդ՝ հաճախել հայոց թատրոն և չորրորդ՝ կարելույն չափ կարդալ հայ լրագիր:

— Այդ ի՛նչ սրամիտ բժիշկ եք ունեցել, — բացականեց, Բաղամյանը ծիծաղելով, շատ լավ իմանալով, որ նա ոչ մի բժշկի հետ այդպիսի խոսակցություն չի ունեցել, այլ դա նրա հեգնության ձևերից մեկն է միայն:

— Հավատացեք, որ ես կատակ չեմ անում, — նկատեց Վահանը լրջորեն: — Բժիշկս ապացուցանում էր ինձ, թե սրանք այնպիսի միջոցներ են, որ ընդունակ են ինձ պես մի ճարպակոլոլ մարդու թոքախտ անգամ պատճառելու, ո՛ւր մնաց լղարացնելու: Սկզբում ես էլ ձեզ պես կարծում էի, թե նա կատակ է անում, բայց առաջին իսկ պատահական փորձում տեսա, որ մարդը շատ երևելի գյուտ է արել: Ասեմ ինչպես: Նույն օրը, որ բժիշկս տվավ ինձ այդ խորհուրդը, ձեր լրագրի մեջ կարդացի պոլեմիկական մի հոդված, որի մեջ գրված էր, թե թքում եք ձեր հակառակորդի թերթի վրա: Հետևյալ օրը կարդացի ձեր հակառակորդի պատասխանը: Նա գրում էր՝ «էն գլխից թքել ենք ձեր վրա էլ, ձեր թերթի վրա էլ և այդ թուքն էլ ափսոսացել»: Այդ որ կարդացի, իսկույն վազեցի մեյդան, հինգ կոպեկ տվի, նստեցի կշեռքը և կշռել տվի ինձ: Ի՞նչ եք կարծում, երկու ֆունտի չափ արդեն պակասել էր ծանրությունս, մի ֆունտը ձեր լրագրի հաշվին, երևի, մյուսը ձեր հակառակորդի:

— Չինի՞ թե այժմ էլ թատրոն եք եկել նույն փորձը կատարելու համար, — հարցրեց Բաղամյանը՝ շարունակելով ծիծաղել:

— Գտա՛ք: Սա երկրորդ փորձը կլինի, և ես համոզված եմ, որ մի-երկու ֆունտ էլ էգուց առավոտ կլինի պակասած ճարպիցս — այնպիսի աննման մի հայերեն եմ լսում այս գիշեր:

— Որ այդպես է, եկող կիրակի էլ բարեգործական ընկերության ժողովն է լինելու. եկեք, թերևս մի-երկու ֆունտ էլ այնտեղ կորցնեք:

— Կգամ, անպատճառ կգամ, — ասաց Վահանը, շիշը դատարկեց Բաղամյանի բաժակի մեջ և սպասավորին պատվիրեց, որ մի նոր շիշ բերի:

Վահանի հետ խոսելիս Բաղամյանն աշխատում էր հարմարվել նրա հեգնական տոնին ու վարմունքին: Վահանին նա դասում էր այն մարդկանց կարգը, որոնք միշտ ուրախ, անհոգ՝ անընդունակ են որևէ բան իրենց սրտին մոտ ընդունելու, խոսում են ամեն բանի մասին, բայց լուրջ կերպով են խոսում ոչ մի բանի մասին և սիրում են մի տեսակ ծաղրածուի դեր կատարել մասամբ իրենց չնչինությունը ծածկելու մասամբ հասարակության մեջ սրամիտ ու սրախոս մարդու համբավը վայելողի անմեղ փառասիրությանը գոհացում տալու համար:

Մանեն նստած էր ծառի վրա կախված լապտերի տակ, այնպես որ նրա դեմքը կիսախավարի մեջ էր: Նա ետ էր ընկել աթոռի մեջքին, ամենևին չէր մասնակցում խոսակցությանը, բստ երևույթին չէր լսում, թե ինչ են խոսում եղբայրն ու Բաղամյանը: Նրա մտախոհ հայացքը կենտրոնացած էր Բաղամյանի դեմքին, որը նստած էր սեղանի մյուս ծայրին, նրան դեմ առ դեմ, լապտերի պայծառ լույսի տակ: Բաղամյանը մոտ երեսուն տարեկան երիտասարդ էր, գեղեցիկ լիք դեմքով, որը նրան հասուն տղամարդի տեսք էր տալիս: Նրա լայն ուսերին շատ սազով նստած էր մոխրագույն բաճկոնը, որի տակից ամառվա սպիտակ ժիլետը փայլում էր ձյունի մաքրությամբ: Ըստ երևույթին, նա առանձին խնամք էր տանում իր փափուկ, երկայն մազերի վրա, որոնք սիրուն գանգուրներով մինչև ուսերն էին հասնում ականջների մոտ ցրված: Ամեն բանով — թե հայացքով, թե շարժումներով և թե խոսելիս — աշխատում էր ծանր պահել իրեն, եթե շարունակ ժպտում էր Վահանի ասածների վրա, իսկ երբեմն և ծիծաղում, այդ բանումն էլ աշխատում էր դուրս չգալ ծանրախոհ լրջության սահմանից:

— Դո՞ւք ինչպես եք, տիկին, լա՞վ եք, — հարցրեց նա, սեղանի վրայից թեթև առաջ խոնարհվելով դեպի Մանեն և ինչ-որ խորհրդավոր հայացքով նայելով նրա աչքերին:

Մանեն կամաց ցնցվեց, հայացքը թոցրեց նրա դեմքի վրայից և մեքենայաբար վերցրեց իր բաժակը, որին դեռ ձեռք չէր տվել:

— Շնորհակալ եմ, — արտասանեց նա հանգիստ:

— Դուք գիտեք, պարոն Բաղամյան, որ ձեր գալուց առաջ ես ու քույրս կռվում էինք իրար հետ:

Բաղամյանն արագ նայեց Վահանին:

— Հա՞... Ինչո՞ւ:

Վահանը նայեց քրոջը և կամաց ծիծաղեց:

— Ասենք, սա մասնավոր բան է, — ասաց նա: — Դուք ինձ այս ասացիք այն երկու երիտասարդը, որ ձեզ հետ էին, գավառացիներ էին, չէ՞:

— Այո:

— Էնոնցից, չէ՞, ես ու դուք որ գիտենք...

— Այո, — ժպտաց Բաղամյանը:

— Ես դրանց հոգուն մեռնեմ, գիտե՞ք, թե ի՛նչ հրաշքներ են գործում գավառում... Ճիշտ է, մինչև այժմ պրոպագանդը դուրս չի եկել քաղաքների մանրավաճառների խանութներից, բայց մի հինգ-տասը տարուց հետո վերջին խոզարածին էլ կտեսնեք հեղափոխական կարմիր դրոշակի տակ կանգնած... Ինչ վերաբերում է ընդհանուր լուսավորության գործին, այստեղ երևույթն ավելի ևս մխիթարական է: Օրինակ, ուսուցիչները գորտեր ու կատուներ են կտրատում բնագիտության դասերին. հայ կինը վերցրել է քթկալը և այլևս չի լվանում ղոնաղի ոտները. դյուքանչիները լոխ թղթակիցներ են դարձել: Հրեն մեր գյուղում մի դյուքանչի ունինք, ձեր թղթակիցն է. շաբաթ չի անցնի, որ նամակ չգրի: Դուք էլ տպում եք, հա տպում:

— Է՛հ, ո՞վ է մեղավոր, որ ձեզ պես ուսում առածները ետ են քաշվել, և ասպարեզը մնացել է դյուքանչիներին:

— Համենայն դեպս, ոչ ես: Բանն այն է, որ ես փափագելով փափագում եմ թղթակցել ձեզ, բայց մի բանի շատ մոտիկ խավարամիտ բարեկամներ ունիմ. հենց որ իմանան, թե գրում եմ ձեր թերթի մեջ, — պրծա՛վ, էլ բարև չեն տալ:

— Որ այդպես է, գրեցեք նրանց թերթի մեջ:

— Այն ժամանակ, ինքներդ ասացեք, կարո՞ղ էի ձեզ հետ միևնույն սեղանի մոտ նստած այսպիսի բարեկամական խոսակցություն ունենալ:

— Դուք չէիք կարող, բայց ես կարող էի, — վրա բերեց Բաղամյանը ծիծաղելով:

— Ցավն հենց այն է, պարոն Բաղամյան, որ եթե ես համոզված լինեի, թե դո՛ւք այդ կարող էիք, հենց վաղն ևեթ կգրեի խավարամիտների օրգանում:

— Փորձեցեք և տեսեք:

— Ուզո՞ւմ եք, հենց այս րոպեիս փորձեմ:

— Այդ ավելի լավ, որովհետև ո՞վ գիտե, թե՞ էլ ե՛րբ առիթ կունենանք այսպես միևնույն սեղանի մոտ նստած լինելու:

— Ուրեմն աշխատեցեք պինդ նստել, որ չփախչեք: Ես խոսելու եմ ձեր վերջին վեպի մասին և խոսածս կլինի կմախքը մի կրիտիկայի, որ կզետեղեմ խավարամիտների օրգանում: Բաղամյանն արմունկներով հենվեց սեղանին և քունքերն առավ ափերի մեջ: Այդ դիրքով և դեմքին խաղացող հեգնական ժպիտով նա կարծես թե ուզում էր ասել՝ «դուրս տուր, տեսնենք ինչ նոր խեղկատակություններ ես անում»:

— Ես լսում եմ, — ասաց նա:

— Ես էլ սկսում եմ, — ասաց Վահանը և սկսեց բաժակները լցնել սպասավորի բերած նոր շշից:

— Այդ րոպեին նրանց առջև բսնեց Հեղինեն, հետևից —

Նաիրբյանը: Ինչպես երևում էր, այդ տարօրինակ սիրուհին ու սիրահարը դարձյալ մի նոր խոսակցություն էին ունեցել իրար հետ. այդ երևում էր նրանից, որ Հեղինեի աչքերի մեջ զսպած բարկության հետքեր էին երևում, և նրանից, որ Նաիրբյանը ջղայնորեն կրծում էր ներքին շրթունքը և բեղի ծայրը ոլորում:

— Ա՛, իմ ամենախորին հարգանքներն օրիորդին, — բացականչեց Վահանը և ոտի ելավ Հեղինեին բարևելու համար: — Բայց... դուք բարկացած եք երևում, օրիորդ:

— Այո, բարկացած եմ և... շատ բարկացած, — ասաց Հեղինեն, նստելով Մանեի կողքին:

— Ո՞ւմ վրա, — համարձակվում եմ հարցնել:

— Ձե՛զ վրա: Դուք խաբեբա և ստախոս մարդ եք:

— Վա՛հ... Այդ ի՞նչ ասացիք, օրիորդ:

— Ասացեք խնդրեմ, ինչո՞ւ այն օրն ինձ խաբեցիք, թե ձեր քրոջ մոտից եք գալիս, մինչդեռ նրա երեսը դեռ չէիք էլ տեսած եղել:

— Սխալվում եք, օրիորդ, քրոջս երեսն ես տեսել եմ նրա հենց ծնվելու օրից:

— Հետո, ինչպես իմացա, դուք օրինակելի եղբայր չեք եղել: Մանեն գանգատվում էր, որ տարին հազիվ մի երկու անգամ Թիֆլիս եք գալիս և եկած ժամանակն էլ ամենից վերջն եք հիշում իրեն: Ճիշտն ասած, ես ամեննին չէի կամենում ձեզ նման մի եղբայր ունենալ:

— Իսկ ես, երևակայեցեք, օրիորդ, փափագելով կփափագեի ձեզ նման տասը քույր ունենալ:

— Ինչո՞ւ:

— Որպեսզի որքան կարելի է հեռու փախչեի:

Հեղինեն տարակուսանքով նայեց Մանեին, Բաղամյանին, հետո Վահանին:

— Ինչպե՞ս ընդունեմ ձեր այդ խոսքերը, — կատա՞կ, թե՞ վիրավորանք:

— Իհարկե, կատակ: Քույրս ինձ հանդիմանում էր, որ ես գիտեմ միայն կատակ անել, հեգնել, ծաղրել և բամբասել. խաբելն ու սուտ խոսելն էլ խո դուք ասացիք: Այս րոպեիս էլ իմ այդ բոլոր ընդունակություններս ի մի հավաքած՝ ուզում էի խոսել պարոն Բաղամյանի «Ապահարզանի» մասին:

— Իհարկե, դուք չեք հավանիլ այդ վեպը, — նկատեց

Նաաիբյանը, հարևան սեղանի մոտից մի աթոռ քաշ տալով և նստելով Բաղամյանի կողքին:

— Ահ, այդ դո՞ւք եք, պարոն Նասիբյան: Բարև ձեզ: Բայց նախ ինչպե՞ս է ձեր թանկագին առողջությունը:

— Շնորհակալ եմ:

— Հետո՝ ինչո՞ւ չպետք է... Ի՞նչ եք կամենում: Լուցկի՞: Համեցեք... Ինչո՞ւ չպետք է հավանեի պարոն Բաղամյանի վեպը, համարձակվում եմ իմանալ:

Նասիբյանը վառեց պապիրոսը և լուցկու տուփը դրեց Վահանի առաջ:

— Որովհետև խավարամիտների բանակին եք պատկանում: — ասաց նա և ծխախոտի ծուխը կուլ տալուց սկսեց հազալ:

— Օ՛, այդ ինչ սոսկալի բառեր եք գործածում, պարոն Նասիբյան: Խղճացեք ինձ, խնդրում եմ: Ինչպե՞ս կարող եք չհավանել պարոն Բաղամյանի ռոմանը, քանի որ Պառնեի մասին ձեր գրած հոդվածը սարսափելի հավանել եմ: Իսկ պարոն Բաղամյանի ռոմանի բովանդակությունն ու Պառնելի սիրահարության պատմությունն այնքան նման են իրար, որ եթե պարոն Բաղամյանն իր վեպն առաջ գրած լիներ, կկարծեի, թե իսկ և իսկ Պառնելի գլխին պատահած անցքն է ռոմանի նյութ շինել: Ձեր հոդվածն այնքան հավանել եմ, որ նույնիսկ կտրել դրել եմ շրջանակի մեջ և պատից կախել, ինչպես մի ժամանակ անում էին մեր բարեպաշտ աղաները կաթողիկոսական կոնդակները: Բայց ի՛նչ եմ ասում. մենակ ես եմ հավանել: Մեր գյուղում մի դյուքանչի ունինք: Լրագրի այն համարը, որի մեջ տպված էր ձեր հոդվածը, վազացրեց ինձ մոտ. «Մին տես է՛, մին տես, է՛, — ասաց. — ի՛նչ հիանալի պյան ա կրել Նյասիբյանը»: Պետք է ավելացնեմ, պարոն Նասիբյան, որ ձեր հոդվածներն առհասարակ ձեռքից ձեռք են խլվում գավառում:

— Չի՞ կարելի արդյոք, որ հեգնությունները թողնեք և խոսեք եթե ոչ լրջորեն, գեթ անկեղծորեն, — նկատեց Նասիբյանը բերանից արձակած առատ ծխի միջից ծուռ ու սառն մի հայացք ձգելով Վահանի վրա:

— Այդ ի՞նչ եք ասում, պարոն Նասիբյան. դուք ինձ վիրավորում եք: Անկեղծ չեմ խոսում միայն կանանց հետ, իսկ դուք, փառք աստծո, մորուք էլ ունիք, բեղեր էլ:

— Դուք երևելի ճշմարտություն ասացիք, — բացականչեց Հեղինեն: — Օ՛, դուք տղամարդի՛կդ... Ձեզ մեկ-մեկ պետք է կախել:

— Ի՞նչ խորամանկն եք, օրիորդ, — ասաց Վահանը աչքով անելով Հեղինեին. — չեք ուզում բոլորիս միանգամից կախել, որպեսզի առանց պաշարի չմնաք:

Հեղինեն բարձրաձայն քրքջաց:

— Դուք բավական ցինիկ էլ եք եղել, — ասաց նա:

— Ըհը, նոր էպիտետ: Այդ էլ գրիր դավթարումդ, քույրիկ ջան, — դարձավ Վահանը Մանեին: — Ցինիկների նախահայրը խո գիտեք ով էր, օրիորդ:

— Ես գործ չունիմ ձեր նախահոր հետ, բայց տեսնում եմ, որ դուք ինքներդ կարող եք մի լավ նախահայր լինել:

— Օ՛, որ գիտենաք, թե որքան մեծ պատիվ եք անում ինձ, օրիորդ: Գիտե՞ք Մակեդոնացին ինչ ասաց, երբ այցելություն էր տվել իմ նախահորը: «Եթե ես Ալեքսանդրը չլինեի, — ասաց, — կկամենայի Դիոգենեսը լինել»: Այս էլ ասեմ, օրիորդ, որ դուք ուզում եք մեզ՝ տղամարդկանց, կախել, բայց իմ Նախահայրն արժանի չէր համարում իր տակառի մեջ տեղ տալու ձեզ, ուզում եմ ասել՝ կանանցդ:

— Իսկ դուք ե՞րբ եք տակառ մտնելու:

— Երբ որ մի նոր Ալեքսանդր Մակեդոնացի երևան գա: Իսկ մինչ այդ՝ տակառներս ես գործ եմ ածում գինիների համար: Բայց թողնենք այս: Պարոն Բաղամյանին ևս խոստացել եմ խոսել իր «Ապահարզանի» մասին: Դուք, իհարկե կարդացել եք այդ վեպը: Հիանալի է, չէ՞:

— Դուք ծաղրում եք, — ասաց Հեղինեն լրջորեն, — բայց ես ձեզ կասեմ, որ «Ապահարզանը» ոչ միայն հիանալի մի վեպ է իբրև գեղարվեստական գրվածք, այլև, որքան ես գիտեմ, ամենաառաջին գրվածքն է ամբողջ հայ գրականության մեջ, որ պատռում է կեղծ ամուսնությունների դիմակը և ցույց է տալիս, թե որքան ստրկացած վիճակի մեջ է դեռևս հայ կինը տղամարդի և հասարակական նախապաշարումների բռնակալ լծի տակ:

— Օրիորդ այդպես չի կարելի: Դուք մոռանում եք, որ հեղինակը ներկա է այստեղ: Խնայեցեք նրա համեստությունը: Մի՞թե չգիտեք, որ հեղինակն իր կրիտիկոսների առաջ մի դեր ունի միայն կատարելու — լռել: Եվ տեսնում եք, որ պարոն Բաղամյանը չի պաշտպանում իրեն ձեր խոսքերի դեմ:

— Ես նրան չպախարակեցի, որ նա ինքն իրեն պաշտպանելու պետքը զգա:

—Զարմանալի հասկացողություն ունիք ինքնապաշտպանության վրա: Մի՞թե չգիտեք, որ լինում են գովասանքներ, որոնց դեմ նույնպես պետք է պաշտպանվել: Լինում են, չէ՞, պարոն Բաղամյան:

— Ես կատարում եմ հեղինակի դերը և լռում, — ասաց Բաղամյանը ժպտալով:

— Կեցցե՛ք: Ուրեմն ես կարող եմ ավելի ևս համարձակ խոսել: Լսեցեք, պարոններ, սկսում եմ... Պարոն Նասիբյան, դեն ձգեցեք այդ պապիրոսը. տեսնում եք՝ հազում եք... Ինչո՞ւ դուք, վիպասաններդ, պարոն Բաղամյան, ամուսնական խնդիրը շոշափելիս նախ անպատճառ կնոջ կողմն եք բռնում, հետո ամուսնուն դուրս եք բերում իբրև կատարելագույն մի հրեշ, որի հետ, ոչ թե միայն ձեր նկարագրած կանայք, որոնք սովորաբար հրեշտակներ են լինում, այլև քառասուն պոզ ու պոչ ունեցող սատանան էլ չի կարող ապրել: Նախ՝ միշտ այդպե՞ս է լինում արդյոք: Հետո՝ դա ի՞նչ փտած ձև է, որ շուն ու կատու դարձած ամուսինների մեջ անպատճառ ներս եք խոթում մի երրորդ անձնավորության, որին և հանձնում եք ծանրության կենտրոնը: Այդ միջանկյալ անձնավորությունն անպատճառ կնոջ սիրահարն է: Առանց սիրահարի ամուսնական խնդիր չի լուծվում, մինչև անգամ իսկի խնդիր էլ չի լինում, ձեր կարծիքով, կինը հրեշտակ, մարդը հրեշ, սիրահարն իդեալիստ, անարդարության և հասարակաց կարծիքի դեմ բողոքողի կնիքը ճակատին: Կինը մեռնում է թոքախտից ամուսնու ճիրանների մեջ, սիրահարը վազում խելագարվում է սիրած կնոջ գերեզմանի վրա, իսկ հրեշ-ամուսինը, երկուսի գլուխն ուտելուց հետո էլ շարունակում է իր ուրախ, անհոգ կյանքը: Ահա՛, ձեր, գրողներիդ, շաբլոնը, որը պապից պապի ժամանակից արդեն փտել է ժանգից: Չի՞ կարելի արդյոք, որ մի անգամ էլ շուռ տաք այդ շաբլոնը և այդպես չափեք, ամուսինն անլեզու մի անասուն, կինը մի պոռնիկ, սիրահարը մի լովելաս-շառլատան: Այդ ժամանակ կտեսնեք, թե ինչպես ամեն բան պրտիտյուս կլինի, ինչպես, ասամ է ղարաբաղցին: Բայց չէ՛, դուք խորամանկ մարդիկ եք, ուզում եք կանանց սիրտը շահել — տեսա՞ք, օրիորդն ինչպես փառաբանում էր ձեզ, — թե չէ՝ անլեզու անասուններին ի՛նչ շահ: Այնպիսի մի ռոման...

Ներողություն, ես ուզում եմ ձեզ պատասխանել, — բացականչեց Հեղինեն, քթի վրա ուղղելով պենսնեն:

Խնդրեմ եմ, մի քիչ համբերեցեք, օրիորդ, ես իսկույն վերջացնում եմ: Այնպիսի մի ռոման, որպիսին ձեր «Ապահարզանն» է, պարոն Բաղամյան, ես էլ կգրեմ, թեև զինեգործ եմ: Հավատացնում եմ ձեզ: Որովհետև շաբլոնը պատրաստ, է, մտքերը պատրաստ են. ամեն բան պատրաստ է. հարկավոր է միայն պարապ ժամեր և համբերություն: Ա՛յ, ձեզ ղոչաղ կասեմ, եթե կարողանաք ապահարզանի խնդիրը լուծել առանց սիրահարի: Երեք հերոսի տեղ երկուսը դուրս բերեք — մարդ և կին: Բայց ոչ թե մեկը հրեշ, մյուսը հրեշտակ, կամ մեկն անասուն, մյուսը պոռնիկ, այլ երկուսն էլ կատարելապես օրինավոր անձեր, սակայն այնպիսի անձեր, որոնք ինչ-ինչ պատճառներով, — բայց ոչ սիրահարի պատճառով, հա, լավ իմացեք, — չեն կարող միասին ապրել, անհնարին բան է, որ միասին ապրեն: Այդ պատճառները պետք է լինին հարկավ բարոյական պատճառներ, ինչպես, օրինակ, տարբեր գաղափարները, հակումները, հայացքները և այլն: Հը՞, ի՞նչ եք կարծում այս մասին, պարոն Բաղայան:

— Ներողություն, նախ թույլ տվեք իմ ասելիքս ասեմ, — նորից մեջ ընկավ Հեղինեն:

— Հրամայեցեք խնդրեմ:

— Ամենից առաջ մի բան, դուք այսպես էլ եք խոսում, այնպես էլ, և ես չեմ հասկանամ, թե իսկապես ի՛նչ եք դուք — հետադիմական, թե առաջադիմակա՞ն, խավարամի՞տ, թե ազատամիտ:

— Զարմանալի օրիորդ եք, նոր չէ՞ր, որ պարոն Նաsիբյանն ասաց, թե ես խավարամիտ եմ:

Նաsիբյանը պապիրոսը ձգեց գետին և սկսեց ոտով տրորել:

— Դուք ոչ այս եք, ոչ այն. դուք կլոուն եք, — ասաց նա շատ հանգիստ կերպով:

Վահանը բարձրաձայն ծիծաղեց:

— Դե, ասում եք, պարոն Նաsիբյանը կծել չի իմանում...

— Շունը դուք եք, — հանկարծ պայթեց Նաsիբյանը՝ ձեռքն ամուր խփելով սեղանին և վեր թռավ տեղից: Մի ակնթարթում նրա ահագին աչքերը կրակ կտրեցին:

Մեքենայաբար վեր թռան տեղներից նաև Բաղամյանը, Հեղինեն և Մանեն, առաջինն ապշած, վերջինները սաստիկ վախեցած, մանավանդ Մանեն, որը լավ չհասկացավ, թե ինչ պատահեց այդպես հանկարծ:

Վահանը մի րոպե կորցրեց իր սառնասրտությունը. նա ոչ թե միայն հանկարծ դադարեց ծիծաղելուց, այլև, նրա ամբողջ կյանքում թերևս առաջին անգամ, չքացավ նրա դեմքից մշտական հեգնական ժպիտը: Նա ծանրորեն վեր կացավ և հուժկու ձեռքերը տարածեց դեպի Նասիբյանը, բայց քույրը հանկարծ վրա ընկավ նրա թևին:

— Վահա՛ն... աղաչում եմ, — շշնջաց Մանեն:

Վահանը նայեց քրոջ աղերսական-սարսափահար աչքերին, հետո մի հայացք ձգեց շուրջը, ուր բավականաչափ կողմնակի հետաքրքիր հայացքներ տեսավ, և երկաթի կարծրություն ստացած ձեռքերը վայր թողեց:

— Ափսոս, — արտասանեց նա և նույն ծանրությամբ նստեց:

— Ի՞նչ ափսոս, — աղաղակեց Նասիբյանը, անվախ կանգնած նրա առաջ և փայլեցնելով նրա վրա իր ահագին սև աչքերը: — Խելքներդ ո՞ւմ վրա է գնում: Չլինի կարծում եք թույլ չեմ տալ, որ ինձ հետ կատակ անեք: Ո՞ւմ հետ եք խոսում այդպիսի հեգնություններով: Գնացեք ձեր հավերի հետ խոսեցեք: Իսկ ես պահանջում եմ ձեզնից, որ մարդկանց հետ խոսեք մարդավարի:

— Դե գնա, հա՛, քոսոտ, — արտասանեց Վահանը ծաղրական արհամարհանքով:

Նասիբյանին այդ էր պակաս. արյունն աչքերն առած, ատամները սեղմած և ձեռքերը բռունցք կազմած նա հարձակվեց Վահանի վրա, բայց Վահանն իր ծանրաշարժ մարմնից անսպասելի մի ճարպկությամբ բարձրացրեց իր ահագին ոտը և նստած տեղից այնպիսի մի հարված տվեց նրա նիհար փորին, որ նա ետ ու ետ գնաց և անպատճառ պիտի փռվեր մեջքի վրա, եթե նույն րոպեին Բաղամյանը չբռներ նրա հետևից:

Սկանդալը կատարյալ էր: Շուրջն ահագին բազմություն էր հավաքվել: Նասիբյանը ձկան պես խլպլտում էր Բաղամյանի ամուր ձեռքերի մեջ, բերնից սարսափելի հայհոյանքներ և փրփուր թափելով, ուզում էր դուրս պրծնել և նորից հարձակվել Վահանի վրա:

— Թողեք, պարոն Բաղամյան, թողեք, — ասում էր Վահանը հանգիստ նստած և ժպտում էր իր ֆիզիկական ուժի վրա վստահ մարդու արհամարհական ժպիտով:

Բաղամյանին և ուրիշ մի երկու ծանոթի հազիվ հաջողվեց հեռացնել կատաղած Նասիբյանին: Սկանդալի սիրահար ամբոխն ևս ցրվեց գլխավորապես այն պատճառով, որ թատրոնի երրորդ զանգն էր արդեն հնչում: Վահանը նոր տեսավ, որ սեղանի մոտ չկան ոչ քույրը, ոչ Հեղինեն:

Քրոջը նա գտավ թատրոնում, իր տեղը նստած: Երկրորդ գործողությունն արդեն սկսված էր:

— Տեսա՞ր, ինչ օյին հանեց այդ մայմունը, — ասաց Վահանը քրոջ կողքին նստելով: — Խո չվախեցա՞ր:

Քույրը ոչինչ չպատասխանեց:

7

Երկրորդ խաղամիջոցին Վահանին շրջապատել էին մի քանի ծանոթներ և հարցուփորձ էին անում նրան՝ Նասիբյանի հետ ունեցած ընդհարման մասին: Նասիբյանն երկրորդ գործողության ժամանակ չէր մտել թատրոն: Նա նստած էր բուֆետի մոտ մի դերասանի հետ և զոռ էր տալիս գինուն այն մտադրությամբ, որ այդ գիշեր մի նոր և հսկայական սկանդալ սարքի Վահանի գլխին: Հեղինեն գիտեր այդ բանը և հայտնեց Վահանին, բայց Վահանը միայն ժպտաց և շարունակեց խոսակցությունն իր ծանոթների հետ: Մանեն մենակ էր մնացել: Նա այնքան նեղացած էր եղբորից և առհասարակ այնքան վատ տրամադրության մեջ էր զգում իրեն, որ այլևս սիրտ չուներ մնալու թատրոնում: Եվ երբ Հեղինեն նրան ևս հայտնեց Նասիբյանի մտադրությունը, նա անմիջապես գտավ եղբորը և խնդրեց, որ իսկույն տուն դառնան:

— Ինչի՞ց ես վախենում, — ասաց Վահանը: — Բռանս մեջ կհավաքեմ և ջեբս կկոխեմ: Դու քեզ համար հանգիստ կաց:

Մանեն թողեց եղբորը և հեռացավ: Հանկարծ այնպիսի սրտի եկավ, որ ուզեց մենակ վերադառնալ տուն: Բայց այդ միջոցին նրա դեմն ելավ Բաղամյանը:

— Ես ձեզ էի որոնում, և լավ է, որ մենակ եք, — ասաց նա:

— Ի՞նչ եք կամենում, — հարցրեց Մանեն գրեթե թշնամաբար:

— Մի-երկու խոսք ունիմ ասելու: Խնդրում եմ, Մանե անցնենք այսպես:

Բաղամյանի հայացքն այն աստիճան լի էր կարոտով, ձայնը հնչում էր այն աստիճան աղերսագին, որ Մանեն քաջություն չունեցավ մերժելու նրա խնդիրքը:

Նրանք անցան ճեմելիքով և մտան պարտեզի խորքը։ Այստեղ մարդ չկար և կիսախավար էր տիրում։

— Ձեր եղբայրը շատ անտակտ մարդ է, — ասաց Բաղամյանը։ — Պիտի իմանա, թե ում հետ է կատակ անում։ Ես ծանոթ եմ նրա բնավորությանը և չեմ նեղանում։ Բայց Նասիբյանը հիվանդ և տաքարյուն մարդ է։ Որ ասեմ, թե Վահանն այդ չգիտե, գիտե. բայց կարծես թե զոռով աշխատում է մարդկանց գրգռել իր դեմ։ Օրիորդին էլ խո տեսաք ինչպես վիրավորեց, և ես զարմացա, որ նա համբերեց, թե չէ, խո գիտեք, նա էլ Նասիբյանից ոչ պակաս ընդունակ է սկանդալ սարքելու։ Ես հավանում եմ ձեր եղբոր հումորը, բայց... համը տանում է։ Իսկ նրա կրիտիկան... Այդ բանն ինձ շատ հետաքրքրեց։ Այն ի՞նչ ակնարկներ էին, որ անում էր... Մի՞թե նրան հայտնի է...

— Ի՞նչը, — հանկարծ կանգ առնելով հարցրեց Մանեն գրգռված։

Բաղամյանը նայեց կիսախավարի մեջ նրա վառվող աչքերին և խորը հոգոց քաշեց։

— Այդպես, միշտ այդպես, — արտասանեց նա հուսահատորեն։ — Միշտ լարված, միշտ գրգռված, միշտ անհաշտ... Եվ դուք կարծո՞ւմ եք, չհասկացա՞, թե ինչու զատկին, որ այցելության էի եկել ձեր տուն, սուտ հիվանդ ձևացաք և դուրս չեկաք ինձ մոտ։

— Որ հասկացել եք, ուրեմն ավելորդ է այդ մասին խոսելը, — նկատեց Մանեն խստորեն։

Բաղամյանը աղերսալի անհամարձակությամբ առավ նրա ձեռքը։

— Ո՛չ, ավելորդ չէ, Մանե, ավելորդ չէ, — շշնջաց նա հուսահատական սիրով։ — Դուք ամեն կերպ աշխատում եք խուսափել ինձնից, բայց ես տեսնում եմ, թե որքան թանկ է նստում այդ ձեզ։ Այնտեղ լույսի մեջ ես լավ դիտեցի ձեր դեմքը, իսկ այժմ ահա շոշափում եմ ձեր ձեռքը։ Այս ի՞նչ է։ Դուք ոսկոր եք դարձել։ Եվ ինչո՞ւ, Մանե, ինչո՞ւ...

Մանեն ձեռքը վճռաբար խլեց նրա ձեռքի միջից։

— Բաղամյան, զգուշացե՛ք։ Այս երեկո ես այնպես գրգռված եմ, որ չեմ խնայիլ ոչ ձեզ, ոչ ինձ. աստված է վկա, չեմ խնայիլ, եթե կշարունակեք խոսել այդ մասին...

Բաղամյանը տեսավ, որ Մանեն կատակ չի անում։ Կարճ

ժամանակ նա նայում էր Մանեին խոր տանջանքով, և զսպած կերպով հառաչեց և ասաց հարկից ստիպված մարդու հնազանդությամբ.

— Որ այդպես է, ավելի լավ է հեռանամ, որովհետև…

Նա չվերջացրեց, թեթև գլուխ տվեց և կամաց դարձավ ու հեռացավ:

Մանեն նայեց նրա հետևից խիստ տատանման մեջ, և երբ Բաղամյանն արդեն բավական հեռացել էր՝ կանչեց.

— Սպասեցե՛ք:

Բաղամյանը կանգ առավ:

Մանեն հանգիստ քայլերով մոտեցավ նրան և միասին առաջ անցան:

— Խո չեք կարող ինձ բոլորովին մենակ թողնել այս հասարակության մեջ, — ասաց նա այս անգամ հանդարտ, բայց այնպիսի մի եղանակով, որից երևում էր, որ ուզում է շահած լինել Բաղամյանի կոտրած սիրտը: — Եղբայրս, տեսնում եք, ինձ մոռացել է: Եվ իսկապես նա է պատճառը, որ այս երեկո ես այսպես ջղային եմ դարձել:

Բաղամյանը ոչինչ չասաց: Գլուխը կրծքին խոնարհած նա քայլում էր, իրեն փոքր-ինչ հեռու պահելով Մանեից և լռում էր դժգոհ մարդու մտախոհ հանգստությամբ:

Երբ մոտեցան պարտեզի պայծառ լուսավորված հրապարակին, Մանեն դարձավ:

— Ետ դառնանք, — ասաց:

Բաղամյանը նույն լռությամբ հնազանդվեց նրան: Կարճ ժամանակ երկուսն էլ լուռ քայլում էին կիսախավար ճեմելիքով: Փարթամ ծառերի արանքից, հրապարակի կողմից, լույսի երկայն շերտեր էին ընկնում ճեմելիքը. այդ լուսավոր շերտերի մեջ, գետնի վրա, հանդարտ նստած էին տերևների ստվերները գեղանկար ցանցեր կազմած: Հրապարակում, պավիլիոնի մեջ նվագում էր զինվորական երաժշտախումբը, պղնձյա լայնաբերան շեփորը մերթ գոռում, մերթ տնքում էր կարծես ինչ-որ ծանր բեռան տակ տանջվելով, թեթև սրինգը կլկլացնում էր ուրախ ու զվարթ, իսկ փոքրիկ թմբուկը թափում էր իր մանրիկ կարկուտը, կարծես հավը կուտ էր ուտում:

— Իզուր եք կարծում՝ թե նա գիտե, — ասաց Մանեն, և Բաղամյանը հասկացավ, որ նա խոսում է եղբոր մասին: — Նա ոչինչ չգիտե: Եթե գիտենա էլ… Մի՞թե վախենում եք:

Բաղամյանը զարմացած նայեց նրան:

— Վախենո՞ւմ... Շատ տարօրինակ է, որ այդ հարցը դուք եք տալիս ինձ: Ձեռքերս կապել եք և հարցնում՝ վախենո՞ւմ եմ: Շատ էլ չեմ վախենում, բայց ի՞նչ օգուտ դրանից, քանի որ այնպիսի դրության մեջ եք դրել ինձ, որ ուզեմ-չուզեմ պետք է զգույշ կենամ ամենից առաջ հենց ձե՛զ համար: Վստահեցրեք ինձ, թե վճռական րոպեին ինձ հետ կլինիք և ոչ իմ դեմ, այն ժամանակ կտեսնեք վախենո՞ւմ եմ:

Մանեն ոչինչ չասաց: Բաղամյանի այդ պատճառաբանությունը նա միանգամայն արդարացի գտավ, բայց իրեն էլ մեղավոր չէր համարում: Նա ուզում էր արդարացնել իրեն, բայց, ինչպես միշտ, երբ նրանց միջև խոսք էր բացվում իրենց հարաբերությունների մասին, չէր իմանում ինչպես արտահայտեր այն, ինչ որ կատարվում էր իր հոգու խորքում, ինչ որ մտածում էր ինքը շարունակ:

— Եթե մեր երկսից կա մեկը, որ վախենում է, այդ անշուշտ դուք եք, և ոչ թե ես, — ավելացրեց Բաղամյանը սառն հանդիմանությամբ:

— Դուք ճիշտ եք ասում, ես վախենում եմ, — շշնջաց Մանեն: — Վախենում եմ... խղճիցս: Օ՛, որ գիտենաք, թե որքա՞ն զարգացած է խիղճ կոչված զգացումն իմ մեջ... Դուք պահանջում եք, որ ես թողնեմ ամուսնուս և... փախչեմ ձեզ հետ, — ավելացրեց նա նորից հուզվելով և կանգ առավ: — Փախչում են միայն նրանք, որոնք զգում են, որ հանցավոր են: Իսկ ես չեմ ուզում զգալ, որ հանցավոր եմ, հասկանո՞ւմ եք ինձ: Ես սոսկում եմ խղճիցս և հավատում, որ աստծո արդար դատաստան կա: Եթե դուք կարող եք լռեցնել խղճիս ձայնը, լռեցրեք, եթե կարող եք համոզել ինձ, որ աստված չի պատժում հանցավորներին, համոզեցեք, և ես կգամ ձեր հետևից: Բայց դուք այդ չեք կարող, որովհետև դրա համար հարկավոր կլինի, որ ճղեք կուրծքս, սիրտս հանեք և կրակը նետեք, որ անզգա մոխիր դառնա. հարկավոր կլինի, որ ջարդեք գանգս, ուղեղս հանեք և տրորեք ոտի տակ, չունենամ այն գիտակցութիւնը, թե այն օրից, երբ ձգեմ իմ ամուսնուն, անհուն տանջանքի դուռ չպիտի բանամ նրա և նրա հետ միասին ինձ համար: Դուք ինձ երջանկություն եք խոստանում, մինչդեռ ես համոզված եմ, որ այն օրից, երբ հեռանամ իմ օջախից, ամենաթշվառը պիտի լինիմ աշխարհիս երեսին, ու ոչ մի փրկություն այլևս չպիտի լինի ինձ համար;

Բաղամյանը նայում և լսում էր Մանեին պարզապես ապշած: Մանեն դեռևս երբեք այդպես կտրուկ ու կրքոտ չէր խոսել նրա հետ:

— Լավ, որ այդպես է, — ասաց նա, — էլ ինչո՞ւ եք ձեզ այդքան տանջում: Ապրեցեք ձեզ համար հանգիստ ձեր տանը, ձեր ամուսնու հետ, եթե համոզված եք, որ ինձ հետևելով ամենաթշվառը պիտի լինիք, և ինձ էլ հրամայեցեք մի անգամ առ միշտ, որ այլևս չհամարձակվեմ վրդովել ձեր հանգստությունը: Դրանով էլ կվերջանա ամեն բան: Վայրենի խո չե՞մ, որ զոռով հափշտակեմ ձեզ: Ես էլ մարդ եմ, ես էլ ունիմ պատվասիրություն, դուք կապրեք ձեր տանը, ձեր ամուսնու հետ խաղաղ ու երջանիկ, ես էլ կգնամ իմ ճանապարհով: Պրծավ գնաց: Թե չէ, ի՞նչ է նշանակում անդադար հուզվել, զայրանալ, բացատրություններ տալ, արդարանալ... Ո՞ւմ առաջ եք արդարանում: Ձե՞ր խղճի առաջ: Բայց դուք դեռևս չեք գործել այն, ինչ որ հանցանք եք համարում: Ի՞մ առաջ: Բայց ո՞վ եմ ես ձեզ համար, — պատահական մի մարդ, որի վերաբերմամբ ոչ մի պարտավորություն չունիք, որին երբ կամենաք կարող եք հեռացնել ձեզնից:

Բաղամյանի շատ հանգիստ կերպով արտասանած այդ խոսքերն այնքան անակնկալ էին Մանեի համար, որ նա այս անգամ պարզապես բան չգտավ ասելու: Երկար ժամանակ նա լուռ տանջանքով նայում էր Բաղամյանի աչքերին, հետո հուսահատական մի հայացք ձգեց իր շուրջը և կամաց նստեց մոտը գտնված նստարանի վրա:

Ճեմելիքի ծայրերից լսվեցին բարձրաձայն ծիծաղի ձայներ: Բաղամյանը նայեց այն կողմը և տեսավ ինչ-որ մութ ստվերներ, որոնք մոտենում էին արագորեն: Նա նստեց նույն նստարանի վրա, Մանեից այնքան հեռու, որ նրանց մեջտեղ կարող էր ուրիշ մարդ տեղավորվել: Ստվերները մոտեցան: Մանեի և Բաղամյանի առաջով գրեթե վազելով անցան երկու աղջիկ թևանցուկ և կրկչալով: Նրանց հետևում էին երեք գիմնազիստ, որոնցից մեկը — խիստ բարձրահասակ ու լղար մի տղա — մի քիչ ետ էր մնացել ընկերներից և քայլում էր զինվորի լայն ու չափված քայլերով: Աղջիկներն ու գիմնազիստները կորան պարտեզի խորքում, մթության մեջ:

Բաղամյանը, ըստ երևույթին, գտած էր համարում այն միջոցը,

որով, երկար մաքառելուց հետո, հույս ուներ այս անգամ ընկճելու իր սիրո մեջ համառող այդ զարմանալի և տարօրինակ կնոջը, ուստի շարունակեց նույն հանգիստ և սառն հանդիմանական եղանակով.

— Չեմ հասկանում, այդ ի՞նչ սեր է, որ անդադար դատում է, անդադար երերվում, անդադար դողում, անդադար են ինչ-որ հանցանքներ ու տանջանքներ է երևակայում: Ես միշտ այն համոզումն եմ ունեցել, թե բնության մեջ սերն է ամենամեծ զորությունը, որը ոչ մի խոչընդոտ չի ճանաչում և շեշտակի դիմում է ուղիղ իր նպատակին, հող չէ, թե ճանապարհին նույնիսկ ջարդուփշուր կլինի: Բայց երբ նայում եմ ձեզ, երբ լսում եմ ձեզ...

Բաղամյանը թոթվեց ուսերը տարակուսանքով, լռեց ու նայում էր դեպի պարտեզի հրապարակը, որտեղից ծառերի արանքով լույսի շերտեր էին թափանցում ճեմելիքը: Լայնաբերան շեփորը տնքում էր դեռ և փոքրիկ թմբուկը դեռ շարունակում էր տեղալ իր մանրիկ կարկուտը: Ճեմելիքում զգալի կերպով տոթ էր կանգնած և խոնավության հոտ էր փչում:

Բաղամյանը հանկարծ վեր կացավ և կանգնեց Մանեի առաջ:

— Երկսից մեկը, — ասաց նա գրգռված, այլևս անկարող լինելով զսպել իրեն. — դուք կամ չեք սիրում ինձ, կամ կարծում եք, թե սիրում եք և... պարզապես խաղում եք ինձ հետ, երևի կարծելով, թե ես այն հիմարներից եմ, որոնց քթից բռնած՝ կանայք կարող են անել ամեն բան, ինչ որ կամենան,

— Բաղամյան... — շշնջաց Մանեն:

— Ո՛չ, խնդրում եմ, — ընդհատեց նրան Բաղամյանը խստորեն: — Ինձ խոսքեր հարկավոր չեն այլևս, ձեր վարմունքն արդեն ամեն ինչ պարզվում է ինձ համար: Այսքան ժամանակ չարչարել, տանջել, մերթ հույս տալ, մերթ հուսահատեցնել և հետո վեր կենալ և խոսել խղճի մասին… Լսեցեք, Մանե, ինչ եմ ասում: Ես չեմ կարող ստիպել ձեզ, որ սիրեք ինձ, բայց իրավունք ունիմ պահանջելու, որ գեթ փոքր ինչ հարգեք ինձ և... չխաղաք ինձ հետ...

— Բաղամյան, — այս անգամ զրեթե ճչաց Մանեն, վեր թռավ, նորից նստեց, հետո շտապով հանեց թաշկինակը, սեղմեց աչքերին և խուլ կերպով հեկեկաց:

Այդ բանն այնքան անսպասելի էր Բաղամյանի համար, որ նա միանգամայն կարկամեց և չիմացավ ինչ անի: Հետո արագորեն վախկոտ մի հայացք ձգեց ճեմելիքի այս ու այն կողմը, նստեց

Մանեի կողքին և աշխատում էր ներողություն խնդրող անկապ խոսքերով հանգստացնել նրան: Բայց իզուր, Մանեն հեծկլտում էր երեխայի պես, թաշկինակն աչքերին պինդ սեղմած: Հետո հանկարծ դադարեց հեծկլտալուց, վեր թռավ և ասաց.

— Գտեք եղբորս. ուզում եմ տուն գնալ:

Այդ նոր անակնկալը նորից ապշեցրեց Բաղամյանին: Նա հենց այնպես էլ սառած մնաց նստած տեղը և կարողացավ միայն շշնջալ.

— Մանե...

Մանեն արագորեն սրբեց աչքերը, թաշկինակը պահեց, մազերը շտկեց և, առանց որևէ խոսք արտասանելու, դիմեց դեպի պարտեզի հրապարակը վճռական քայլերով:

Բաղամյանը, խելագարի պես վեր թռավ նստարանից և վազեց նրա հետևից:

— Մանե՛... ի սեր աստծո... Ի՞նչ եք ուզում անել:

— Ուզում եմ տուն գնալ:

— Ինչո՞ւ:

— Որովհետև չեմ ուզում, որ ինձ վիրավորեք:

— Ե՛ս ձեզ վիրավորե՛մ... Մանե՛... սպասեցե՛ք.. Աղաչում եմ... Մանե՛...

Եվ Բաղամյանը, բռնելով նրա ձեռքից, փորձեց պահել, բայց Մանեն ձեռքը վճռաբար խլեց նրա ձեռքերի միջից և արագաքայլ առաջ անցավ:

8

Պարտեզի հրապարակում Վահանը որոնում էր քրոջը, երբ Մանեն դուրս եկավ մութ ճեմելիքից և մոտեցավ նրան: Վահանը կանգ առավ ակամա և զարմացած նայեց նրա հուզված դեմքին:

— Եկ գնանք, — շշնջաց Մանեն գրեթե շնչասպառ և, բռնելով եղբոր ձեռքից, կամեցավ առաջ տանել նրան իր հետ:

— Ո՞ւր:

— Տուն:

— Դարձյա՞լ տուն: Ներկայացումը վերջանա, է՛:

— Չեմ ուզո՛ւմ: Եկ գնանք:

Վահանը պահեց քրոջը և փորձող հայացքով նայեց նրա տարօրինակորեն փայլող աչքերին:

— Սպասիր: Ի՞նչ է պատահել:

— Ոչինչ չի պատահել: Ես ուզում եմ, որ այս րոպեիս ինձ տուն տանես:

— Չլինի՞ թե նեղացել ես, որ քեզ մենակ թողեցի:

— Ա՜խ... Գնանք տուն ասում եմ, ջղայնորեն արատասանեց Մանեն և նորից փորձեց եղբորը շարժել տեղից:

— Աստված սիրես, Մանե, սպասիր տեսնենք ինչ է պատահել: Դու այնքան հուզված ես, որ... Կարծես լաց ես եղել... Չլինի՞ թե Նաւիբյանը...

— Ո՛չ, ո՛չ... Արի գնանք:

— Մանե, աղաչում եմ, ասա ճշմարիտը: Եթե նա քեզ որևէ անախորժ բան է ասել իմ ջիգրը հանելու համար, այս րոպեիս կփշրեմ նրա ոսկորները:

— Ա՛խ, ի՛նչ անտանելի մարդ ես... Ես Նաւիբյանին չեմ տեսել:

— Բաս ո՞վ է նեղացրել քեզ: Ո՞ւմ հետ էիր:

— Բաղամյանի հետ, — ասաց Մանեն արդեն ճարահատյալ:

— Ա՛...

Մանեն սկզբում վախեցավ, հետո հանկարծ զսպեց իրեն և սուր-սուր նայեց եղբոր աչքերին:

— Ի՞նչ է նշանակում այդ «ա-ն», — հարցրեց նա խուլ ձայնով:

— Ոչինչ... այ Բաղամյանը գալիս է:

— Ես գնում եմ տուն, — գրեթե աղաղակեց Մանեն և շտապով դիմեց դեպի պարտեզի մուտքը:

Բաղամյանը, հենց որ հեռվից տեսավ Մանեին ու Վահանին իրար հետ, ետ դարձավ ու կորավ ճեմելիքի մթության մեջ:

Վահանն իր լայն ու ծանր քայլերով հետևեց քրոջը:

Մի հինգ րոպե հետո քույր ու եղբայր, կառք նստած, տուն էին դառնում: Մանեն կուչ էր եկել կառքի անկյունը և լեզուն փորն էր գցել: Իսկ Վահանը բավական զարմացած քրոջ տարօրինակ դրության վրա, վախենում էր բան հարցնել: Սակայն նա երկար չկարողացավ դիմանալ և հարցրեց.

— Նա քեզ վիրավորե՞ց...

Քույրը ոչինչ չպատասխանեց:

Վահանը խոստովանության նշան համարեց նրա լռությունը և ասաց այս անգամ կես-խրատական, կես-անտարբեր, բայց լուրջ տոնով.

— Ես գիտեմ, որ նա մաքուր մարդ չէ... և, առհասարակ, լավ կլինի, որ զգույշ կենաս նրանից:

Մանեն հանկարծ մի խիստ շարժում գործեց, ուզեց խոսել, բայց էլի բան չասաց և էլի կուչ եկավ կառքի անկյանը:

Տուն որ հասան Վահանը չիջավ կառքից:

— Ինչու՞ չես իջնում, — հարցրեց քույրը:

— Ես պետք է վերադառնամ թատրոն: Բարի գիշեր:

Մանեն վախեցած վրա ընկավ նրա ձեռքին:

— Վահան, ի՞նչ ես ուզում անել:

Վահանը սկզբում զարմացավ քրոջ այդ բացականչության վրա, հետո, երբ կառքի լապտերի լույսի տակ տեսավ քրոջ վախեցած դեմքը, ծիծաղեց:

— Մի վախենար քույրիկ ջան, ես նրան ոչինչ չեմ անիլ, ուզում եմ վերադառնալ թատրոն միայն նրա համար, որ ... չեմ ուզում տվածս փողը կորչի:

— Ախ, դարձյալ փողը...

Վահանը նորից ծիծաղեց:

— Լսիր, Վահան, իջիր: Աղաչում եմ, իջիր: Բան ունեմ ասելու:

— Դե ասա էլի:

— Չէ, ներս արի:

Վահանն իջավ, կառքը ճանապարհ դրեց և քրոջ հետևից ներս մտավ տուն:

— Կապրիզներ եմ ասում է, — ասաց նա սանդուղքով բարձրանալիս, որի ժամանակ աստիճանները ճռճռում էին նրա ահագին ծանրության տակ:

Մի քանի րոպե հետո քույր ու եղբայր նստած էին հյուրասենյակում իրար դեմ:

Վահանը ճրագի լույսի տակ լավ նայեց քրոջ դեմքին:

— Երեսիդ գույն չկա, — նկատեց նա, — Սկեսուրդ որ տեսնի, սիրտը խո կճաքի:

— Սկեսուրս այժմ քնած է: Նա միշտ վաղ է քնում, — մեքենայաբար պատասխանեց Մանեն:

Կարճ ժամանակ լռություն տիրեց: Վահանը հետաքրքրությամբ դիտում էր և, արմունկով ծնկանը հենված, ծխում էր հանգիստ:

— Դե ասա տեսնենք ինչ ես ասում, — ասաց նա:

Մանեն կամ չէր վստահանում, կամ չէր իմանում ինչպես սկսեր: Այժմ խիստ տարօրինակ անհանգստություն էր տիրել նրան, նա չէր նայում եղբորը, նրա տենդային հայացքը թափառում

84

էր մի առարկայից մյուսը. նա զգում էր, որ դեմքը մերթ այրվում է սաստիկ, կարծես բոցերի ալիք է դիպչում հանկարծ, մերթ սառում և ճակատին սառն քրտնքի կաթիլներ են դուրս ցայտում:

— Դու Բաղամյանի մասին ես ուզում խոսել, չէ՞, — հարցրեց Վահանը երկար սպասելուց հետո:

— Այո, — շշնջաց Մանեն, աշխատելով այնպիսի դիրք տալ իրեն որ Վահանը չտեսնի իր դեմքը: Հետո հանկարծ վեր կացավ, մոտեցավ լուսամուտներից մեկին և բաց արեց, կարծես նեղվելով օդի պակասությունից:

Վահանը, առանց դիրքը փոխելու, ծուռ հայացքով հետևից նրան, հետո նայեց սիգարի ծայրին և, տեսնելով, որ մոխիրը վայր ընկնելու վրա է, սիգարը զգուշորեն մոտեցրեց մոխրամանին, ճկույթով խփեց և մոխիրը վայր ընկավ մոխրամանի մեջ:

— Սիրո խոստովանությո՞ւն, — հարցրեց նա:

Նրա ականջին դիպավ մի խուլ «այո»:

Չնայելով, որ Վահանը հենց սկզբից այդ պատասխանին էր սպասում, բայց և այնպես կարծես թե ապշեց, որ այդ պատասխանը լսեց և ոչ թե ուրիշ պատասխան: Բայց այդ ապշությունը շատ շուտով անցավ: Նա սիգարը դրեց բերանը, վեր կացավ, ձեռքերով շոշափեց իր հաստ փորը և ժիլետի տակից վեր քաշեց անդրավարտիքը

— Թե որ այդ էր ասելիքդ, իզուր ինձ ներս կանչեցիր, ասաց նա առաջվա անտարբեր ձայնով և աչքերը ման ածեց չորս կողմը: — Որտե՞ղ դրի գլխարկս:

Մանեն արագորեն ետ քաշվեց լուսամուտից և նայեց եղբորը միաժամանակ թե՛ վախեցած, թե՛ զարմացած: Վահանը գտավ գլխարկը և ծածկեց:

— Բարի գիշեր:

Մանեն առաջ վազեց և հուսահատական անզորությամբ կախ ընկավ նրա ուսերից:

— Վահան... դու գնո՞ւմ ես:

— Բաս ի՞նչ անեմ:

— Եվ այդ եղբա՞յրս է ասում:

— Եղբայրդ ի՞նչ գործ ունի այստեղ: Այդ դու, այն էլ Բաղամյանը:

— Վահա՛ն... Վահա՛ն ջան... սպասիր... Մի՞թե չես ուզում ինձ այստեղ նեթ սպանել...

— Որպեսզի հետո աքսո՞ր գնամ: Շատ շնորհակալ եմ:

Մանեն այս անգամ չոքեց եղբոր առաջ և պինդ գրկեց նրա ոտները:

— Վահա՛ն, Վահա՛ն, — աղաղակեց նա հուսահատական աղերսանքով, — ես մենակ եմ, ես անդունդն եմ գլորվում ազատի՛ր ինձ... Մի՞թե եղբայրս չես, մի՞թե չես սիրում ինձ: Մի՞թե կուզես, որ քույրդ արատավորի իր ընտանիքը, թշվառացնի իր ամուսնուն, անառակ կնոջ անուն հանի: Մի՞թե առաջինը դո՛ւ չպիտի լինես ինձ հանդիմանողի, ինձ անարգողը, երեսիս թքողը: Մի՞թե իմ պատիվը քո պատիվը չէ, իմ անունը քո անունը: Տեսնո՞ւմ ես, ես չոքած եմ քո առաջ, ես աղերսում եմ, պաշտում եմ քեզ իբրև իմ միակ ազատչին, ազատի՛ր ինձ, ազատի՛ր այս անտանելի տանջանքներից: Մինչև այժմ ես կարևոր ուժ եմ գործ դրել մաքառելու և մաքառել եմ, որքան կարողացել եմ. բայց այժմ արդեն զգում եմ, որ ուժերս թուլանում են, և անդունդը, սոսկալի անդունդը պատրաստ է ինձ կլանելու... Վահա՛ն, լսո՞ւմ ես, ես կործանվելու եմ... և կկործանվեմ, անպատճառ կկործանվեմ, եթե չփրկես ինձ… Ես ոչինչ չեմ ուզում քեզնից, միայն խորհուրդ տուր՝ ի՞նչ անեմ, ինչպե՞ս դուրս գամ այս անտանելի դրությոնից…

— Նախ վեր կաց. դա բանի նման չէ, — ասաց Վահանը: — Ոտներս այնպես հուպ ես տալիս, որ քիչ է մնում վայր զցես և տրաքոցս վեր հանես: Եվ այդ ի՞նչ անբնական լեզվով ես խոսում, բեմի վրա՞ ես, ինչ է: Իսկ խորհուրդս — ահավասիկ. դիմիր ամուսնուդ, եթե թույլ կտա, որ սիրես Բաղամյանին — սիրիր, իսկ եթե ոչ, հանգիստ նստիր քեզ համար տանը և... «Դոն Կարլոսը» կարդա... չէ՛, ավելի լավ է այդ տիպի գրքեր ամեննին չկարդաս: Վեր կաց:

Մանեի գլխին կարծես սառը ջուր մաղեցին: Նա կամաց թողեց եղբոր ոտները, որոնց մի րոպե առաջ սեղմում էր ձեռքերի մեջ խեղդվողի պես, վերին աստիճանի կոտրված, ամոթահար հայացքով նայեց ներքևից վերև եղբոր միշտ հեգնող, սակայն այս անգամ տարօրինակ սառն ու լուրջ աչքերին և վեր կացավ: Նրա դեմքն այժմ այնպես սառած, այնպես գունատ էր, որ կարծես մահամերձ հիվանդ լիներ: Նա այլևս ոչ մի խոսք չարտասանեց, երեսը դարձրեց եղբորից և հեռացավ այնպիսի բուռն զգացման տակ, որ կարծես թե հանկարծ դագանակի ծանր մի հարված էին իջեցրել գլխին և շշմեցրել:

Վահանը նայեց ժամացույցին:

— Բարի գիշե՛ր: Ես վերադառնում եմ թատրոն, — ասաց նա և դուրս գնաց:

Մանեն նստեց: Այնպիսի մի թմրություն էր զգում ամբողջ մարմնի մեջ, որ կարծես թե երկարատև ճանապարհորդություն էր կատարել սայլով, որից նոր իջել էր և ուժ չուներ ոտի վրա կանգնելու: Նա խոնարհվեց ծնկների վրա և երեսն առավ ձեռքերի մեջ: Ամոթի նման ծանր ու սպանիչ մի զգացում վայրկյան առ վայրկյան արյունը նետում էր գլուխը, շամփրում ուղեղը և բոցի պես այրում այտերը: Հանկարծ նա ցնցվեց և շտկվեց, նայեց դռանը:

Վահանը նորից ներս մտավ սիգարը բերանին, գլխարկը դրեց աթոռի վրա և նստեց իր առաջվա տեղը:

Մանեն նայեց նրան այնպիսի զարմացական-հարցական հայացքով, որ կարծես թե մի նոր մարդ է տեսնում իր առաջ բոլորովին նոր ու անծանոթ մի մարդ, որ անսպասելի կերպով ներս մտավ և նստեց իր առաջ:

— Դու ախր ինձ իսկապես ոչինչ չասացիր, — ասաց Վահանը այնպիսի մի եղանակով, որից պարզ երևում էր, որ ուզում է մեղմել իր վարմունքի թողած ծանր տպավորությունը: — Թեպետ սիրո պատմությունը մեկ է, բայց և այնպես հետաքրքրական է իմանալ, թե ինչպես է եղել այդ. ինչպե՞ս են ձեր հարաբերությունները և այլն: Պատմիր տեսնենք:

— Ինչո՞ւ համար, — հարցրեց Մանեն:

— Որպեսզի իմանամ, թե ինչ խորհուրդ կարելի է տալ:

— Խորհուրդդ տվիր վերջացավ, էլ ի՞նչ նոր խորհուրդ:

— Այն կատակ էր, իսկ այժմ ուզում եմ լուրջ խոսել:

— Իսկ ես այլևս չեմ ուզում խոսել և շատ զղջում եմ, որ սիրտս բաց արի քո առաջ:

— Ճի՞շտ:

— Այո:

— Ուրեմն զնա՞մ:

— Ես քեզ չխնդրեցի, որ ետ դառնաս:

Վահանը զարմացած նայեց քրոջը, հետո ծիծաղեց:

— Բավական խռովկան ես եղել, ա՜յ: Լավ, ի՞նչ ասացի, որ այդպես նեղացել ես:

— Ոչինչ, միայն խնդրում եմ ազատիր ինձ քո խորհուրդներից:

— Բաս մի քիչ առաջ ինքդ էիր խնդրում, որ խորհուրդ տամ:

Մանեն վեր կացավ տեղից:

— Ի սեր աստծո, վերադարձիր թատրոն, — ասաց նա, զգալով, որ ջղայնությունը նորից բռնում է իրեն:

Վահանը նորից ծիծաղեց և վեր կացավ:

— Այսինքն ուզում ես ասել՝ կորիր գլխիցս: Շատ բարի: Բայց ուրիշ անգամ որ գամ, է, խո... թատրոն չե՞ս դրկիլ:

Մանեն երեսը դարձրեց և ոչինչ չպատասխանեց: Զգում էր որ զզվելու չափ ատում է եղբոր չաղությանը, ձայնը, ծիծաղը, մանավանդ սիգարը, որ հոտում էր անտանելի կերպով: Վահանի հեռանալուց հետո, նա քաշվեց իր ննջարանը, նստեց անկողնակալի վրա և զգաց, որ ինչ-որ ծանր, անտանելի ծանր մի բան ճնշում է կուրծքը և հետզհետե բարձրանում է դեպի կոկորդը: Նա երեսը թաղեց բարձի մեջ և այլևս չկարողացավ զսպել հուսախաբության, դառնության, վիրավորանքի և ինքնանվաստացման հեկեկանքը: Ինքնանվաստացման զգացումը մանավանդ տանջում էր նրան խենթացնելու չափ, և նա ջղաձգական գալարումների մեջ կծոտում էր իր ձեռքերը այդ անտանելի տանջանքը մոռանալու համար:

9

«Երեկ գիշերվա դեպքից հետո ես ավելի, քան երբեք, տեսա, որ մեր դրությունն անտանելի լինելու չափ անորոշ է և այսպես շարունակել այլևս անկարելի է: Պետք է մի անգամ առ միշտ վերջ դնել այս դժոխքին: Ուստի հատկապես խնդրում եմ հայտնել, ինձ, թե ո՛ր օրը, ո՛ր ժամին և որտեղ կարող եմ տեսնել ձեզ: Աղաչում եմ, մի մերժեք այդ տեսակցությունը թերևս վերջինը լինի, որի ժամանակ վերջնականապես և անպատճառ կորոշվի, թե իմ և թե ձեր վիճակը, մանավանդ իմը»:

Այս նամակը գրելով Մանեին, Բաղամյանն այն զգուշությունն էր բանեցրել, որ ոչ գրել էր, թե ում է ուղղում նամակը և ոչ էլ իր ստորագրությունն էր դրել. ծառային էլ պատվիրել էր, որ նամակն անձամբ հանձնի Մանեի ձեռքը և սպասի պատասխանին:

Մանեն կարդաց, մի քիչ մտածեց և հետևյալ պատասխանը գրեց նամակի մյուս երեսին.

«Վաղը չէ, մյուս օրը, ժամը մեկին, մեր տանը: Սկեսուրս մեռելի վրա կլինի: Ես էլ կգնամ, բայց այդ ժամին կվերադառնամ և կսպասեմ»:

Նշանակված օրը և նշանակված ժամին Բաղամյանն եկավ, դուռը բաց արեց ինքը Մանեն: Նա չպատասխանեց Բաղամյանի բարևին և լուռ ետ քաշվեց, որ մտնի: Այնուհետև դուռը փակեց և նույն լռությամբ առաջնորդեց նրան ընդունարան:

Բաղամյանը նստեց և նայում էր Մանեին ապշած: Վերին աստիճանի տարօրինակ էր թվում նրան Մանեի սառնության չափ հանգիստ ընդունելությունը և մանավանդ խորհրդավոր լռությունը: Մանեն վարվում էր այնպես, որ կարծես թե, Բաղամյանը չէ, որ, խնդրել էր այդ տեսակցությունն՝ իր որոշումը հայտնելու նրան, այլ Մանեն էր պահանջել նրանից, որ գա լսելու այն, ինչ որ ինքը կասի նրան: Այդ պատճառով Բաղամյանը նստած էր լուռ և սպասում էր, թե ինչ էր ասելու նա:

Մանեն նստեց Բաղամյանի դիմաց և առաջին անգամ իր հանգիստ հայացքով նայեց նրան: Նա սև էր հագած, և այդ սև հագուստի մեջ խիստ որոշակի աչքի էին ընկնում նրա սպիտակ ձեռքերն իրենց երկայն մատներով ու վարդագույն եղունգներով և ավելի ևս սպիտակ ու լղար վիզը, որի վրա ակոսում էին կապույտ երակները:

— Ես ձեր նամակին չէի պատասխանի, — խոսեց նա վերջապես, — եթե ստորագծված բառերը լինեին և եթե նամակն ինքն այնքան վճռական տոն չունենար: Բացի դրանից, ես ինքս ուզում էի մի անգամ առ միշտ վերջ տալ այս դրությանը, իսկապես որ անկարելի է այլևս շարունակել այսպես: Ես այս բանը միշտ ասել եմ ձեզ և այժմ ուրախ եմ, որ դուք ևս նույն համոզմանն եք եկել վերջապես: Պետք է վերջ տալ այս դրությանը, պե՛տք է անպատճառ: Մենք մենակ ենք. ոչ ոք չի խանգարիլ մեզ: Հույս ունիմ, առաջվա պես չենք գրգռվիլ, չենք կռվիլ, չենք վիրավորիլ իրար, կխոսենք հանգիստ և կխորհրդակցենք միասին, թե ո՛րն է ամենալավ միջոցը, որով կարող կլինինք ճնշել այս հանցավոր կիրքը և վերստանալ մեր նախկին անդորրությունը: Չէ՞ որ մենք մարդ ենք, խոհական արարած, և միայն բնազդը չէ, որ ղեկավարում է մեր զգացումները: Մենք ամեն բան կարող ենք անել, եթե միայն կամենանք և հաստատ վճռենք: Այս բանն ասում եմ ո՛չ այնքան իմ, որքան ձեզ համար: Ես պարզորեն պիտի խոստովանեմ ձեզ. ձեր նամակի տոնը վախեցրեց ինձ, որովհետև ես ձեզ... սիրում եմ և ցանկանում, որ ապրեք և երջանիկ լինիք:

Բաղամյանը, որ մինչև այժմ լսում էր Մանեին պարզապես ապշած, նրա վերջին խոսքերի վրա չկարողացավ զսպել իր դառն ժպիտը:

— Աղքատը ձեռքը դեմ է անում հարուստին: «Աղա, ողորմություն արա»: Հարուստը պատասխանում է. «Ես կարեկցում եմ քո վիճակին և ցանկանում, որ փորդ կուշտ լինի»: Ու փոխանակ հաց տալու, որ քաղցից չմեռնի, խրատ է տալիս, թե՝ եթե կամենաս և հաստատ վճռի, կարող է առանց հաց ուտելու էլ ապրել:

— Ի՞նչ եք ուզում դրանով ասել, — հարցրեց Մանեն:

— Այն եմ ուզում ասել, որ դուք շարունակում եք ինձ կերակրել բառերով: Ինչի՞ս է պետք, որ ասում եք, թե սիրում եք ինձ: Ինչի՞ս է պետք առվակի կարկաչը, երբ ես շղթայված եմ այդ առվակի ափին և չեմ կարող ծարավս հագեցնել: Ավելի լավ չէ՞ որ խլանամ և չլսեմ այդ ձայնը, այդ դատարկ ձայնը, որ ընդունակ է միայն ավելի ևս գրգռելու ծարավս, ավելի ևս սաստկացնելու տանջանքս:

— Ա՜խ, ինչո՞ւ դուք ինձ չեք հասկանում, — Բաղամյան, — ասաց Մանեն մեղմ հանդիմանությամբ:

Բաղամյանն այլևս չկարողացավ զսպել իրեն և վեր թռավ տեղից:

— Որովհետև ձեզ անկարելի է հասկանալ, — բացականչեց նա հուզված: — Ես ձեզ ոչ թե միայն չեմ հասկանում, այլև... խնդրում եմ չնեղանաք երեկվա պես... այլև չեմ հավատում ձեր անկեղծությանը, ինչպես որ չէր կարող հավատալ իմ ասած աղքատն իրեն կարեկցություն հայտնող հարստի անկեղծությանը: Դուք ինձ համար երջանկություն եք ցանկանում և շատ լավ էլ գիտեք, որ իմ երջանկությունը կախված է միմիայն ձեզնից, մինչդեռ, — այդ էլ տեսնում եք ձեր աչքերով, — որի տանջանքից ուրիշ բան չեք տալիս ինձ:

Մանեն նայեց նրան առաջվա պես հանգիստ, բայց այս անգամ խիստ տխրալի հայացքով:

— Ես ձեզ չեմ կարող ստիպել, որ հավատաք իմ անկեղծությանը, Բաղամյան, բայց որ չեք հասկանում ինձ, այդ մի փոքր զարմացնում է ինձ, որովհետև նոր չէ, որ ճանաչում եք ինձ, և նոր չէ, որ խոսում ենք այս մասին: Այո, ես տեսնում եմ, շատ լավ եմ տեսնում, իր դուք տանջվում եք. բայց մի՞թե չգիտեք, որ կան տանջանքներ, որոնք ավելի բարձր են, ավելի ազնիվ ու քաղցր, քան ա՛յն, ինչ որ դուք երջանկություն եք անվանում:

— Ո՛չ: Այդպիսի բան ես չգիտեմ և չեմ էլ ուզում իմանալ, — նկատեց Բաղամյանը ջղայնությամբ: — Տանջանքը տանջանք է, ուրիշ անուն չունի: Եվ ես միստիկ չեմ, որ տանաջանքի մեջ քաղցրություն զգամ, այլապես կգնայի և ճգնավոր կդառնայի: Ես մարդ եմ, արյունս գորտի արյուն չէ: Ես դրական երջանկություն եմ պահանջում: Չեք ուզում տալ այդպես էլ ասեք ուղղակի և պարզ: Այլապես կրկնում եմ, ես ձեզ չեմ հասկանում և երբեք էլ չեմ կարող հասկանալ: Բռնությունը զարշելի է ամեն բանում, բայց որ մարդ բռնություն գործի ինքն իր վրա, իր սեփական զգացումների վրա, — այդ, ներեցեք, եթե խելագարություն չէ, ապա այնպիսի մի բան է, որի անունը ես չգիտեմ: Հա՛, իհարկե, մարդ, եթե կամենա և վճռի, կարող է ամեն բան անել նույնիսկ թռչել երկինք խլել հրեշտակների առաքինությունը: Դուք այդ արել եք և ստիպում եք, որ ես էլ նույնն անեմ: Ո՛չ, ես չեմ կարող անել այդպիսի բան, որովհետև անկարելի է, անել ա՛յն, ինչ որ անկարելի է: Փախչել այն բանից, որը քո մեջն է, որը շրջում է բոլոր երակներիդ մեջ արյանդ յուրաքանչյուր բջջի հետ, — այդ բանը կարելի է միայն նրանով, որ վերցնես և գանգդ ջարդես պատի վրա կամ ածելիով կտրես կոկորդդ: Ահա՛ այն միակ միջոցը, որը գտնելու համար ուզում եք ինձ հետ խորհրդակցել: Խորհրդակցե՛լ... Միամտությո՞ւն է այդ, թե ծաղր: Եթե միամտություն է, դուք միամիտ չեք. եթե ծաղր, դուք կին եք և չեք կարող այդքան անխիղճ լինել: Սերը հրդեհ է դառել, լափում է ամբողջ էությունս, և ես քիչ է մնում, որ գժվեմ հուսահատությունից, իսկ դուք ինձ առաջարկում եք, որ նստեմ և հանգիստ խորհրդակցեմ ձեզ հետ, թե ինչպես անենք, որ... Օ՛h, ո՛չ, ո՛չ, բավակա՛ն է: Ես իսկապես որ կգժվե՛մ, կգժվե՛մ, կգմվե՛մ...

Բաղամյանը, չափազանց հուզված, նորից նստեց և գլուխն առավ ձեռքերի մեջ: Ճակատն այրվում էր և ձեռքերի ափերի վրա զգում էր քունքերի երակների ուժգին զարկը:

Մանեն նստած էր արտաքուստ բոլորովին հանգիստ և, ձեռքերը վշտահար կարեկցությամբ նայում էր երկայն գանգուր մազերին:

— Բաղամյան, մի դատապարտեք ինձ, — շշնջաց նա կամաց, հանգստացնող ձայնով: — Ինձնից մի՛ պահանջեք այն, ինչ որ չեմ կարող անել, ինչ որ չպետք է անեմ: Մի րոպե մոռացեք այդ կիրքը, մտեք իմ դրությունը...

— Ո՛չ, ես ո՛չ մի դրություն չեմ ուզում ճանաչել, — բացականչեց Բաղամյանը նոր հուզումով և նորից վեր թռավ տեղից: — Բավական է, որքան տանջվեցի, այլևս ուժ չկա դիմանալու: Այս տրագի-կոմեդիան պետք է վերջացնենք:

Նա հաստատուն քայլերով մոտեցավ Մանեին, կանգ առավ նրա առաջ և նայեց նրա աչքերին վերին աստիճանի վճռական հայացքով:

— Լսեցեք, Մանե: Հարցն ես տալիս եմ կտրուկ կերպով և խնդրում եմ, որ պատասխանն էլ կտրական լինի: Թողնո՞ւմ եք ձեր ամուսնուն և գալի՞ս եք ինձ հետ, թե ոչ:

Մանեն նախ ծանր-ծանր շարժեց գլուխը բացասաբար, հետո ուժեղ շեշտով պատասխանեց:

— Ո՛չ:

— Ո՛չ, ասում եք:

— Ո՛չ:

Բաղամյանը կարճ ժամանակ լռեց, շարունակելով անթարթ նայել Մանեի աչքերին: Երևում էր, որ նա ահագին ջանք է գործ դնում հանգիստ մնալու:

— Լա՛վ մտածեցեք: Մանե: Երրորդ անգամն եմ հարցնում: Ո՞չ:

Մանեն հանկարծ վեր կացավ տեղից:

— Դա ի՞նչ ինկվիզիցիա է, չեմ հասկանում, — արտասանեց նա, չկարողանալով զսպել իր զայրույթը: — Ես, կարծեմ, երեխա չեմ և հասկանում եմ, թե ինչ եմ պատասխանում:

Բաղամյանը գունատվեց և, կարծես միանգամից զրկվեց խոսելու ընդունակությունից: Նրանք կանգնած էին իրար դեմ առ դեմ և նայում էին իրար աչքերի: Մանեն անսասան հաստատակամությամբ և վիրավորված. Բաղամյանը՝ զարմացած, շփոթված և վախեցած: Այնուետև, Բաղամյանը կամաց դարձավ, անհաստատ քայլերով հեռացավ, որ գլխարկն առնի ու գնա, բայց զգաց, որ այդքան քաջություն չունի: Ծնկները ծալվում էին, մի բան խեղդում էր նրա բուկը, և նա անդիմադրելի մի ցանկություն էր զգում վայր ընկնելու ուղղակի հատակի վրա և լաց լինելու երեխայի պես: Նա նստեց, գլուխը նորից առավ ձեռքերի մեջ և զգաց, որ ճակատն այս անգամ սառն է սառցի պես, և քունքերի վրա երակներն այլևս չեն զարկում կարծես: «Այդ ի՞նչ է, մեռնո՞ւմ եմ», — մտածեց նա, ձիգ տալով մազերը, և զարմացավ, որ ցավ չզգաց: Նա ինքն իրեն ցնցեց, նստեց ուղիղ, և նրա հայացքն ընկավ Մանեի վրա:

Մանեն կանգնած էր բաց լուսամուտի առաջ, բարձր ու բարեկազմ, և նայում էր դեպի դուրս: Դրսից ներս թափանցող արևի շողերի տակ փայլում և, կարծես, մանրիկ կայծեր էր ցայտեցնում նրա սև ատլասի հագուստն ուսերի վրա, իսկ ականջի օղի մեջ վառվում, հուրհրատում էր խոշոր ադամանդը ծիածանի բոլոր երանգներով:

«Տե՛ր աստված, որքա՜ն գեղեցիկ է, որքա՜ն սիրում եմ», — մտածեց Բաղամյանը, աչքերը չկարողանալով հեռացնել նրանից: Նրան թվում էր, թե Մանեն առաջ երբեք այդքան գեղեցիկ չի եղել, և ինքն երբեք այդպես կաթոգին չի սիրել այդ կնոջը: Իր վճռական հարցի վճռական պատասխանը ստանալուց հետո այնպիսի մի վհատություն էր տիրել նրան, որ կարծես հանկարծ կորցրել էր թանկագին, չափազանց թանկագին մի բան, որի ահագին արժեքը նոր էր հասկանում, և կորուստն անդառնալի էր: Մանեի մոտ գալիս նա կշռադատել էր իր անելիքն ու ասելիքը, կանխատեսել էր Մանեից ստանալիք պատասխանը, հենց այն պատասխանը, ինչ որ լսեց. բայց ամենևին չէր կարծել, թե ինքն այդ աստիճան թուլամորթ կարող էր լինել: Նա նստած էր անզոր և հուսահատ, շփվում էր ճակատը և, տանջվելով, աշխատում էր հիշել մի բան, որ Մանեի մոտ գալիս վճռել էր գործադրել իբրև վերջին միջոց այդ զարմանալի, այդ անհասկանալի կնոջ համառությունն կոտրելու համարզ: Հանկարծ հիշեց, ձեռքն արագորեն տարավ ծոցի գրպանը, շոշափեց այնտեղ ինչ-որ մի թուղթ և մեր թռավ տեղից:

— Իսկ եթե ես ասեմ, որ նա արժանի չէ՞ ձեր զոհաբերությանը, — բացականչեց նա:

Մանեն կամաց դարձավ և նայեց նրան զարմացած:

— Ո՞վ նա:

— Ձեր ամուսինը:

Մանեն մեջքով հենվեց պատին, աչքերը փակեց և պատասխանեց շատ հանգիստ ձայնով.

— Ես ոչ մի զոհաբերություն չեմ անում: Ես միայն իմ պարտքս եմ կատարում:

— Մանե, աղաչում եմ, մի՛ խոսեք այդպես... ես գժվում եմ… Ի՞նչ պարտք, ո՞վ է պարտավորեցրել ձեզ: Եկեղեցի՞ն, քահանա՞ն, խա՞չը, ավետարա՞նը...

— Ոչ, ոչ: Իմ խիղճը:

Բաղամյանը դարձյալ պապանձվեց: Ատամները պինդ սեղմած իրար, նայում էր Մանեի փակ աչքերին և զգում էր, որ հոգու խորքում կատաղի ատելության պես մի բան է զարթնում դեպի նա: Նրան ծայրահեղորեն գրգռում էր Մանեի բռնած արձանային դիրքը պատի մոտ իր հրաշալի իրանով, սպիտակ երկայն վզով, խաղաղ, կարծես մարմարից կերտած դեմքով և փակ աչքերով: Եվ նրան թվում էր, որ եթե անձնատուր լինի այդ զգացմանը, անկարող կլինի զսպել իրեն, առաջ կվազի դեպի Մանեն և մի վատ բան կանի, և ապա ինքն իրեն կնետի լուսամուտից և գլուխը կջախջախի փողոցի սալահատակի վրա:

— Դուք ճանաչո՞ւմ եք ձեր ամուսնուն, — հանկարծ հարցեց նա:

Մանեն բաց արեց աչքերը և նայեց նրան զարմացած:

— Դա ի՞նչ խոսք է:

— Իսկ ես ձեզ կասեմ, որ չեք ճանաչում... այո՛, չեք ճանաչում, և եթե ճանաչեիք, ինքներդ կփախչեիք նրանից, իբրև անբարոյական և հրեշ մի մարդուց:

— Բաղամյան, ես համոզված էի, որ դուք օրինավոր մարդ եք, — շշնջաց նա գունատվելով:

— Եվ դարձյալ համոզված եղեք, որ ես օրինավոր մարդ եմ եղել, որովհետև մինչև այժմ չեմ հայտնել ձեզ ա՛յն, ինչ որ վաղուց գիտեի ձեր ամուսնու մասին: Չեմ հայտնել, որովհետև չեմ կամեցել ձեզ վրա ազդել որևէ կողմնակի միջոցով, որովհետև համոզված եմ եղել, թե սերն ինքն արդեն բավարար հիմունք և դրդիչ պատճառ պիտի լինի ձեզ համար ձեր անելիքը որոշելու: Բայց այժմ դուք ինքներդ ստիպում եք ինձ դիմելու ծայրահեղության: Եվ ես ասում եմ ձեզ, որ ձեր ամուսինն անբարոյական և հրեշ մարդ է… ասում եմ ո՛չ թե նրա համար, որ դրանով ստիպեմ ձեզ թողնելու նրան և գալու ինձ հետ՝, — ոչ, ես արդեն հույսս կտրել եմ ձեզնից, և ոչ թե փոքրոգի վրեժխնդրությունից, ես չափազանց հպարտ եմ այդ աստիճան ստորանալու համար, — այլ ասում եմ նրա համար, որ բաց անեմ ձեր աչքերը, ցույց տամ ձեզ, թե ո՛ւմ համար եք կատարում ձեր ամուսնական պարտքը ձեր խղճի առաջ և որքան խաբված եք եղել դուք...

Մանեն լսում էր Բաղամյանի խոսքերի տարափն ավելի ու ավելի ապշելով: Մինչև այժմ Բաղամյանի բերանից ոչ մի վատ խոսք չէր լսել իր ամուսնու մասին, և Բաղամյանը միշտ խուսափել էր վերջինիս մասին խոսելուց, իսկ այժմ...

— Բաղամյան, ասաց նա հանգիստ և խիստ լրջորեն, — դուք ինձ շատ ծանր դրության մեջ եք դնում: Մի՞թե չգիտեք, որ ձեր այդ խոսքերից հետո ես ապացույց կարող եմ պահանջել ձեզնից:

— Եվ ես կտամ ձեզ այդ ապացույցը:

Մանեն ցնցվեց և մի վայրկյան մնաց կարկամած: Հետո հանկարծ շտկվեց և խստորեն մեկնեց ձեռքը:

— Տվե՛ք, — հրամայեց նա:

Բաղամյանն իսկույն ծոցից հանեց մի նամակ, բաց արեց և տվեց նրան:

— Կարդացեք այստեղից:

Մանեն սկսեց կարդալ:

«...Սրանից մի քանի տարի առաջ մեր գյուղացիները զայավկա էին տվել գյուղիս հողերի սահմաններում գտնված երկաթի հանքերի համար: Երկար չարչարվելուց և ահագին փողեր ծախսելուց հետո մեկ էլ տեսան, որ իրենց գտած հանքերին տեր է կանգնել ինժեներ ոմն Գ. Ա. (խմբագրության համար — Գրիգոր Սանթրոսյան): Թե որտեղից, ինչպես և ինչ իրավունքով էր այդ հարուստ ինժեները տեր դառել գյուղական մի հասարակության պատկանող բնական հարստությանը, — այդ բանը հայտնի է միայն իր համալսարանական խղճին և մեկ էլ իր տռզած գրպանին... Էլ խնդրագրեր, էլ բողոքագրեր, էլ դատարան, էլ նոր ծախսեր — ոչինչ չօգնեց, և խղճուկ գյուղացիները վերջիվերջո ստիպված էին իրենց եփած փլավի համը չառած՝ ետ նստել և, ինչպես ասում են, բերներիցը ծլուլը թափելով դիտել, թե ինչպես ուրիշն անուշ է անում այդ համեղ փլավը: Ի՞նչ անուն կտաք դիպլոմավոր մի պարոնի այս վարմունքին:

Բայց այլ առակ լուարուք: Այս բանիս արդեն փլավի հոտ չի փչում, այլ շատ զարշելի մի հոտ:

«Մեր ասած ինժեների մոտ աղախնի պաշտոն էր կատարում այրի մի կին իր 13 տարեկան աղջկա հետ: Այս օրերս այդ աղջկան գտան հանքերից երեք վերստ հեռավորության վրա մի ձորակի մեջ խեղդամահ: Բժշկական քննությունը բացահայտեց, որ խեղճ աղջիկը, չարաչար մահից առաջ, բռնաբարված է եղել... Թեև դժվար չէր լինիլ իմանալ (թերևս և իմացան), թե ով է եղել այս քստմնելի ոճրագործության հեղինակը, բայց ամենակարող մամոնան այս գործում ևս տեսավ իր բանը, և գործը քնեց...»:

Մանեն կարդում էր, ըստ երևույթին, բոլորովին հանգիստ. նրա ձայնը հնչում էր հարթ ու հավասար, դեմքի ոչ մի մկանունքը չէր շարժվում, նամակի թուղթը միայն դողում էր նրա ձեռքում:

Բաղամյանը նայում էր նրա ահագին թերթերունքներին, մերթ գունատ շրթունքներին, լսում էր, և նամակի խոսքերը, չնայելով որ անգիր գիտեր, Մանեի բերանից հնչում էին նրա ականջին այնքան անհավատալի, այնքան ահռելի կերպով, որ սկզբում զարմացավ, թե ինչպես իրեն թույլ տվեց այդպիսի մի նամակ հանձնելու նրան, հետո այնքան սարսափեց, որ քիչ մնաց նամակը խլեր նրա ձեռքից, պատառ-պատառ աներ և ասեր ուղղակի, ո՛ր ինքն ևս չի հավատում այդ բանին, որ դա սուտ է, անխիղճ զրպարտություն և հերյուրված է անպատճառ անձնական թշնամությունից: Բայց նա կանգնած էր անշարժ և սարսափահար, իբրև մի մարդ, որ ծայրահեղ կատաղության րոպեին անգիտակցաբար հարված է իջեցնում հակառակորդի գլխին և, հանկարծ ուշքի գալով, կաշկանդվում, կարկամում է, երբ տեսնում է, որ հարվածը մահացու է եղել:

Բաղամյանը կանգնած էր այդ դրության մեջ կաշկանդված և կարկամած, երբ Մանեն վերջացրեց ընթերցումը, նամակը վերադարձրեց, առանց նրան նայելու և լուռ հեռացավ: Մի վսեմ հանգստություն էր նկատվում նրա բոլոր շարժումների մեջ և այդ րոպեին չափազանց գեղեցիկ էր նա իր բարեկազմ հասակով, իր գունատ դեմքով, իր խոշոր աչքերի վերին աստիճանի լուրջ ու կենտրոնացած հայացքով: Բաղամյանը դիտում էր նրան գաղտնի երկյուղով. նրան թվում էր, թե ահա, որտեղ որ է, ինչ որ արտաքո կարգի մի բան պիտի պայթի իր գլխին, սարսափելի մի բան, որից նրա ճակատը մերթ սառում, մերթ տաքանում էր առաջուց:

— Ո՞վ է տվել ձեզ այս նամակը, — հարցրեց Մանեն տարօրինակ սառած ձայնով, որի մեջ, սակայն, ինչ-որ սպառնալից մի շեշտ կար:

— Այս նամակն ուղարկված է, ինչպես ինքներդ տեսաք, մեր խմբագրությանը լրագրի մեջ տպելու համար:

— Հետո՞: Տպեցի՞ք:
— Ոչ
— Ինչու՞:
— Կարծեմ, ինքներդ հասկանալիս պիտի լինեք, թե ինչու:
— Ոչ, ես չեմ հասկանում: Այդպիսի հրեշավոր մի բան հրապարակ չհանել, համայնական մի սեփականության հափշտակողի, մատաղ մի աղջկա լլկողի և ապա գազանաբար սպանողի՝ հասարակաց դատաստանի չհանձնել — այդ ես չեմ կարող հասկանալ, որովհետև մամուլի մասին ես միշտ լավ գաղափար եմ ունեցել և մամուլն եմ համարել միակ պաշտպանը ճշմարտության և հալածվածների:
— Մամուլը մեղք չունի այստեղ: Եթե այս բանում մեկը կա մեղավոր, այդ ես եմ, որովհետև ես խնդրեցի, որ նամակը չտպվի:
— Դու՞ք ... ինչու՞:
— Մանե, ինչու՞ դուք տալիս եք ինձ այդ հարցը, — նկատեց Բաղամյանը մեղմ կշտամբանքով:
— Ոչ, խնդրում եմ բացատրեցեք. ինչու՞ դուք խնդրել եք, որ այդ նամակը չտպվի:
— Տեր իմ աստված, միթե՞ այդ բանը բացատրելու կարիք կա:
— Երևի կա, որ պահանջում եմ, — վրա բերեց Մանեն անողոք խստությամբ:
Բաղամյանն աղերսալի հայացքով մոտեցավ նրան և ուզում էր առնել նրա ձեռները, բայց Մանեն խստորեն ետ ու ետ քաշվեց:
— Մանե, նամակը թույլ չտվի տպել ձեր պատվի և հանգստության համար, — ասաց նա գրեթե լացագին:
— Միթե՞, — բացականչեց Մանեն, և ինչ-որ խիստ կծու մի ժպիտ ծամածռեց նրա գեղեցիկ դեմքը:
— Երդվում եմ արևովս, Մանե, միմիայն ձեր պատվի և հանգստության համար, որովհետև չէ՞ որ դուք նրա կինն եք , և ձեր անունն այսպես, թե այնպես կապված է նրա անվան հետ: Մի ուրիշ պատճառ էլ կար. ես նրան իմ ախոյանն էի նկատում և չէի կամենալ նրա արարքների մերկացումը տեսնել այն լրագրի մեջ, որի ղեկավարներից մեկն էլ ես եմ: Դա շատ տգեղ վարմունք կլիներ իմ կողմից:
— Օ, անշուշտ, — բացականչեց Մանեն, և հանկարծ ծիծաղի պես մի բան դուրս թռավ նրա բերանից. — դա այնքան տգեղ վարմունք կլիներ ձեր կողմից, որ մինչև անգամ կարելի էր կարծել, թե նամակը ... դուք եք հորինել:

Բաղամյանը մեկ առաջ ընկավ և հանկարծ կանգ առավ ապշած:

— Ի՞նչ ասացիք, — հարցրեց նա:

— Ասացի այն, ինչ որ լսեցիք, — ասաց Մանեն սպանիչ հանգստությամբ:

— Ուրեմն ...

— Ուրեմն ի՞նչ: Շատ պարզ է, այդ նամակը մի ֆանտազիա է, որի հեղինակը դուք եք:

— Մանե, — գրեթե ճչաց Բաղամյանը կարծես ֆիզիկական մի սուր ցավից և այլևս ոչ մի խոսք չկարողացավ արտասանել: Մանեի մեղադրանքը շշմեցրեց նրան կայծակի հարվածի պես, որովհետև ամեն բան կանխատեսել էր, բայց այդպիսի մի մեղադրանք — ամեննին: Նա չէր իմանում ինչ է պատահում իրեն, միայն պարզորոշ զգում էր, որ ինչ-որ մի բան, բողոքի զգացումի պես զորեղ մի բան, արագաքար բարձրանում, ուռչում է իր կրծքի մեջ և ուզում է պայթեցնել իր ամբողջ ներքինը հրաբխի լավայի պես: Եվ նախքան նա ուշքի կգար ազատություն տալու իր բողոքի զգացմանը, ուրիշ, առաջվանից ավելի անակնկալ ու սոսկալի հարված կարկամեցրեց նրան միանգամայն:

— Բավական է: Հեռացեք: Ես ձեզ խղճում եմ:

Բաղամյանն այլևս ոչինչ չլսեց. միայն, կարծես երազի մեջ, տեսավ Մանեի հուզումնալից աչքերը, ցնցվող շրթունքները, հետո նրա ստվերը, որ արագորեն չքացավ դռների մեջ...

10

Բաղամյանը նոր էր հեռացել, որ Վահանը մտավ քրոջ մոտ սիգարը բերանին:

Խիստ հուզված, Մանեն անցուդարձ էր անում սենյակում արագ քայլերով, և մի ջիղ նրա վզի վրա, մերթ ընդ մերթ ցնցվելով, ներքև էր քաշում նրա ծնոտը:

Վահանը կարճ ժամանակ նայեց նրան զարմացած, հետո անփույթ ու ծանրորեն նստեց աթոռի վրա:

— Այս րոպեիս տեսա բարեկամիդ, — ասաց նա: — Հեռվից որ տեսավ ինձ, ճանապարհը ծռեց, կարծես պիտի բռնեի յախից և հարցնեի՝ ո՞րտեղից ես գալիս:

Նա բերնից բաց թողեց ծուխն ուսի վրա և ծուռ նայեց քրոջը:

— Էլի վիրավորե՞ց, — հարցրեց կամաց:

Մանեն հանկարծ դադարեց քայլելուց և արագորեն դարձավ եղբոր կողմը: Նրա աչքերը կարծես կայծեր էին ցայտեցնում:

— Ինչու՞ ես եկել, — հարցրեց նա այնքան խստորեն, որ այդ խոսքերը կարծես դուրս խլեց սրտի խորքից:

Վահանը ետ ընկավ աթոռի միջից, ծունկը ծնկան վրա դրեց և ժպտաց:

— Որովհետև անցած գիշեր պատվիրեցիր, որ այլևս չգամ:

Մանեի ծնոտի տակ ջիղն սկսեց ցնցվել ավելի ուժգին: Նա նայում էր եղբոր ժպտուն ճարպալի աչքերին, և երկար ժամանակ հոգեկան խորին վրդովմունքը թույլ չէր տալիս նրա խոսել:

— Վահան, — վերջապես արտասանեց նա հազիվհազ, — որ իմանաս որքան ատում եմ քեզ այս րոպեիս ...

— Վնաս չունի քույրիկ ջան, հետո էլի կսիրես, — նկատեց Վահանը ծիծաղելով: — Հիմա ատում ես, որովհետև անցած գիշեր անզգուշություն ունեցա մի քիչ վատ խոսելու բարեկամիդ մասին: Նա որ լավ մարդ լիներ, հարյուր ֆրանկս չէր մոռանա:

Մանեն զզվանքով դարձրեց երեսը և ավելի լավ համարեց դուրս գնալ, քան մնալ եղբոր մոտ, որի հանգստությունը, ձայնը, ժպիտը, հեգնությունները տակնուվրա էին անում նրա ամբողջ ներքինը:

— Ի՞նչ խոսեմ քեզ հետ, քանի որ քեզ համար հարյուր ֆրանկն ավելի մեծ արժեք ունի, քան թե ... ասաց նա տարօրինակ հանգիստ ձայնով և խոսքը չվերջացրած, դիմեց դեպի դուռը:

— Քան թե ... քրոջս պատի՞վը, — կանչեց նրա հետևից Վահանը:

Արյունը խփեց Մանեի գլխին, կարծես աներևույթ ձեռքեր հանկարծ բռնեցին նրա ուսերից և ուժգին թափով դարձրին դեպի Վահանը:

— Լռիր, օձ, — աղաղակեց նա անզուսպ կատաղությամբ: — Դու իրավունք չունես խոսել իմ պատվի մասին: Անցած օրը ոտներդ էի ընկել, որ ինձ մի ճանապարհ ցույց տաս այս դժոխային դրությունից դուրս գալու համար. ես աղաչում, պաղատում էի, որ մինչև անգամ սպանես ինձ: Բայց դու ի՞նչ արիր: Այդ ատելի սիգարը բերանիդ, զզվելի սովորությանդ համաձայն, միայն ծաղրեցիր, հեգնեցիր և խույս տվիր անտարբերությամբ: Դու այդպես ես եղել միշտ և այդպես ես նույնիսկ այս կրիտիկական վայրկյանին, երբ ես պատրաստ եմ պարզապես անձնասպանություն գործելու: Եվ դու համարձակվում ես խոսել իմ պատվի մասին: Աշխարհիս երեսին բացի քեզանից ուրիշ ոչ մի սրտակից չունեի, որի առաջ կարողանայի բանալ սիրտս, որի հետ խոսել մտերմորեն, որի ցավակցության, հոգացողության վրա կարողանայի վստահանալ: Եվ երբ իմացա, որ դու եկել ես և եկար ինձ մոտ, կարծեցի, թե փրկիչս է եկել: Բայց դու ի՞նչ արիր, ի՞նչ: Դու ա՛յն արիր, որ ես այժմ այնքան զզվում և ատում եմ քեզ, որ չեմ ուզում տեսնել երեսդ, չե՛մ ուզում, չե՛մ ուզում: Հեռացի՛ր, գնա՛, հանգիստ թող ինձ...

Եվ Մանեն հեծկլտալով դուրս գնաց ու դուռը պինդ շրխկացրեց իր հետևից:

Վահանն ականջ դրեց և լսեց, որ մի ուրիշ դուռ էլ նույնպիսի սաստկությամբ շրխկաց այնտեղ: Նա վեր կացավ, սիգարը դրեց մոխրամանի մեջ, երկու ձեռքով վեր քաշեց անդրավարտիքը փորի վրա և գնաց քրոջ հետևից: Երկրորդ դռան շրխկոցից իմացավ, որ Մանեն մտել էր ննջարանը: Նա բռնեց ննջարանի դռան փականքը, առաջ հրեց, բայց դուռը չբացվեց: Ներսից փակված էր:

— Մանե, բաց արա:

— Հեռացի՛ր, — լսվեց ներսից Մանեի ջղային կատաղի աղաղակը:

— Խելագարվե՞լ ես, ինչ է:

— Այո, խելագարվել եմ: Հեռացի՛ր:

— Բաց արա, ասում եմ:

— Չեմ բանալ, հեռացիր:

— Բան եմ ուզում ասել:

— Չեմ ուզում, հեռացի՛ր:

— Դե, հիմարություն մի անիր, բաց արա:

— Ա՛խ, չեմ ուզում քեզ տեսնել, լսո՞ւմ ես, չե՛մ ուզում, չե՛մ ուզում, չե՛մ ուզում...

— Խո չե՞ս ուզում դուռը կոտրեմ:

— Ես կսպանեմ ինձ, եթե մտնես:

Վահանն իր ուժեղ ձեռքով բռնեց դռան փականքը, ահագին ոտը բարձրացրեց, որ հարված տա դռանը, բայց այդ բանն արեց կարծես ձևի համար և ոտը նորից իջեցրեց.

— Դու հիմարացել ես և ստիպում և ստիպում ես, որ էլ

հիմարանամ, — ասաց նա շրթունքները մոտեցրած դռան փեղկերի միացման արանքին: — Մանե, բաց արա խնդրում եմ:

Ներսից այլևս որ մի ձայն, չլսվեց:

— Մանե, լսո՞ւմ ես: Դու զժվել ես և տե՛ս, որ չղջաս: Մանե՞:

Դարձյալ ոչ մի ձայն:

— Լսիր, — կանչեց Վահանը, մի քիչ սպասելուց հետո:

Էլի լռություն:

— Չես լսո՞ւմ:

Ներսն այնպես խաղաղ էր, որ կարծես մարդ չկար այնտեղ:

— Մա՛նե, քեզ հետ եմ:

— Ա՛խ, տե՛ր իմ աստված, սա ի՛նչ պատիժ է, — վերջապես լսվեց Մանեի հուսահատական հառաչանքը:

— Այս երեկո գնում եմ գյուղը: Մի՞թե չես ուզում հրաժեշտ տալ:

— Աստված բարի ճանապարհ տա, գնա՛:

Վահանը մի րոպե կանգնած մնաց դռան, առաջ մտախոհ դրության մեջ, հետո շրթունքները նորից մոտեցրեց երկու փեղկի արանքին և, որպեսզի ասածը պարզ լսվի ներսում հատ-հատ արտասանեց.

— Ուրեմն մնաս բարյավ: Մի մոռանար, որ եղբորդ դուրս ես անում, և այս բանից հետո ինձ մնում է միայն, որ այլևս երբեք ոտք չկոխեմ այս տունը: Քո ցանկությամբ մենք այսուհետև մեռած ենք իրար համար: Բայց վկա է աստված, — լսո՞ւմ ես, Մանե, ես լուրջ եմ ասում, — վկա է աստված, երդվում եմ մեր ծնողների գերեզմանով, որ եղբայրդ, ինչ էլ որ կարծես նրա մասին, միշտ սիրել է քեզ և միշտ էլ քո բարին ցանկացել: Այժմ էլ ի սրտե ցանկանում եմ քեզ բարիք և... Մնաս բարյավ:

Վահանը հեռացավ դռան մոտից և դուրս գալու վրա էր, երբ հանկարծ բանալին շրխկաց ննջարանի դռան կողպեքի մեջ, դուռն ուժգնորեն բացվեց, և այնտեղից դուրս վազեց Մանեն:

— Կա՛ց, — աղաղակեց նա ծայրահեղ հուսահատությամբ և, ըստ երևույթին, ուզեց խոսել բայց այլևս ոչինչ չկարողացավ արտասանել: Նա ընկավ, հենց այնտեղ՝ դռան մոտ դրված աթոռի վրա, երեսը ծածկեց ձեռքերով և հեկեկաց դառնագին:

Քրոջ այդ նոր տարօրինակ վարմունքն եղբայրն ընդունեց բավական սառնասրտորեն: Առանց տեղից շարժվելու Վահանը դիտում էր լուռ, թե ինչպես ցնցվում են Մանեի նիհար ուսերն ուժգին հեկեկանքից, և սպասում էր, թե ինչով է վերջանալու այդ նոր տեսարանը:

— Լսիր… Բաղամյանն այստեղ էր, այո, — վերջապես արտասանեց Մանեն հեկեկանքի միջից, — Բայց ես... դուրս արի նրան, որովհետև…

Մանեն հանկարծ դադարեց հեկեկալուց, վեր թռավ և սաստիկ արագախոսությամբ, շնչասպառ լինելով, շարունակեց.

— Նա ինձ ցույց տվեց մի նամակ, որի մեջ գրում են, որ ամուսինս մի գազան, մի հրեշ, մի, մի… չգիտեմ ինչ է: Գրում են, որ հանքերը նրանը չեն, գյուղացիներինն են, և նա, չգիտեմ ինչ միջոցով, զավթել է այդ հանքերը: Բայց այդ չէ սարսափելին: Սարսափելին այն է, որ նա բռնաբարել է մի խեղճ, մի այրի կնոջ տասներեք տարեկան աղջիկը և, բռնաբարելուց հետո, սպանել ու դիակը ձգել մի ձորակ, իր հանցանքի հետքերը ծածկելու համար երևի... Ես ասացի նրան, որ նամակը ինքն է հորինել և... վռնդեցի նրան: Ասա՛, մի՞թե ճիշտ չեմ աաել, մի՞թե ամուսինս ընդունակ է այդպիսի բաներ անելու... ամուսինս չէ, այլ թեկուզ ամենազազան մի մարդ: Ասա՛, եթե ընդունակ է, ես հենց այս րոպեիս կհեռանամ այս տնից և կգամ քեզ հետ գյուղը որպեսզի այլևս երբեք չտեսնեմ նրա երեսը, երբե՛ք, երբե՛ք...

Նա լռեց, որովհետև բուռն հուզմունքից այլևս բան չկարողացավ արտասանել: Շնչում էր ծանր, խիստ ծանր և նայում էր եղբորն այնպիսի սպասողական-աղերսական հայացքով, որ կարծես նրա պատասխանից էր կախված իր փրկությունը:

Վահանը մինչև անգամ արհեստական անտարբերությամբ մի սիգար հանեց, դրեց բերանը, ծանր ու բարակ վառեց, լուցկին հանգցրեց, դուրս շպրտեց լուսամատից և ապա խոսեց հանգիստ ու լուրջ:

— Քո այդ պարոն վիպասանը երևի կարծել է, թե վեպ է գրում: Չէ՞ որ վեպերի մեջ միայն կարելի է ամեն բան հնարել անպատիժ կերպով: Խելքին փչեց, թե արի այսպիսի մի բան գրեմ, ու կգրի, էլի ո՞վ է ձեռքը բռնողը: Կյանքի մեջ էլ, ինչպես երևում է, ուզում է վարվել իր հնարած վերջին ռոմանի շաբլոնով. սիրուհին դու ես, սիրահարն ինքն է. մնում է ամուսինը, որին, իհարկե, պետք է գազանի կերպարանք տալ կոնտրաստը շեշտելու համար: Տարբերությունն այն է միայն, որ ինքն, իբրև սիրահար, այնքան հեռու է իր վեպի իդեալիստ հերոսից, որքան նրան տված իմ հարյուր ֆրանկն իմ գրպանից:

— Վահա՛ն, Վահա՛ն... գոնե այժմ կատակ մի անիր, — աղերսեց Մանեն հուսահատության արցունքն աչքերին: — Մի՞թե չես տեսնում ինչ դրության մեջ եմ ես:

— Ինչպե՛ս չեմ տեսնում: Տեսնում եմ, որ հուսահատության մեջ ես և... զղջում ես, թե ինչու ես նրան վիրավորել ու վռնդել: Իսկ ես կարծում էի, թե իմ վերջին խոսքերն էին քեզ ազդողը, որ, վերջապես, դուրս եկար քո անառիկ բերդից և սկսեցիր լալ: Դու զղջում ես, թե ինչո՞ւ ես նրան միստիֆիկատոր անվանել, որովհետև կասկածում ես, թե մի գուցե ճիշտ է այն նամակը, և, ինչպես տեսնում եմ, սրտիդ խորքում ցանկանում էլ ես, որ ճիշտ լինի, որպեսզի...

— Օ՛հ, քեզ հետ երբեք չի կարելի խոսել, — բացականչեց Մանեն ծայրահեղ հուսահատությամբ:

— Սպասիր, մի տաքանար: Օրինակ առ ինձնից և լսիր ինչ եմ ասում: Եթե չես կասկածում, եթե համոզված ես — և, իհարկե, համոզված ես, որ այն նամակը նա է հորինել, էլ ինչո՞ւ ես ինձ հարցնում, թե մի՞թե ճիշտ չես ասել, մի՞թե ամուսինդ ընդունակ է այդպիսի բաներ անելու և ո՛չ թե միայն ամուսինդ, ավելացնում ես դու, այլ թեկուզ հենց ամենազազան մարդը: Եվ եթե ասեմ թե այո, ընդունակ է, այն ժամանակ դու պատրաստ ես հենց այս րոպեիս հեռանալու, քո ասելով՝ ինձ մոտ գյուղը, բայց իմ հասկանալով Բաղամյանի մոտ: Ահա քո դրությունը կամ, ավելի ճիշտը, քո դրության հոգեբանությունը:

Մանեն ձեռքերը ջարդեց:

— Օ՛հ, ինչո՞ւ դուրս եկա, ինչո՞ւ խոսեցի քեզ հետ, — հառաչեց նա:

— Եթե ճիշտ չեմ ասում, էլի դուրս արա:

Բայց Մանեն այլևս ոչ սիրտ, ոչ ուժ ուներ խոսելու: Խիստ հոգնած մարդու նման, նա կամաց նստեց և թուլացավ, ձեռքերը ծնկներին դրած, գլուխը կախեց կրծքին:

— Ինչ վերաբերում է ամուսնուդ, — շարունակեց Վահանը նույն հանգստությամբ, — ես թեպետ չեմ ճանաչում նրան և նույնիսկ պատրաստ եմ ընդունելու, որ նա բարոյական մի հրեշ է, բայց և այնպես, իմ կարծիքով, նա ավելի լավ մարդ է, քան թե քո այդ վիպասանը: Թե ինչու — չեմ կարող ասել:

— Որովհետև մոռացել է հարյուր ֆրանկդ, ահա թե ինչու, — նկատեց Մանեն կծու հանգստությամբ:

— Շատ կարելի է, այդ էլ է պատճառը, որովհետև մարդ մարդու դատում է շատ անգամ մանր հաշիվներից դրդված: Չեմ վիճում, բայց այս դեպքում չեմ կարծում, թե պատճառը միայն այդ լինի: Իսկ թե ուրիշ ինչ պատճառներ կան, որ ես Բաղամյանի մասին լավ կարծիք չունիմ, չեմ կարող ասել, որովհետև չգիտեմ: Գուցե նրա քիթը դուր չի գալիս ինձ կամ գուցե նրա մազերը որ տեսնում եմ, սիրտս ասում է մկրատն առնեմ և տակից կտրեմ, — ո՞վ գիտե: Բայց, կրկնում եմ, ամուսինդ ինչ էլ որ լինի, չի կարող նրանից վատ լինել: Այս բանն ասում եմ նրա համար, որ իմ կարծիքը հարցրիր, թե չէ՝ ոչ մի խոսք էլ չէի ասի այս մասին, որովհետև իմ ի՞նչ գործն է դատավոր լինելու, թե ով է լավ, ով է վատ: Այդ դու ինձնից ավելի լավ պիտի իմանաս: Ես միայն ցավում եմ, որ դու այդքան տանուլ ես տվել քեզ, և... զարմանում եմ: Որովհետև ո՞վ է մեր ժամանակում այդպես գլուխը կորցնում սիրուց: Ես մինչև անգամ կասկածում եմ, թե այն, ինչ որ քեզ այդքան գերել է, սեր լինի: Դա մի պարզ հիվանդություն է անշուշտ, որ առաջացել է այն բանից, որ մենակ ես, մարդ չկա մոտդ, ձանձրանում ես, զբաղմունք չունիս, զավակ էլ չունիս: Բայց այս ամառ որ գաս գյուղը տանեմ քեզ, այնպես ձեռաց կբժշկվես, որ — էլ ինչ ասեմ: Կգա՞ս:

— Ոչ:

— Դու գիտես: Իսկ ես այս երեկո, ինչպես ասացի, գնում եմ: Ուրեմն...

Վահանը մոտեցավ քրոջը:

— Լսիր, Մանե, — ասաց նա լրջորեն: — Հավատա, ես վատ եղբայր չեմ և, որ ուզենաս, կարող եմ շատ պիտանի լինել քեզ:

Մանեն վեր թռավ տեղից:

— Ո՛չ, ո՛չ, — կրկնեց նա:

— Լավ, էլ ի՞նչ ես փախչում. զոռով խո չե՞մ տանելու: Ես քեզ համար եմ ասում, թե չէ... քո կամքն է: Դե՛հ, մնաս բարյավ: Ձեռք էլ չես տա՞լ:

Մանեն ձեռքն ակամա պարզեց եղբորը դեմքի այնպիսի արտահայտությամբ, որ կարծես գորտ պիտի դնեին ձեռքի մեջ:

— Սկեսուրդ ո՞ւր է, տանը չէ՞:

— Չէ:

— Ուրեմն այլևս չեմ տեսնի նրան: Բարև կհիշես: Դե՛հ, դարձյալ մնաս բարյավ:

Մանեն մինչև անգամ չնայեց եղբորը և, երբ Վահանը դուրս գնաց, կամաց նստեց և ատամներով կծեց ներքին շրթունքը հեկեկանքը զսպելու համար: Երբեք նա այնպես մենակ, այնպես անօգնական ու որբացած չէր զգացել իրեն, ինչպես այժմ:

11

Երեկոյան գնացքի մեկնումից մի կես ժամ առաջ Վահանը կառքով գնում էր երկաթուղու կայարան, իր ջարդված ճամպրուկը ոտների առջևը դրած: Գնում էր և ինչ-որ ծանր մտածմունքի մեջ էր: Երբ կառքը կանգ առավ կայարանի առաջ, նա չիջավ, այլ, մի րոպե խիստ տատանվելուց հետո, կառապանին պատվիրեց, որ ետ դառնա, և կառքն ուղղակի քշել տվեց դեպի այն փողոցը, որտեղ գտնվում էր Բաղամյանի բնակարանը:

Ծառայից իմանալով, որ Բաղամյանը տանն է, նա կառապանին պատվիրեց, որ սպասի և, ճամպրուկը թողնելով կառքի մեջ, ներս մտավ:

Այդ անժամանակ այցն այն աստիճան անակնկալ էր Բաղամյանի համար, որ նա մինչև անգամ չպատասխանեց Վահանի բարևին: Նա կամաց վեր կացավ գրասեղանի մոտից, որի մոտ պարապում էր, և նայեց հյուրին հայտնի չէ՝ զարմացա՞ծ թե վախեցած:

— Այս գիշեր գնում էի գյուղը, բայց երկաթուղու կայարանից ետ դարձա և ուղղակ եկա ձեր մոտ, — ասավ Վահանը: — Հույս ունիմ, գուշակում եք, թե ինչի համար եմ եկել:

Բաղամյանը գունատվեց: Իսկույն հիշեց, որ այդ օր, երբ ինքը դուրս եկավ Մանեի մոտից, փողոցում տեսավ Վահանին քրոջ տուն գնալիս:

— Ես պատրաստ եմ ձեզ գոհացում տալու, — ասաց նա ահագին ջանք գործ դնելով, որ իր հակառակորդի պես հանգիստ մնա ու հանգիստ խոսի:

— Գոհացու՞մ, — զարմացավ Վահանը : — Ի՞նչ բանի համար:

— Այն նամակի համար ...

— Ո՞ր նամակի ... Ախ, հա, քրոջս ցույց տված նամակի համա՞ր եք ասում. — բացականչեց Վահանը բարձրաձայն ծիծաղելով, բայց հանկարծ զսպեց ծիծաղը և շարունակեց իր սովորական հեգնական ժպիտով: — Մի վախենաք, պարոն Բաղամյան. այդ նամակը մտքովս անգամ չի անցել, և ես չեմ եկել ձեզ մենամարտի հրավիրելու: Բարեբախտաբար, թե դժբախտաբար, շատ բան կյանքի մեջ կատարվում է ոչ այնպես ինչպես գրում են ռոմանների մեջ: Կյանքը, մանավանդ մեր կյանքը, շատ ավելի պարզ է և կոպիտ: Մենք մենամարտել կարող ենք միայն հայավարի, այսինքն հայհոյանքներով և, ծայրը որ հասնի, իրար թակելով: Ուշունց կտանք իրար, կջարդենք իրար քիթ ու մռութ և բանը դրանով էլ կվերջանա: Հիշու՞մ եք իմ ու Նաիբյանի միջև տեղի ունեցած ընդհարումը: Բայց ես եկել եմ ձեզ մոտ ոչ իրար հայհոյելու, և ոչ էլ նրա համար, որ տուրուդմբոց սարքենք: Դա բանի նման չի լինիլ և բավականին էլ տգեղ կլինի, կարծեմ, մանավանդ որ երկուսս էլ թեև ասիական բիրտ ազգի զավակներ, բայց և այնպես քիչ ու միչ քաղաքակրթության հոտն առած մարդիկ ենք: Իմ գալու նպատակը միանգամայն խաղաղասիրական է. ես եկել եմ խորհուրդ տալու ձեզ, որ ձեռք վերցնեք իմ քրոջից:

— Իսկ եթե ես ձեր խորհուրդը մերժե՞մ, — ասաց Բաղամյանը, զգալով, որ տարօրինակ մի դող բռնում է մարմինը:

Ժպիտը չքացավ Վահանի դեմքից:

— Դա պարզապես համառություն կլինի, — նկատեց նա, — ձեռքերը կոխելով անդրավարտիքի գրպանները և նայելով Բաղամյանի ոտներին:

— Եվ դուք չե՞ք հասկանում, թե ինչի համար կլինի այդ համառությունը:

— Ոչ: Դժվարանում եմ հասկանալ:

Բաղամյանի աչքերը վառվեցին:

— Նրա համար կլինի, պարոն, — ասաց նա զսպած զայրույթի շեշտերով, — որ դուք խառնվում եք ձեզ չվերաբերող գործի:

Վահանը հանկարծ նայեց նրա աչքերին:

— Պահո, մի՞թե, — ասաց նա, ձեռքերը դանդաղորեն հանելով գրպաններից և դարսելով հետևը: — Իսկ ես կարծում էի, թե դուք գիտեք, որ ես իմ քրոջ եղբայրն եմ:

— Այդ ինձ համար ոչ մի նշանակություն չունի: Ձեր նրա եղբայր լինելն իրավունք չի տալիս ձեզ նրա հետ միասին իմ դատավոր լինելը:

— Բռավո, լավ ասեցիք. կսիրեմ այդպիսի

ազատասիրությունը: Բայց, պարոն Բաղամյան, ես խո չեմ եկել որպես դատավոր. ես եկել եմ միայն որպես բարի խորհրդատու:

— Այսպիսի դեպքում ես պիտի խնդրած լինեի, որ գաք ինձ մոտ, կամ ինքս պիտի գայի ձեզ մոտ: Իսկ ես ամենևին կարիք չեմ զգում ձեր խորհրդին դիմելուն, — ասաց Բաղամյանը և հեռացավ Վահանից:

— Դարձյալ բռավո. այդ ինքնավստահությունն էլ կսիրեմ: Բայց ինձ բոլոր իրավունքներից զրկելուց հետո խո չե՞ք կարող զրկել այն իրավունքից էլ, որ կարծեմ ունեմ ես իմ քրոջ պատիվը պաշտպանելու համար:

Բաղամյանն արագորեն դարձավ դեպի Վահանը:

— Ի՞նչ.... ինչ ասացի՞ք ... պատի՞վը, — արտասանեց նա բուռն հուզումից ձայնը հետզհետե բարձրացնելով: — Պարոն, ես կխնդրեի, որ դուք մի քիչ զսպեիք ձեր լեզուն: Ինչի՞ տեղ եք դնում ինձ, որ կարծում եք , թե պետք է պաշտպանել իմ դեմ ձեր քրոջ պատիվը: Ես պատվի գո՞ղ եմ, ինչ է: Հասկանո՞ւմ եք, ի՛նչ եք ասում...

— Հասկանում եմ, պարոն Բաղամյան, ապահով եղեք և այդպես մի բղավեք իզուր. բնակարանը ձերն է, ճիշտ է, բայց հարևան կունենաք, կվախենա: Աշխատենք կարելույն չափ հանգիստ կերպով հասկացնել իրար մեր միտքը: Առհասարակ ընդունված է, որ երբ մեկն աչք է տնկում ուրիշի կնոջ կամ քրոջ վրա, նա պատվի, — ներեցեք, ձեր խոսքն եմ կրկնում, — նա պատվի գող է հանդիսանում:

— Լռեցե՛ք, ձեզ ասում եմ, — աղաղակեց Բաղամյանը կատաղության հանկարծական բռնկումով: — Ես ձեզ թույլ չեմ տալ ինձ վիրավորելու: Երևի դուք չգիտեք, որ շատ անգամ նա՛, ում պատվի գող են անվանում, կարող է իր բարոյական հատկություններով ավելի բարձր, ավելի մաքուր ու առաքինի լինել, քան թե նա՛, ով հավակնություն ունի իր կնոջ կամ քրոջ պատվի պաշտպանի անկոչ դերը ստանձնելու: Դուք այս լա՛վ հասկացեք, պարոն:

— Այդ ես լավ եմ հասկանում, պարոն Բաղամյան: — նկատեց Վահանն առաջվա պես հանգիստ: — Եվ իզուր եք կարծում, որ եթե այդպես չբղավեք, լավ չեմ հասկանալ: Ես ո՛չ թե միայն լավ եմ հասկանում, այլև լիովին ընդունում եմ ձեր ասածը: Օրինակ դուք կարող եք ձեր բարոյական հատկություններով շատ ավելի բարձր, շատ ավելի մաքուր ու առաքինի լինել, քան թե ես, որ քրոջս եղբայրն եմ, կամ թե Մանթրոսյանը, որ քրոջս ամուսինն է և որը, ի դեպ ասած,

այստեղ չէ և այս բանից ամենևին տեղեկություն չունի: Բայց խնդիրն այդ չէ իմ կարծիքով, այլ ա՛յն, որ ինչպես դուք ունիք ձեր հայեցակետը, այնպես և եղբայրներն ու ամուսինները, որոնք, երևի, անկոչ չեն համարում իրենց դերը, որ հարկ են տեսնում հանդես գալ իրենց քրոջ կամ կնոջ պատիվը պաշտպանելու բարոյական շատ բարձր հատկություններով օժտված մարդկանց դեմ: Եվ ինչո՞վ կարող եք ապացուցել, թե ուղիղը ձեր հայեցակետն է և ոչ նրանցը:

— Նրանով, որ դուք այնքան անկիրթ եք ու անբարեխիղճ, որ կարծում եք, թե իրավունք ունիք ուրիշի բարոյականության մասին դատավոր կանգնելու, և այնքան բռնակալ, այնպիսի վայրենի գաղափարների ու զգացումների տեր, որ կարծում եք, թե եղբայր կամ ամուսին լինելով իրավունք ունիք ճնշում գործ դնելու ձեր քրոջ կամ կնոջ խղճի վրա և թույլ չտալու, որ նա անի այն, ինչ որ բնական-անխարդախ զգացումն է նրան թելադրում:

— Շատ սիրուն: Հավանում եմ: Բայց չէ՞ որ նույնը կարելի է ասել և ձեզ համար: Ես ճանաչում եմ իմ քրոջը, նա ավանդապահ, աստծուց և իր խղճից վախեցող կին է — մի կին, որ հայ կնոջ լավագույն տիպարն է, իմ կարծիքով: Հանգամանքների, ինձ անծանոթ և ինձ համար անհասկակալի հանգամանքների բերումով նա սիրում է ձեզ, սիրում է, բայց սարսափում է այդ սիրուց, որովհետև մեղք է համարում այդ, որովհետև ամուսնացած է, ուրիշի կինն է: Բայց դուք, որ բոլորովին ուրիշ աշխարհայեցողության տեր մարդ եք, — ավանդապահ չեք, ազատամիտ եք, — ինչպես նկատում եմ, ամեն ճիգ գործ եք դնում փոխելու նրա աշխարհայացքը, խախտելու նրա հավատն ու հավատարմությունը իր ամուսնու վերաբերմամբ: Եվ սա, ձեր կարծիքով, անկրթության, անբարեխղճության և բռնակալության նշան չէ: Ձեր ասած բնական-անխարդախ զգացումը թելադրում է նրան հանցանք չգործել իր խղճի դեմ, հավատարիմ մնալ իր ամուսնուն, թե ինչպիսի ամուսնու, — այդ ձեր գործը չէ, այդ ոչ ոքի գործը չէ, այդ իր գործն է միայն: Նա այդպես է կամենում, և ինչո՞ւ դուք, որ այդքան զայրանում եք ուրիշի խիղճը բռնացողների դեմ, ինքներդ բռնանում եք, որ այդպես չկամենա:

— Ոչ թե ինքն է այդպես կամենում, այլ դուք եք կամենում, որ այդպես կամենա, — նորից աղաղակեց Բաղամյանը, զգռված ոչ այնքան Վահանի խոսքերից, որքան նրա հանգիստ-անձնավստահ տոնից: — Եվ դուք այս գործի վերաբերմամբ կարող եք խոսել ամեն բանի մասին, բայց ո՛չ երբեք բնական-անխարդախ զգացման մասին, որովհետև հենց այդ զգացումն է, որ խարդախված է նրա մեջ և այդ զգացման հետ միասին խարդախված է նրա ամբողջ աշխարհայացքը: Օ՛, ես շատ լավ ուսումնասիրել, տեսել եմ, թե ի՛նչ եք արել դուք: Դուք կաշկանդել եք նրա միտքը հազար ու մի պառավական նախապաշարումների մեջ, ձեր ավանդական-շաբլոնական դաստիարակությամբ դուք այլանդակել եք նրա հոգեկան աշխարհը, ճզմել, հանել եք նրա միջից այն ամենը, ինչ հարազատ — բնական է, ինչ որ ազատ-մարդկային է, և ստրուկ եք դարձրել նրան ինչ-որ ընտանեկան-պայմանական, ողորմելի առաքինության, ինչ-որ բուրժուական տափակ բարոյականության, որը ոչ այլ ինչ է, եթե ոչ մի կեղծիք և կեղծիքներից ամենաանխիղճն ու ոճրալին, որովհետև նա տանջվում է չարաչար և վերջ ի վերջո պիտի զոհվի այդ կեղծիքին: Ասում եք սարսափում է: Ինչո՞ւ պիտի սարսափի իր սրտի բնական ազատ ձգտումից, եթե այդ սարսափը չեք ներշնչել նրան մոր կաթի հետ և այնուհետև ամրապնդող դպրոցում և հասարակության մեջ: Ինչո՞ւ թռչունը պիտի սարսափի ազատորեն թռչելուց, եթե նրա թևը չեք կտրել: Ձեր ավանդական դաստիարակությամբ դուք ներշնչել եք նրան այնպիսի անխիղճ պարտավորություններ, որոնք պարզապես բարբարոսություններ են, քստմնելի բարբարոսություններ: Դուք հանել եք նրա կրծքից իր սեփական սիրտը, և տեղը ձեր սեփականն եք դրել. դուք հանել եք նրա գլխից իր սեփական ուղեղը և տեղը ձեր սեփականն եք դրել. դուք հիմն ի վեր այլանդակել և խարդախել եք նրա հոգեկան ու մտավոր աշխարհը. ո՛չ մի բան չեք թողել նրա մեջ, որ իրենը լինի, իր սեփականը, իր ինքնուրույնը, իր անկապտելին: Դուք նրան դարձրել եք մի մեքենա, որ յուրովին գործել անկարող է և պիտի գործի անպատճառ ձեր կամքով, նա պարտավոր է մտածել այնպես, ինչպես դուք եք մտածում, զգալ այնպես, ինչպես դուք եք զգում, անել այն, ինչ որ դուք եք թելադրում, համակրել ձեր համակրածը, հակակրել ձեր հակակրածը: Եվ դուք դեռ համարձակվում եք պնդել, թե նրա խիղճն ազատ է, թե նրա զգացումները խարդախված չե՞ն: Դուք ամենամեծ ոճրագործներն եք. դուք մեռցրել եք ինքնուրույն մարդը, դուք սպանել եք անհատի բարոյական ազատությունը, որից ավելի բարձր ու նվիրական ազատություն չկա աշխարհիս երեսին...

Վահանը հաստ փորը դուրս ցցած՝ լսում էր Բաղամյանին իր սովորական բարեսիրտ-հեգնական ժպիտով և հանգիստ դիտում նրա աչքերը, որոնք այդ միջոցին վառվում էին անկեղծ բարկության կրակով: «Պետք է խոստովանած, աչքերը վատ չեն, — մտածում էր նա, — ինքն էլ տգեղ չէ առհասարակ... Չէ, լավ է, լավ է… Սրա վրա անպատճառ կարելի է սիրահարվել…և լավ էլ ոգևորում է… Հիմար էլ չէ»: Նա մի սիգար հանեց, լուցկին հանգցրեց և տարավ շպրտեց լուսամուտից դուրս:

Բաղամյանը լռեց, հինգ մատը կոխեց երկայն մազերի մեջ և, վերին աստիճանի հուզված, սկսեց անդուդարձ անել սենյակում ջղային արագ քայլվածքով:

— Վերջացրի՞ք, — հարցրեց Վահանը: — Այժմ համեցեք խնդրեմ մի վայրկյան ունկնդրություն շնորհել ինձ: Ես կկամենայի ամենից առաջ ասել ձեզ, որ այն բոլորը, ինչ որ այս րոպեին ասացիք, միանգամայն հիանալի էր և արժեր ուղղակի գրի առնել և դնել ռեզոնյորի բերանը մի զորեղ դրամայի մեջ: Բայց ներեցեք խնդրում եմ. մի բան ես լավ չհասկացա և կկամենայի, որ եթե կարելի է, բարեհաճեիք բացատրել: Չհասկացածս ա՛յն է, որ ձեր ֆիլիպիկներն արտասանելիս դուք բառը շատ գործածեցիք, այդ չգիտեմ և համարձակվում եմ հարցնել՝ այդ դուքը հատկապես ի՞մ անձին էր ուղղված, թե այդ հոգնակի դերանվան տակ պիտի հասկանայի հավաքական մի մարմին, որի անունն է խավարամիտների բանակ: Ձեր բացատրությունն ինձ համար կարևոր է, որովհետև կկամենայի իմ համեստ կարծիքը հայտնել ձեր ֆիլիպիկների դեմ, եթե միայն, իհարկե, կբարեհաճեիք թույլ տալ որ ես, ունենամ իմ կարծիքը:

Բաղամյանը քայլելիս հանկարծ շեղեց ճանապարհը, ուղղակի մոտեցավ Վահանին և կանգ առավ նրա առաջ:

— Լսեցե՛ք, պարոն, — ասաց նա կատաղությունից հազիվ զսպած ձայնով, — եթե դուք կշարունակեք դարձյալ այդ տոնով խոսել ինձ հետ, ես... ապտակ կտամ ձեզ:

Վահանն ամենայն հանգստությամբ սիգարը հանեց բերանից և, երեսը դեմ անելով, ասաց.

— Խնդրեմ:

Բաղամյանի ատամները պինդ սեղմվեցին իրար, և ձեռքը կամաց ու ցնցողաբար սկսեց բարձրանալ երկաթի ծանրությամբ:

Վահանն ավելի մոտեցրեց իր չաղ թուշը:

Բայց Բաղամյանի ձեռքը միայն բռունցք սեղմվեց և նույն ծանրությամբ իջավ:

Վահանը նայեց նրան և ծիծաղեց:

— Բռա՛վո, — բացականչեց, նա: — Եթե դուք ասպիսի կրիտիկական մի վայրկյանին կարողացաք զսպել ձեզ, ուրեմն դուք տղամարդ եք: Կեցցե՛ք: Դա ավելի մեծ քաջություն է, քան թե ա՛յն, եթե իրագործեիք ձեր սպառնալիքը: Դա միևնույն ժամանակ խոհեմություն էր ձեր կողմից, որովհետև լինում են հարվածներ, որոնք երբեմն ավելի զորեղ հակահարվածներ են առաջացնում, մանավանդ որ ես վատ, քրիստոնյա. եմ և բոլորովին հակառակ դավանանք ունիմ ապտակին վերաբերյալ ավետարանական պատվիրանին:

Բաղամյանը խեղդվում էր զսպած կատաղությունից: Նա մոտեցավ լուսամուտին, հուսալով, թե երեսին թարմ ու զովացուցիչ հով կդիպչի, բայց օդն այնքան ծանր էր ու տաք, որ ոչ մի թեթևություն չզգաց: Նա զղջում էր, որ վճռական րոպեն բաց թողեց, չապտակեց այդ «կլոունին», և այժմ խիստ նվաստացած էր զգում իրեն իր աչքում:

— Եվ այդպես, պարոն Բաղամյան, — ասաց Վահանը, — չէի՞ք բարեհաճիլ արդյոք բացատրել, թե ում էին վերաբերում ձեր դուք-երը, հատկապես ի՞մ անձիս, թե ամենամեծ ոճրագործներին — անհատի բարոյական ազատությանը սպանող խավարամիտներին ընդհանրապես: Կրկնում եմ, ձեր բացատրությունն ինձ համար կարևոր է, որովհետև եթե ձեր դուք-երը ինձ են վերաբերում, ապա ես կկամենայի ուղղել սխալ կարծիքը:

Եվ նա սիգարի ծուխը բերնից բաց թողնելով ու աջ ձեռքը կիսախուփ, սպասեց Բաղամյանի, պատասխանին:

Բայց Բաղամյանը լուռ էր և ջղային անհանգստությամբ սեղմում էր մատներով լուսամուտի տախտակը:

— Դուք լայեղ չեք անում պատասխանել, — ասաց Վահանը: — Այնուամենայնիվ, ես կասեմ իմ ասելիքը: Իսկ ասելիքս ահա թե ինչ է, պարոն Բաղամյան: Ձեր մեղադրական ճառից ես այն տպավորությունը ստացա, որ դուք ձեր ֆիլիպիկները պետք է որ ուղղած լինեիք խավարամիտների դեմ ընդհանրապես, դրանց թվում, հարկավ, հաշվելով նաև նվաստիս: Ազատամիտներդ զարմանալի հատկություն ունիք դիմելու ամենքին և ոչ ոքի: Ձեր դուքը վերացական մի մարմին է, ձեր սեփական ազատ երևակայության արտադրած յոթնգլխյան մի դև, որն իրականություն մեջ գոյություն չունի, իհարկե, բայց որի դեմ կռվում եք զուտ պրոմեթեոսյան կրակով: Դուք տեսե՞լ եք ինչպես են վարժվում զինվորները թշնամուն սվինահարելու. չուլուփալասով լցված մի տոպրակ են կախում և հրացանի սվինով ծակում հա՛ ծակում. — ահա ձեր դուքը, ձեր թշնամին, ձեր յոթնգլխյան դևը: Չեմ հիշում Դոն Քիշոտի հողմաղացները, որպեսզի չվիրավորվեք, թեև Դոն Քիշոտը վերին աստիճանի անկեղծ և անպայման լավագույն ձգտումներով խելագարված ազնիվ մի ասպետ էր: Ես ձեզ ասում եմ, որ քույրս թեև, ճիշտ է, սիրում է ձեզ, բայց սարսափում է այդ սիրուց, որովհետև նրա կյանքը կապված է մի ուրիշ անձի հետ, որին թշվառացնելն իր խղճի դեմ է համարում: Իսկ դուք ինձ պատասխանում եք, թե մենք բռնակալներ ենք, բարբարոսներ ենք, ոճրագործներ ենք, թե մենք ճնշել մեռցրել ենք նրա անհատական ազատությունը, նախապաշարել ենք նրա միտքը, հանել ենք նրա ուղեղն ու սիրտը և տեղը մերը դրել և այլն: Ձեր այդ մեղադրանքները ցույց են տալիս, որ դուք չեք հասկացել և չեք կարողանում հասկանալ նրան, որին սիրում եք: Խնդրում եմ իմ այս նկատողությանը լուրջ ուշադրություն դարձրեք, պարոն Բաղամյան, որովհետև այստեղից է, որ ծագում են ձեր բոլոր թյուրիմացությունները: Կարող եմ ձեզ հավատացնել, որ հայերիս մեջ շատ չեք գտնիլ այնպիսի աղջիկներ, որոնք մեծացած լինեն այնքան ազատ, որքան քույրս: Ես տասնհինգ, քույրս չորս թե հինգ տարեկան էր, որ զրկվեցինք ծնողներից, քույրս մեծացավ մորաքրոջ ձեռքի տակ, որին դուք էլ ճանաչում էիք. նա ուրիշ կին էր, բավական կրթված և թեև մի քիչ խստաբարարո, բայց վերին աստիճանի անկեղծ, արդար և արդարադատ: Գիտեք, որ նա անզավակ էր և քրոջս սիրում էր հարազատ մոր պես: Իսկ որտեղ սեր կա, այնտեղ չի կարող ճնշում լինել: Անշուշտ այն էլ գիտեք, որ քույրս ամուսնացավ իր ազատ կամքով, առանց որևէ կողմնակի ազդեցության. գոնե նրանից ես ոչ մի գանգատ չեմ լսել այդ մասին:

Իսկ նրա ամուսնուն դուք, իհարկե, ավելի լավ եք ճանաչում, քան թե ես, որովհետև նրան ազգական եք՝ որքան իմացել եմ: Սանթրոսյանին ես տեսել եմ մի քանի անգամ միայն, և նա ինձ վրա վատ տպավորություն չի թողել, թեև լուրջ մարդկանց ես առհասարակ չեմ սիրում: Սիրում է նա իր կնոջը, թե չէ — այդ ես չգիտեմ, բայց որ անպայման ազատություն է տվել նրան — դրա ապացույցը կարող է լինել ա՛յն, որ նա տարվա մեծ մասը գրեթե դուրսն է անցկացնում և ոչ մի խնամակալ չի կարգել կնոջ վրա, բացի իր պառավ մորից, որն իր բարությամբ ու միամտությամբ կարող է մրցել, նույնիսկ հրեշտակների հետ: Եթե դուք, այս բոլորից հետո, դեռ մեղադրելու լինիք այն բանում, թե նա, այնուամենայնիվ, դաստիարակվել է միակողմանի ուղղությամբ, ապա սխալ կլինի, որովհետև նա սովորել է միևնույն դպրոցում ինչ որ ձեր ազատամիտ օրիորդ Հեղինե Սոլիկյանը և նրանք մինչև օրս էլ, կարծեմ, շատ մտերիմ ընկերուհիներ են: Ինչ վերաբերում է մեր հասարակությանը, որին դուք մեղադրեցիք, ի՞նչ բան է մեր հասարակությունը: Մեր հասարակությունը այդ ես եմ, այդ դուք եք, այդ Նասիբյանն է, այդ օրիորդ Սոլիկյանն է, իսկ մենք ամենքս, կարծեմ, ինչ ուզում եք՝ ենք, նույնիսկ նիհիլիստ և անարխիստ, բայց ոչ երբեք ավանդապահ, այնպես որ մեզ նմաններից կազմած մի հասարակություն եթե որևէ ազդեցություն ունենար քրոջս վրա, այդ ազդեցությունը պետք է որ ձեր ցանկացած ուղղությունը լիներ, բայց ոչ երբեք հակառակը: Ուրեմն, ինչպես տեսնում եք, պարոն Բաղամյան, այստեղ դուք-երը չեն եղել և չկան, ինչպես երևակայում եք դուք: Եթե մի դուք եղել է, այն էլ ազդեցություն ունենալու ամենազորեղ մի գրավականով, այդ դուք եք եղել միայն, բայց դուք էլ ոչինչ չեք կարողացել անել: Ինչո՞ւ: Որովհետև, կրկնում եմ, դուք չեք կարողացել ճանաչել նրան, որին սիրում եք, ուստի և կամ չեք նկատել, կամ ուշադրության չեք առել այն ահագին տարբերությունը, որ կա ձեր և քրոջս միջև: Քույրս իր բնավորությամբ և աշխարհայացքով քրիստոնյա է, դուք՝ հեթանոս: Նրա կուլտը հոգին է, ձերը՝ նյութը: Նա պատրաստ է զոհելու իր անձը մերձավորի համար, դուք մերձավորից զոհ եք պահանջում ձեր անձի համար: Եվ ահա այս երկու ծայրերի բախումից է առաջացել այն տրագեդիան, որի պատճառները դուք ուզում եք որոնել դուք-երի մեջ: Գալով մասնավորապես ինձ, կարող եմ հավատացնել ձեզ, որ ես ոչ մի ազդեցություն չեմ ունեցել և չունիմ քրոջս վրա, որովհետև տարիներ են անցել, որ նրա երեսը չեմ տեսել, նույնիսկ, խոստովանում եմ հանցանքս, շատ անգամ ամենևին չեմ հետաքրքրվել նրանով, այլ կյանքիս մեծ մասն անց եմ կացրել ծննդավայրիցս հեռու, մենակ անկախ, ուսման հետևից ընկած, նախ մեր երկրում, հետո Եվրոպայում, ուր, ի դեպ, հիշո՞ւմ եք, եկել էիք դուք և հարյուր ֆրանկ փող առաք ինձնից:

Բաղամյանը ձեռքը խփեց ճակատին՝ հանկարծ անախորժ մի բան հիշողի նման և արագորեն դարձավ դեպի Վահանը:

— Մի՞թե դեռ ես չեմ վճարել իմ պարտքը, — հարցրեց նա:

— Հարկ չկա շտապելու. դեռևս վեց տարի է միայն անցել:

Բաղամյանը շտապով մոտեցավ գրասեղանին, բաց արեց արկղիկներից մեկը, միջից հանեց մի կույտ թղթադրամներ և դողացող ձեռքերով սկսեց համարել:

— Ինչո՞ւ հենց սկզբից չէիք ասում, թե եկել եք ձեր հարյուր ֆրանկը պահանջելու և ոչ թե... Ահա՛, շնորհակալ եմ, վերցրեք և հեռացեք:

Նա սեղանի ծայրին դրեց երեսունհինգ ռուբլի, մնացած փողը շպրտեց իր տեղը, արկղիկն ուժգնորեն փակեց և լի արժանապատվությամբ հեռացավ նորից դեպի լուսամուտը: Այժմ, կարծես, միանգամից թեթևացած զգաց իրեն այն անզոր կատաղությունից, որ մինչև այժմ խեղդում էր նրան: Վահանը կծու-հեգնական ժպիտով երկար նայեց նրա ետևից, հետո անվրդով մոտեցավ գրասեղանին, սիգարը դրեց բերանը, թղթադրամները վերցրեց և սկսեց համարել: Համարելուց հետո նայեց Բաղամյանին և հարցրեց.

— Դուք այս կուրսո՞վ հաշվեցիք, թե հենց այնպես: Այսօրվա կուրսով... (նա վերցրեց գրասեղանի վրա դրված այդ օրվա մի լրագիր, նայեց բորսային, հետո առավ մատիտը և սկսեց հաշվել նույն լրագրի լուսանցքի վրա): Այսօրվա կուրսով հարյուր ֆրանկն անում է ճիշտ երեսունհինգ ռուբլի Քառասունհինգ կոպեկ: Չե՞ք բարեհաճիլ արդյոք պակասը լրացնել:

Բաղամյանը երեք մատը մեքենայաբար կոխեց ժիլետի գրպանը, հանեց մեջն եղած բոլոր փողերը — մի քանի հատ սպիտակ ու սև դրամներ — և շպրտեց Վահանի կողմը: Դրամներն ընկան և գլորվելով ցրվեցին հատակի վրա:

Այս բանը կատարվեց այնքան արագ ու անակնկալ, որ

Վահանը սկզբում չհասկացավ, թե ինչ պատահեց. հետո զգաց, որ բոլոր սառնասրտությունը կորցնում է և ձեռքերի մկանուքները լարվում են սարսափելի ուժգնությամբ: Նա վայր դրեց թղթադրամները, սիգարը զգուշորեն դրեց սեղանի ծայրին և դիմեց դեպի Բաղամյանն այնպիսի ծանր ու հաստատուն քայլերով, որ կարծես բրոնզից ձուլված արձան էր քայլում: Նույն վայրկյանին բնազդական վախով շուռ եկավ դեպի նա Բաղամյանը և ակամա պաշտպանողական դիրք բռնեց, պինդ կպչելով լուսամուտի տախտակին:

Բայց Վահանը հանկարծ կանգ առավ, նայեց նրա սարսափահար աչքերին և ժպտաց:

— Խո՛սք չկա, գեղարվեստական շատ սիրուն ձևերով եք արտահայտում ձեր արհամարհանքը, — ասաց նա: — Դրամները չհանձնել ուղղակի պարտատիրոջ ձեռքը, այլ.. Ես ձեզ բարեկամաբար խորհուրդ եմ տալիս, որ այդպիսի ձևեր երբեք չգործադրեք ձեր վեպերի մեջ, որովհետև դրանք նույնքան հակագեղարվեստական կլինեն գեղեցիկ գրականության մեջ, որքան վտանգավոր են կյանքի մեջ: Հավատացած եմ, որ այս րոպեին դուք լիովին զգում եք այդ, ուստի վերջացնենք այս տխուր միջադեպն այսպես...

Նա մոտեցավ նախասենյակի դռանը, բաց արեց և սկսեց կանչել.

— Կիրակո՛ս, Մարտիրո՛ս, Սերո՛բ, Քերո՛բ:

Ներս վազեց ծառան ինչ-որ ծամելով և մտնելիս կուլ տվեց շտապով:

— Անունդ ի՞նչ է, — հարցրեց Վահանը:

— Խաչի:

— Խաչի, այս րոպեիս ջեբիցս մանր փող թափվեց. էգուց տունը որ սրբելու լինիս, հավաքիր, քեզ լինի:

— Հըմի կըհավաքեմ, — ասաց ծառան, աչքն ուրախությամբ ման ածելով հատակի վրա:

— Չէ, էգուց, հիմա գնա:

Ծառան կամաց դուրս գնաց, աչքը չհեռացնելով հատակից:

Վահանը մոտեցավ գրասեղանին, ծոցից հանեց իր ահագին թղթապանակը, երեսունհինգ ռուբլին մեջը դրեց, թղթապանակը նորից ծոցը կոխեց և վերցրեց սիգարը:

— Ես ձեզ չեմ մեղադրում, — ասաց նա: — Պարտքի,

մանավանդ հնացած պարտքի հատուցումը միշտ անախորժ է լինում: Բայց կարող էիք և չվճարել ես ձեզ չստիպեցի: Դուք կամեցաք ինձ վիրավորել և քիչ մնաց, որ հասնեիք ձեր նպատակին, թեև այդ բանը երեսունհինգ ռուբլուց շատ ավելի թանկ կնստեր ձեզ... Բայց ես ավելի լավ եմ համարում վիրավորվելու տեղ շնորհակալ լինել ձեզնից, որ, վերջապես, վճարեցիք ինձ հասանելի գումարը, որից վաղուց արդեն ձեռք էի վերցրել: Այս էլ պետք է խոստովանեմ, որ չնայելով քիչ մնաց ինքս ինձ կորցնեի, դուք ինձ վրա շատ լավ տպավորություն թողիք, դուք լիովին ապացուցեցիք, թեև մի քիչ ոչ սիրուն ձևով, որ պատվասեր մարդ եք, իսկ պատվասեր մարդկանց չի կարելի չհարգել: Ես ձեզ հարգում եմ:

Բաղամյանը լսում էր նրան կատարելապես ապշած և չէր հասկանում, թե ինչ է ասում նա այդքան երկար և այդքան հանգիստ ու անվրդով ձայնով: Նա միայն տեսնում էր իր առջև սարի պես կանգնած հսկայական մի մարմին, մի ժպտուն չաղ դեմք և հաստ մատների մեջ մի հաստ սիգար, որի ծուխը կամաց վերև էր բարձրանում և սենյակի օդն ապականում անտանելի ծանր հոտով: Նրան թվաց, թե այդ անտանելի հոտն է պատճառը, որ ինքն այդպես խեղդվում է:

— Պարոն, մի՞թե դուք մտադիր չեք այս գիշեր ինձ հանգիստ թողնելու, — հարցրեց նա զարմացած:

— Շատ ցավում եմ, պարոն Բաղամյան, որ իմ հեռանալուց հետո էլ չպիտի կարողանաք հանգստանալ: Դուք հենց սկզբից սխալ տոն բռնեցիք, սկսեցիք բարձր նոտերից և հենց սկզբումն էլ ձեր ձայնը խզվեց, իսկ այժմ, երբ դուետը դեռ չենք վերջացրել, դուք արդեն հոգնել եք: Նշանակում է ծանոթ չեք վիճաբանության ձայնագրությանը:

Բաղամյանն այլևս ոչ մի խոսք չարտասանեց և վճռական քայլերով դիմեց դեպի հարևան սենյակի դուռը:

— Ո՞ւր եք գնում, — հարցրեց Վահանը և իր հսկայական մարմնով փակեց նրա ճանապարհը:

Բաղամյանը կանգ առավ և նայեց նրա փորին այնպիսի մի ատելությամբ, որ եթե ձեռքին դաշույն ունենար, փորոտիքը կթափեր:

— Մի՞թե ես ազատ չեմ իմ տանը, — հարցրեց նա զգալով, որ ջղային դողը նորից բռնում է իր մարմինը:

— Դա ի՞նչ խոսք է, պարոն Բաղամյան, ձեր տան մեջ դուք ինքնակալ թագավոր եք: Բայց այս բանը պետք է վերջացնե՞նք, թե ոչ:

— Մենք արդեն վերջացրինք:

— Փողի հաշի՞վը: Այո, վերջացրինք: Բայց ա՞յն, որի համար եկել եմ:

— Ես ձեզ ասացի, որ ձեր միջամտությունը չեմ ընդունում: Լսո՞ւմ եք, չեմ ընդունում: Իսկ եթե ուզում եք ֆիզիկական ուժ գործ դնել ինձ վրա այստեղ, իմ տան մեջ, կարող եք. ես ձեզ արգելք չեմ լինիլ:

— Է՛, պարոն Բաղամյան, այդ չեղավ, այդ բանը չպետք է ասեիք ինձ: Թո՞ւրք եմ, ինչ է, որ եկել եմ բռնելու ձեր կոկորդից, թե ուզեք-չուզեք՝ պետք է երկրպագություն տաք Մահմեդին: Ֆիզիկական ուժս որ ուզենայի գործ դնել գործ կդնեի այն ժամանակ, երբ դուք կատարելապես իրավունք տվիք ինձ այդ անելու համար՝ դրամներն օդային ճանապարհով ուղղելով դեպի ինձ: Բայց տեսաք, որ ես զսպեցի ինձ, ուրեմն էլ ինչի՞ց եք վախենում:

— Շատ սխալվում եք, որ կարծում եք, թե վախենում եմ: Ես միայն ուզում եմ հասկացնել ձեզ, որ դուք իրավունք չունիք խառնվելու այս գործին:

— Պարոն Բաղամյան, մի համառեք, թե չէ բանը որ համառության գա, ես ձեզ հավիտյան հանգիստ չեմ թողնիլ: Բայց ես չեմ ուզում ձեզ պես համառել և, իբրև բարեկամ, ասում եմ ձեզ, որ եթե քրոջիցս ձեռք չվերցնեք, մեծ աղետ կբերեք... ձեր գլխին:

— Այդ իմ գիտենալու բանն է:

— Հա, իհարկե: Բայց եթե այդ աղետը բերեք և նրա՞ գլխին:

— Այդ թող ծանրանա իմ խղճի վրա:

— Բայց այդ շատ քիչ չի՞ լինիլ...

— Այդ այնքան շատ կլինի, որ դուք հասկանալ անգամ չեք կարող...

— Դուք կարծո՞ւմ եք: Շատ բարի: Թող ձեր ասածը լինի ես հանգիստ կթողնեմ ձեզ: Բարի գիշեր: Ես կատարեցի իմ պարտքը:

Եվ Վահանը, լայն ու հաստատուն քայլերով դուրս գնաց: Մի-երկու րոպեից հետո Բաղամյանը լսեց նրա ձայնը ներքևից, փողոցից:

— Խաչի, փողերը հավաքես, հա՛, մոռանաս ոչ:

— Էսա հիմա կաքելու եմ, աղա, — լսվեց ծառայի ձայնը:

Կառքը շարժվեց և անիվներն ահագին դղրդյուն բարձրացրին քարած փողոցում գիշերային անդորրության մեջ:

Ծառան ներս պրծավ, բայց նույն րոպեին էլ քարացավ, դեմ առ դեմ հանդիպելով տիրոջ վառված աչքերին:

— Դո՛ւրս կորիր, — հրամայեց Բաղամյանը:

Ծառան տեղից անգամ չշարժվեց. ապուշ էր կտրել:

Բաղամյանը բռնեց նրա ուսերից, շուռ տվեց և ձեռքերի ամբողջ թափով դուրս շպրտեց նրան նախասենյակ:

— Եթե դու կհամարձակվես այս տեղերից մի կոպեկ անգամ վերցնել գլուխդ կջախջախեմ, — ասաց նա: — Էգուց հավաքիր և տար իրեն տուր, տեղը կասեմ. Ես քեզ ուրիշ փող կբախշեմ, — ավելացրեց նա ավելի հանգիստ ձայնով և դուռը փակեց:

12

Նա մոտեցավ լուսամուտին և նայեց վերև: Երկինքը մութն էր. ոչ մի աստղ չէր երևում: Օդն առաջվա պես ծանր էր ու հեղձուցիչ: Փողոցը լուռ էր: Հեռվից բավական որոշակի լսվեցին քաղաքային տան ժամացույցի հատու զարկերը: Բաղամյանը սկսեց համարել մեքենայաբար: Ժամը տասնմեկն էր:

Մի թեթև շրշյուն գրավեց նրա ուշադրությունը, և նա շուռ եկավ ակամա: Հարևան սենյակի դուռը բացվեց, և ներս մտավ մի կին աստւեգործ մի սև շալ գլխին, որի մեջ երևում էին աչքերն ու քիթը միայն: Կինը մտավ կամաց և շալը վերցրեց: Բաղամյանը հանկարծ ետ ընկավ և ձեքերով ամուր բռնեց լուսամուտի տախտակը: Նրա առջև կանգնած էր Մանեն բարձրահասակ ու նիհար: Մանեն նախ նայեց շուրջը, հետո նրան և հարցրեց.

— Գնա՞ց:

— Գնաց, — արձագանքեց Բաղամյանը և մտածեց. «իհարկե, սա երազ է...»

Մանեն երկու ձեռքով ուղղեց մազերը, նստեց և նորից նայեց Բաղամյանին: Նրա բոլոր շարժումների և հայացքի մեջ տարօրինակ հանգստություն էր նկատվում:

— Այսօր ես նրան ասացի նույնը, ինչ որ այժմ դուք ասացիք, — խոսեց նա վերին աստիճանի խաղաղ ձայնով: — Ես նրան ասացի, որ նրա համար հարյուր ֆրանկն ավելի մեծ արժեք ունի, քան թե... նա անտանելի մարդ է, անտանելի մանավանդ այն ժամանակ, երբ ինքդ կատաղում ես, իսկ նա հանգիստ ժպտում է, ծխում իր զզվելի սիգարը և ոչ մի խոսքով չի ընդհատում քեզ. իսկ երբ որ վերջացնում ես, այնպիսի բան է ասում, որ կարծում ես, թե օձ խայթեց: Երբ նա պաշտպանում էր ինձ ձեր առաջ, քիչ էր մնում դուրս գայի և ասեի, որ ես նս չեմ ընդունում իր միջամտությունը:

«Սա երազ է... անպատճառ երազ է, — մտքումը կրկնում էր Բաղամյանը, կարծես լուսամուտի տախտակից զամված: — Այսօրվա դեպքից հետո սա ինձ մո՞տ... Անկարելի բան է..»:

— Կառքը որ տեսա, մտա բակի դռնից, — շարունակեց Մանեն: — Ծառան ասաց, որ մարդ կա ձեզ մոտ և բերեց ինձ այն սենյակը: Ձայնից իմացա, որ նա է: Ուզում էի հեռանալ, բայց... ջգրու մնացի և, եթե մի քիչ էլ շարունակեր, դուրս կգայի անպատճառ:

«Անկարելի բան է, անկարելի բան է…», — մեքենայաբար կրկնում էր Բաղամյանը մտքի մեջ, աչքը չկարողանալով հեռացնել նրա անվրդով դեմքից:

— Ինչո՞ւ եք ինձ այդպես նայում, — հարցրեց Մանեն կամաց:

— Որովհետև... չեմ հավատում, թե այդ դուք եք:

Մանեն աչքերը վայր թողեց և նկատելի կերպով կարմրեց:

— Իրավունք ունիք: Ես էլ չեմ հավատում, թե այս ես եմ, — ասաց նա ավելի ևս կամաց և, կարճ լռությունից հետո ավելացրեց. — Այսօր ես վիրավորեցի ձեզ... Եկել եմ ներողություն խնդրելու:

Բաղամյանը հանկարծ պոկ եկավ լուսամուտի տախտակից, կարծես մի բան ուժեղ թափով առաջ նետեց նրան, բայց նա առաջ գնալու տեղ դարձավ և լուսամուտից նայեց վերև, մութ երկնքին:

— Ես հասկանում եմ ձեզ, — ասաց նա: — Ուզում եք հասկացնել, որ ե՛ս ներողություն խնդրեմ ձեզնից:

Մանեն նայեց նրան զարմացած:

— Ի՞նչ բանի համար:

— Այն նամակի...

— Բայց չէ՞ որ դուք չեք այն նամակի հորինողը:

Բաղամյանը դարձավ դեպի Մանեն և նայեց նրան մռայլ հայացքով:

— Մի՞թե դեռևս կարծում եք, թե ես եմ, — հարցրեց նա խուլ ձայնով:

Մանեն վեր թռավ տեղից. շալն ընկավ նրա ոտների տակ:

— Ո՛չ, աստված վկա, ո՛չ, Բաղամյան, — կանչեց նա եռանդով: — Ճիշտ է, այսօր ես ձեզ ասացի այդ բանը, բայց այն րոպեին հաշիվ չէի տալիս ինձ, թե ինչ եմ ասում, թե որքան խոր վիրավորանք եմ հասցնում ձեզ այդպիսի մի մեղադրանքով: Ես չափազանց զգայուն եմ, շատ շուտ եմ բորբոքվում, երբ տեսնում եմ, որ շոշափել են զգացումներս, թեև շուտով էլ զգաստանում եմ, երբ տեսնում եմ, որ ես էլ չափն անցել եմ: Այն րոպեին, երբ վիրավորեցի ձեզ, գրեթե նույն րոպեին էլ զգացի, որ անարդար կերպով եմ վարվել ձեզ հետ: Եվ իմ ասած խոսքերի բոլոր ծանրությունն ավելի ու ավելի զգացի այն ժամանակ, երբ դուք արդեն գնացել էիք: Չեք կարող երևակայել թե ամբողջ օրն ի՛նչպես տանջվել եմ այդ գիտակցությունից: Վերջն այլևս չկարողացա դիմանալ և... ինչպես տեսնում եք, եկել եմ ներողություն խնդրելու:

— Այդ մի՛ ասեք, Մանե, մի ասեք այդ, — բացականչեց Բաղամյանը: — Ես էլ, աստված միայն գիտե, թե ինչպես եմ անցկացրել ամբողջ օրը, բայց մի րոպե անգամ չեմ կասկածել թե ես արժանի չեմ եղել ձեր խստությանը, իսկ այժմ առավել ևս զգում եմ, որ հանցավոր եմ ձեր առաջ: Նամակը գրված է այն ձևով, որ խամ մարդը դժվար թե չհավատա: Բայց բանն այն է, որ ես ճանաչում եմ ձեր ամուսնուն և գիտեմ, որ նա այդպիսի բաներ անողը չէ և չի կարող անել: Այդ բանին ես հաստատ համոզված էի և այն էլ գիտեի փորձով որ խմբագրությանն ուղղված նամակները մեծ մասամբ գրված են լինում անձնական հաշիվներից, հետևաբար, սուտ ու շինծու են լինում: Բայց և այնպես այդ բոլորը գիտենալով հանդերձ, ես թույլ տվի ինձ ձեր ամուսնուն ձեր առաջ անվանելու անբարոյական և հրեշ, և իբրև ապացույց ցույց տվի ձեզ մի նամակ, որի ստությանն առաջուց համոզված էի, կնշանակի՝ ես ուզում էի ձեզ խաբել: Սա այնպիսի մի գարշելի վարմունք էր իմ կողմից, որ եթե դուք ներեք, ես ինքս ներել չեմ կարող երբեք:

Բաղամյանն ինքն իր դեմ զգացած զայրագին նողկանքով դեմքը շրջեց Մանեից, կարծես ամոթահար, և ավելացրեց.

— Ես վա՛տ, անազնի՛վ, գա՛ծ մարդ եմ...

Մանեն արագորեն մոտեցավ նրան:

— Իզուր եք ձեզ այդքան նվաստացնում, — շշնջաց նա զգացված: — Դուք վատ չեք, ո՛չ, չե՛ք: Եթե լինեիք, ես այդ վաղուց կզգայի: Լսո՞ւմ եք... լսո՞ւմ ես, Աշոտ, կզգայի որովհետև անկարելի է, որ վատությունը չզգամ:

— Ինչպես զգացիր այսօր…

— Այսօր ուրիշ բան էր: Այսօր ես չափազանց վրդովված էի, որովհետև նամակն այնքա՛ն անխիղճ զրպարտություն էր բովանդակում, որ անկարող էի չվրդովվել: Քո կարծեցյալ վատությունը չէ պատճառը, որ ցույց տվիր ինձ այն նամակը, այլ ե՛ս եմ, ե՛ս, որ այնքան սիրում և միևնույն ժամանակ այսքան տանջում եմ քեզ իմ դժբախտ բնավորության պատճառով: Քո վարմունքն ես համարում եմ խելացնոր մի քայլ, որ դու արիր անշուշտ հուսահատությունից: Այսօր ես շատ եմ մտածել և այն եզրակացությանն եկա, որ դու այն նամակը դարձյալ ցույց չէիր տալ ինձ, եթե պատասխանս այնքան վճռական չլիներ: Այդպե՞ս է, թե ոչ: Ասա: Նա՛յիր ինձ:

Բաղամյանը նայեց նրա աչքերին — թախծալի աչքերին, որոնք, սակայն, այդ րոպեին շոյում, փայփայում էին նրան այնպիսի մի քնքշանքով, որպիսին Բաղամյանն առաջին անգամն էր տեսնում Մանեի աչքերի մեջ: Նա ակամա ծունկ խոնարհեց այնքա՛ն տարօրինակ և այնքա՛ն սիրելի այդ կնոջ առաջ, առավ նրա ձեռքը և շրթունքները հպեց այդ նիհար, քնքուշ ձեռքի վրա անհուն երանությամբ, սրբազան երկյուղածությամբ, այնպես՝ ինչպես հավատացյալ մարդը համբուրում է հրաշագործ մի սուրբ պատկեր:

Մանեն նստեց, թեթևակի խոնարհվեց նրա գլխի վրա և, ազատ ձեռքով կարծես ինքնամոռացության մեջ, սկսեց շոշափել ու շոյել նրա փափուկ երկայն մազերը:

Այդ լուռ տեսարանը տևեց մի երկու րոպե: Վերջապես Բաղամյանը բարձրացրեց գլուխը և նայեց վերևից իրեն նայող քնքշանքով լի թախծալի աչքերին:

— Մինչև այժմ ես ձեզ չէի ճանաչում, — ասաց նա աղոթողի պես շշնջալով, — իսկ այժմ ինձ թվում է, թե ճանաչեցի միանգամից: Եղբայրդ ասում էր, թե դու քրիստոնյա ես: Ո՛չ, դու ավելի ես, քան քրիստոնյա, դու սուրբ ես, դու հրաշագործ ես, դու իմ կուռքն ես: Ես անհավատ մարդ եմ, բայց ոչ մի հավատացյալ մարդ չի կարող զգալ այն, ինչ որ ես եմ զգում այս րոպեին, այսպես, առաջդ չոքած, աչքերիդ նայելիս, այս խորհրդավոր ժամին, այստեղ, մենակ, իմ տան մեջ, այսօրվա խռսակցությունից հետո... Ես ոչ թե սիրում, այլ պաշտում եմ քեզ... պաշտո՛ւմ... պաշտում... Տուր ինձ, տուր ինձ ուրիշ ավելի զորեղ մի բառ, որի մեջ դնեմ հոգիս և վերջին շնչիս հետ փչեմ ոտներիդ առաջ...

Բաղամյանը գրկեց Մանեի ոտները և սկսեց համբուրել նրա ծնկները ջերմորեն և կրքոտությամբ…

Մանեն հանկարծ նայեց լուսամուտին և փորձեց հեռացնել նրա ձեռքերը:

— Բավական է... վեր կաց, — շշնջաց նա:

Բաղամյանն ավելի պինդ կպավ նրա ծնկներին:

— Ոչ, թող մնամ այսպես... թող պաշտեմ քեզ... Ես ուզում եմ մեռնել ոտներիդ առաջ... այսպե՛ս... այսպե՛ս…

— Աղաչում եմ, վեր կաց: Լուսամուտը բաց է, մեզ նայող կարող է լինել:

— Թեկուզ ամբողջ աշխարհը նայի: Դու ի՛մն ես, ի՛մն ես, ի՛մն ես... Ես կճղեմ կուրծքս, կնստեցնեմ քեզ հոգուս մեջ և հոգուս հետ էլ կարձակեմ...

Մանեին թվաց, թե երկու օձ երկաթի օղակներով փաթաթվում են իր կոների տակ և սարսափելի ուժով ներքև են քաշում իրեն: Միևնույն ժամանակ իր առաջ տեսավ տարօրինակորեն փայլող երկու աչքեր և դեմքի վրա զգաց մի տաք շնչառություն ծանր ու հատու: Այդ բոլորը համ անհունորեն քաղցր, համ սարսափելի էր նրա համար...

Հանկարծ նա բռնեց Բաղամյանի ցնցողաբար սեղմող ձեռքերից, տարօրինակ բուռն ուժով դեն հրեց նրան, վեր թռավ տեղից և արագորեն դիմեց դեպի այն դուռը, որտեղից մտավ:

Բաղամյանը մի ոստյունով ցատկեց չոքած տեղից վազեց դեպի նա:

— Մանե՛...

— Չհամարձակվե՛ք մոտենալ ինձ, — հրամայեց Մանեն, արագորեն դառնալով:

Բաղամյանը կանգ առավ և կատարյալ հուսահատությամբ նայեց նրա հրացայտ աչքերին:

— Մանե... ի սեր աստծո... Խնդրում եմ, աղաչում եմ, մի գնա: Ես կզսպեմ ինձ, ես կքաշվեմ ահա այն անկյունը, կուչ կգամ ծեծված շան պես և ամենևին չեմ մոտենալ քեզ, միայն մի՛ գնա, կա՛ց...

Պաղատագին հայացքով նա փորձեց առնել Մանեի ձեռքը,

բայց Մանեն թույլ չտվեց, շալը թռցեց հատակից, ծածկեց գլխին և նորից դիմեց դեպի դուռը: Բաղամյանին թվաց, թե խելքը կորցնում է: Ինքն էլ չհասկացավ թե ինչպես՝ կտրեց Մանեի առջևը և ամբողջ մարմնով կպչեց դուռը:

Մանեն նայեց նրա խելակորույս աչքերին և ակամա ետ ընկավ սարսափահար:

— Ի՞նչ եք ուզում ինձնից, — շշնջաց նա:

— Ուզում եմ, որ մնաս, — ասաց Բաղամյանը ծանր շնչելով և մեջքի բոլոր ուժով սեղմվեց դռանը:

— Զոռո՞վ եք ուզում պահել:

— Այո՛ — շեշտեց Բաղամյանը, պղտորված աչքերը փայլեցնելով նրա վրա և շրթունքները կծոտելով:

Մանեն նայում էր նրան համ սարսափած, համ ապշած: Նրան թվում էր, թե իր ճանաչած այնքան սիրելի, այնքան խոնարհ, այնքան քաղաքավարի Բաղամյանի տեղ իր առջև տեսնում է այժմ բոլորովին անծանոթ, կատարյալ վայրենի մի մարդ, որի լոկ տեսքը զարհուրանք էր ազդում նրան:

— Բաղամյան, հասկանո՞ւմ եք ինչ եք անում, — նորից շշնջաց նա:

— Լիովին: Ես ուզում եմ որ դու մնաս: Եվ պետք է մնաս...

— Բռնությո՞ւն եք ուզում գործ դնել:

— Գործ կդնեմ, եթե չմնաս... անպատճառ գործ կդնեմ, եթե չմնաս քո կամքով... Եվ մեղավորը ես չեմ լինիի դու կլինես, որովհետև... Ինչո՞ւ ես եկել ինձ մոտ... ներողություն խնդրելու համար ուրիշ ճանապարհ կար. կարող էիր նամակ գրել, եթե ինձ հասցրած վիրավորանքի համար հանցավոր էիր զգում քեզ... Բայց չպետք է գայիր ինձ մոտ... Եկել ես, պե՛տք է մնաս...

— Բաղամյան, ուշքի եկեք, — այս անգամ գրեթե ճչաց Մանեն:

— Անհոգ կաց, ուշքս դեռևս գլխիս է, բայց շուտով կկորցնեմ, եթե չմնաս քո կամքով... Կարծում ես, ես չե՞մ հասկանում ինչ եմ անում: Շատ լավ հասկանում եմ, բայց ուրիշ հնար չունիմ, որովհետև... Կրկնում եմ, ինչո՞ւ ես եկել ինձ մոտ... այն էլ այս ժամին... Ի՞նչ գործ ունիս դու այստեղ... իմ տանը... մենակ... գիշերով... այս էլեկտրականացած օդի մեջ, որից, ահա, շնչասպառ եմ լինում ես... ինչո՞ւ թույլ տվիր, որ գրկեմ քեզ համբուրեմ ծնկներդ... Առաջ երբեք թույլ չես տվել... Այս առաջին անգամն էր… Իսկ ես ամբողջ երեք տարի է, որ ցանկանում եմ քեզ, միմիայն քեզ, աշխարհիս բոլոր կանանց մեջ քեզ... Ես մարդ եմ, քար չեմ… Դու բորբոքեցիր ինձ, վառեցիր իմ ամբողջ արյունը և փախչում ես... Չեմ թողնի... Տեսնո՞ւմ ես, գերբնական ուժ եմ գործ դնում, որ զսպեմ ինձ, չգազանանամ, որովհետև դու այստեղ ես և անմատչելի... Ես սիրում եմ քեզ, բայց ատում եմ քո առաքինությունը, որ ինձ այսքան չարչարելուց հետո, այժմ իսկ, այս վճռական ժամին ուզում է արգելք լինել իմ երջանկությանը... Ես կխլեմ քեզնից այդ առաքինությունը, կթավալեմ ցեխի մեջ, եթե կամովին չհրաժարվես նրանից… Ես կանեմ ամեն բան, կանգ չեմ առնի ո՛չ մի բանի առաջ, նույնիսկ սոսկալի մի ոճրագործ կդառնամ, եթե չմնաս… Այժմ կամ այլևս ե՛րբեք… Լսո՞ւմ ես, այժմ կամ այլևս երբե՛ք... Դու իմը պիտի լինիս, իմը այժմ իսկ, ա՛յս րոպեին ի՛մը անպատճառ և ինչ գնով ուզում է լինի, նույնիսկ իմ մահու գնով, նույնիսկ քո մահու գնով... Իմացիր, որ եթե նույնիսկ մեռնես իմ ձեռքերի մեջ, ես կտիրապետեմ քո դիակին:

Մանեն, սարսափից իրեն կորցրած, նայեց շուրջը: Նրա աչքովն ընկավ նախասենյակի դուռը, և նա վազեց այն կողմը: Բայց Բաղամյանն այստեղ էլ փակեց նրա ճանապարհը: Նա կատարելապես նման էր խելագարի. աչքերը լցվել էին արյունով և նայում էին անախորժ պղտոր փայլով, երկայն մազերը թափվել էին ճակատի և ականջների վրա ցան ու ցիր, դեմքը կարմրել և ծածկվել էր ճարպոտ քրտինքով: Նա գրեթե շնչասպառ էր լինում ծանր շնչելուց և դուռն ի վեր ցից կանգնած ամբողջ մարմնով դողում էր ուժգին տենդով բռնված մարդու պես:

— Չեմ թողնի, որ գնաս, — ասում էր հևալով: — Քեզ էլ, ինձ էլ կմորթեմ, և չե՛մ թողնի, որ գնաս... Վճռվա՛ծ բան է. ես պիտի կործանեմ քեզ, քո առաքինության համար և քեզ հետ միասին պիտի կործանեմ ինձ...

Մանեն երկու ձեռքի ափերը սեղմեց քունքերին, դեմքն առաջ տարավ դեպի Բաղամյանը և, չռած աչքերով նայելով նրան, շշնջաց այս անգամ ոչ այնքան սարսափած, որքան ծայրահեղորեն ապշած:

— Բաղամյա՛ն, մի՛թե այդ դուք եք... դո՛ւք...

Բաղամյանը ցնցվեց և ապա անշարժացավ: Երկար ժամանակ նա անմիտ հայացքով նայում էր Մանեի չռած աչքերին ծանր մղձավանջից արթնացողի պես, հետո դանդաղորեն ետ քաշեց երեսին ցրված մազերը, և երկարատև ծանր մի հառաչանք նկատելի կերպով բարձրացրեց ու ցածրացրեց նրա կուրծքը: Նրա վերին աստիճանի լարված ջղերն արագորեն թուլացան, և գլուխը կախ ընկավ կրծքին: Առժամանակ նա կարծես ուժ չուներ այլևս ոչ խոսելու և ոչ տեղից շարժվելու, հետո կամաց ետ քաշվեց, բաց արեց դուռը և, առանց գլուխը բարձրացնելու, շշնջաց ընկճված, ուժասպառ ձայնով.

— Գնացեք...

Մանեն բնազդաբար առաջ ընկավ և դուրս վազեց նախասենյակ: Սանդուղքից իջնելիս քիչ մնաց գլորվեր ներքև: Փողոցու տան բակից դուրս թռավ մի փոքրիկ շուն անախորժ ծկլթոցով և բռնեց նրա փեշից: Բայց Մանեն գրեթե չզգաց այդ բանը և շանը երկար տեղ քարշ էր տալիս իր հետևից: Շունը նրա փեշը բաց թողեց այն ժամանակ, երբ Մանեն մեքենայաբար կանգ առավ, բռնեց փեշից և ձիգ տվեց. շունը, գլորվեց և ետ փախավ ավելի անախորժ ծկլթոցներով:

Մանեն շարունակեց վազել:

Գիշերով սաստիկ մութն էր, փողոցներն ամայի: Երկինքը ծածկված էր սև ամպերով և մերթ ընդ մերթ փայլատակում էր: Ծանր, տաք, անշարժ օդը հագեցած էր էլեկտրականությամբ: Հեռվից ամպերի խուլ գոռոց էր լսվում:

Մանեն վազում էր առանց ետ նայելու: Նրան թվում էր մերթ, թե փողոցները սաստիկ երկար են, թե տունը շատ հեռու է, թե ահա, որտեղ որ է՝ պիտի ընկնի ճանապարհին վախից և հոգնությունից անշնչացած, և մերթ՝ թե երազումն է կատարվում գիշերային այդ ճանապարհորդությունը լապտերներով հազիվ լուսավորված ամայի փողոցներով, երկնքի վայրկենական փայլատակումների և սև ամպերի զարհուրելի որոտի տակ:

Հանկարծ նրան թվաց, թե մեկը վազում է հետևից և կանչում:

— Մանե՛, Մանե՛...

Նա սոսկումով կանգ առավ և ետ նայեց: Արագ քայլերով հասավ նրան Բաղամյանը:

— Մի վախենաք, ես եմ, — ասաց նա սաստիկ հևալով: Մանեն ձայն անգամ չհանեց և նույն արագ քայլերով առաջ անցավ:

Բաղամյանը հետևեց նրան: Նա լարել է ոտների բոլոր, ուժը, որ ետ չմնա Մանեից, բայց և այնպես Մանեն մի քանի քայլ միշտ առաջ էր վազում նրանից:

— Ինչո՞ւ եք վազում, — ասաց Բաղամյանը: — Եթե այնտեղ

ոչինչ չարեցի, կնշանակի այլևս ոչինչ չեմ անիլ: Ես ուզում եմ միայն անվտանգ տուն հասցնել ձեզ:

Մանեն դանդաղեցրեց քայլերը: Բաղամյանը հավասարվեց նրան, և այժմ նրանք առաջ անցան կողք-կողքի: Երկար տեղ նրանք քայլում էին լուռ: Բաղամյանը վերցրել էր գլխարկը և թաշկինակով սրբում էր քրտնած ճակատն ու վիզը: Երկինքը փայլատակում էր ավելի ու ավելի հաճախ և այն աստիճան խիստ, որ փողոցի սալահատակն ու տների մութ զանգվածները լուսավորվում էին ցերեկի պես: Որոտն ևս մոտենում և սաստկանում էր հետզհետե, կարծես հսկայական մի գունդ հանկարծ պայթում և խոշոր ու մանր բեկորների վերածված՝ գոռգոալով գլորվում էր թիթեղյա մի մեծ տանիքի վրա:

— Երբ ես ձեռքս բարձրացրի և ուզում էի ապտակ տալ ձեր եղբորը, բայց չտվի, — խոսեց Բաղամյանը շունչը ետ բերելուց հետո, — նա ասաց «բռավո» և ավելացրեց, որ եթե ես այդպիսի մի վայրկյանին կարողացա զսպել ինձ, կնշանակի, որ ես տղամարդ եմ: Տղամարդ բառը շեշտեց, որովհետև ուզում էր հասկացնել, որ ես վախկոտ եմ: Իրավունք ուներ, որովհետև ես իսկապես վախկոտ եմ: Վախկոտ եմ վճռական վայրկյանին: Մարդ նախ չպիտի դիմի վատ բանի, բայց որ դիմեց, պետք է մինչև վերջը գնա: Թող անկումը կատարյալ լինի, այդ ավելի լավ կլինի: Այլապես կիսաճանապարհին կանգ առնելով՝ բանը չի դրստվի, վատությունը կմնա վատություն, և այլևս ոչ մի բանով, ոչ մի զղջումով չի կարող վերականգնել քո նախկին բարի անունը: Ամանը ընկավ կոտրվեց, և հազար կոծկիր, այլևս չես կարող ամբողջացնել... Ես դեռ լավ չեմ ուշքի եկել, մտքերս ու զգացմունքներս խառնվում են իրար, չեմ իմանում ինչ եմ մտածում. ինչ եմ զգում: Բայց մի բան այնպես պարզ է ինձ համար, ինչպես երբեք, ես հրեշ եմ, սարսափելի մի հրեշ, որի մեջ ամենաքնքուշ, ամենանվիրական զգացումը լծորդվում է ամենակեղտոտ, ամենաբիրտ, ամենազզվելի բնազդի հետ... Սոխակը վարդի մեջ աղբ է որոնում, — սրանից էլ ավելի աննորմալ բա՞ն... Ես հիվանդ եմ, բարոյական հիվանդ, խիստ վտանգավոր հիվանդ... Այս ես չգիտեի, այս գիծը ես նոր զգացի իմ մեջ... Եվ այս բանը առաջին անգամ՝ զգացի այնտեղ... դրան մոտ... նույն այն վայրկյանիս, երբ հարցրիք ապշած՝ «Մի՞թե այդ դուք եք...»: Դժբախտաբար, այդ ես էի... նոր հասկացա, որ ես էի. — և այս րոպեին ի՛նչ չէի տալ, միայն թե այդ ես չլինեի...

Բաղամյանը լռեց և, խիստ, հուզմունքի մեջ, ձեռքի ափով շփեց տաքացած ճակատը:

Մանեն քայլում էր նրա հետ կողք-կողքի, բայց նրանից մի քիչ հեռու պահելով իրեն: Նա վայրկյան առ վայրկյան փակում էր աչքերը փայլատակումների ժամանակ և ուշի ուշով ականջ դնում Բաղամյանի խոսքերին, որոնցից շատերը, սակայն, խլանում էին որոտի ձայների մեջ:

— Ա՛խ, այսօրվա օ՛րը, այս չարաբաստիկ օրը, — հառաչեց Բաղամյանը հոգեկան ծանր տանջանքով: — Եթե՛ կարողանայի մոռանալ և մոռացնել տալ... Որ մտածում եմ, թե ինչքա՛ն բան և ի՛նչ կորցրի, այս մի օրում նախ առավոտյան՝ ձեր տանը, հետո այժմ՝ իմ տանը... Այս ի՞նչ չար ոգի էր, որ եկավ փորձեց ինձ այսօր և խլելով ինձնից այն բոլորը, ինչ որ լավ էր և մաքուր, թողեց իմ մեջ միայն տիղմ և ապականություն... Ես ատում եմ ձեր եղբորը, բայց... չեմ կարող չհարգել նրան: Նա խելոք մարդ է. այնպե՛ս թափանցում է մարդու ներքինը... և շիտակ է, ամեն բան ասում է մարդու ճակատին: Նա շատ բան ասաց ինձ, բայց և շատ բան չասաց անշուշտ... Երևի խնայում էր: Ես այժմ կհամբուրեի նրա ձեռքն ու շրթունքները, եթե այս րոպեին մոտս լիներ, պինդ ապտակեր ինձ, այնպես պինդ, որ աչքերիցս կայծեր ցայտեին, և ասել, որ ես... պի՛ղծ մարդ եմ, շուն եմ... որ ես սրբությունը մոտեցել եմ անմաքուր ձեռքերով, պժգալի զգացումներով, զարշելի ցանկություններով... Մինչդեռ ես ա՛յդ չէի ուզում, երկինքը վկա, Մանե, այդ չէի ուզում: Ես ուզում էի ձեզ դարձնել իմ Լաուրան, իմ Բեատրիչեն, իմ Մադոննան... Օ՛, թո՛ղ կայծակ ընկնի գլխիս, եթե այսուհետև...

Նա հանկարծ լռեց զարհուրանքով, կանգ առավ և աչքերը փակեց ակամա: Տեղնուտեղը քարացավ նաև Մանեն, բայց նա չիմացավ՝ աչքերը փակե՛ց, թե չոեց. միայն տեսավ, որ շրջակայքը հանկարծ լուսավորվեց արտասովոր կուրացուցիչ լույսով և այդ լույսն իսկույն էլ հանգավ, որից հետո փողոցն այնպես մթնեց, որ Մանեին թվաց, թե ինքը հանկարծ կուրացավ: Անշարժ օդի մեջ տիրեց սպառնական զարհուրելի անդորրություն: Մի քանի վայրկյան հետո երկինքը հանկարծ այնպես ճայթեց, որ կարծես փուլ եկավ, և ամբողջ քաղաքը, զրնգզրնգաց ահագնադղորդ ձայներով: Ըստ երևույթին, մոտիկ, շատ մոտիկ կայծակ ընկավ: Մանեն մեքենայաբար նայեց Բաղամյանին, կարծես ստուգելու համար, թե կայծակն արդյոք նրա գլխին չընկա՞վ: Բաղամյանը կանգնած էր գլուխը բաց, մազերը ցիրուցան և նայում էր երկնքին, զարհուրանքից կաշկանդված: Էլեկտրականությամբ հագեցած անշարժ տաք օդի մեջ մի զով հով անցավ: Անձրևի մի խոշոր կաթիլ, սառն ու պինդ, դիպավ Մանեի ձեռքին, որով կզակի մոտ բռնած էր գլխին դրած շալի ծայրերը: Նա ցնցվեց և հանկարծ առաջ նետվեց:

Բաղամյանն ուշքի եկավ այն ժամանակ, երբ Մանեն արդեն փախչում էր, նրանից բավական հեռացած: Նա վազեց Մանեի հետևից: Այժմ նա ոչինչ չէր մտածում և ոչինչ չէր ցանկանում, մտածում և ցանկանում էր միայն, որքան կարելի է՝ շուտ տուն հասցնի Մանեին, քանի հեղեղը չէր սկսվել: Շուտով տուն հասնելու վրա էր մտածում նաև Մանեն, որ շնչասպառ վազում էր նրա առջևից: Տանից նա դուրս էր եկել այն ժամանակ, երբ սկեսուրն ու ծառաները քնած էին արդեն, դուրս էր եկել ծածուկ, դուռը փակել էր բանալիով և այդ բանալին այժմ շուտ-շուտ շոշափում էր շրջազգեստիի գրպանի մեջ, ստուգելու համար, թե խո չի՞ կորցրել:

Կարծես հսկայական մի ձեռք ուժգին թափով կոտրատված գծեր էր քաշում սև ամպերի մեջ րոպե առ րոպե, և փողոցները, տները, ամեն բան՝ ինչ որ երևում էր աչքին, լուսավորվում էին վայրկենական կուրացուցիչ լույսով: Երկիրը դողում և ահարկու արձագանք էր տալիս երկնքի սպառնագին որոտումներին: Անձրևի խոշոր կաթիլները հաճախացան և լսելի կտկտոցով զարկվում էին գետնին կենտ ու կունտ: Հեռվից լսվում էր ինչ-որ խուլ շրշյուն, երևի հեղեղն էր, որ մոտենում էր: Գետնից սկսեց բարձրանալ արևից այրված փոշու ծանր հոտ, որից օդն ավելի ևս ծանրացավ:

Բաղամյանը նորից հավասարվեց Մանեին և աչքերը ման էր ածում չորս կողմը, որ մի կառք գտնի, բայց ամայի փողոցներում շուն էլ չէր հաչում: Տների լուսամուտները, փակված էին պինդ և շատ պատուհաններում ճրագ չէր երևում: Փողոցային լապտերներն էին միայն, որ ցից-ցից կանգնած էին աջ ու ձախ մեկուսի և որբացած: Փողոցի անկյան մանրավաճառը շտապով փակում էր խանութը: Հարևան փողոցից գոռգոռալով դուրս եկավ գլուխը ծածկած մի կառք և մտավ մյուս փողոցը: Բաղամյանը կանչեց, բայց կառապանը կամ չլսեց կամ չլսելուն տվեց, կամ թե ուրիշ մարդ էր տանում: Նրանց կողքով արագաքայլ անցավ մի մարդ անձրևակալի տակ պատսպարված: Մի ուրիշ մարդ կանգնած էր տներից մեկի բակը դռան առաջ և ուժգին զարկում էր երկաթի մուրճը. մուրճի հարվածները զորեղ արձագանք էին տալիս ներսը՝ բակում և դուրսը՝ փողոցում: Իրենց փողոցի անկյանը Մանեն կանգ առավ:

— Շնորհակալ եմ, ետ դարձեք. այժմս ես մենակ կգնամ, — ասաց նա արագ, շնչասպառ և ուզում էր հեռանալ, բայց Բաղամյանը բռնեց նրա ձեռքից և պահեց:

— Ապասեցեք: Մի խոսք... թերևս վերջինը, — կանչեց նա հուսահատական աղերսանքով: — Եթե մեռելները զգալիս լինին այն միջոցին, երբ նրանց գերեզման են դնում, ինձ թվում է, թե նրանի պիտի զգան ճիշտ նույնը, ինչ որ ես եմ զգում այս րոպեին, երբ դուք հեռանում եք: Եվ ես մեռելի պես անտրտունջ հնազանդվում եմ վիճակիս: Բայց ինչ որ մտածելու լինիք իմ մասին, Մանե, աղաչում եմ ջնջեցեք այս մի օրը, այս մի հատիկ օրը ձեր հիշողությունից, և ես…

Մի նոր ահազնաղորդ որոտ խլացրեց Բաղամյանի վերջին խոսքերը: Մանեն ձեռքը խլեց նրա ձեռքի միջից և շարունակեց վազել իրենց տան փողոցն ի վեր: Բաղամյանը տեղնուտեղն արձանացավ և դիտում էր նրա ետևից: Գիշերային խավարի մեջ Մանեի մութ ստվերը տեսավ միայն մի-երկու անգամ երկնքի վայրկենական փայլատակումների ժամանակ: Այնուհետև, այդ ստվերը հալվեց, հալվեց խուլ խավարի հետ: Այլևս ոչինչ չէր երևում: Երևում էր միայն փողոցի ծայրում վառված լապտերի պղտոր, թախծալի լույսը. որի մեջ կատաղի անձրևը միալար թեք գծեր էր թափում ներքև շեշտակի:

13

Մի բան, որ սաստիկ դող զգեց Մանեի մարմինը, այն էր, որ իրենց տան դիմացը գտնվող տան պատի փողոցով անցնող հեռախոսի լարերի վրա լույսի մի շերտ նկատեց: Այդ լույսն ընկնում էր իրենց տան հյուրասենյակի պատուհանից: Մի րոպե կանգ առավ ակամա և զգաց, որ ծնկները ծալվում են: Գողե՞ր են մտել արդյոք... ամուսի՞նն է վերադարձել անակնկալ... թե՞ պատահաբար իմացել են իր բացակայությանը և ոտի են կանգնել…

Մանեն մայթից անցավ փողոցի մեջտեղը և սաստիկ

թուլացած ոտներով սկսեց առաջ գնալ խորդուբորդ սալահատակով, որի երեսն արդեն ծածկվել էր անձրևի ջրերով: Երկյուղով չռած աչքերը մի վայրկյան անգամ չէր հեռացնում լուսավորված պատուհանից, կարծես ուզում էր ստուգել, թե իր ենթադրություններից ո՛րն էր ճիշտ:

Մի տասը-քսան քայլ էր մնում, որ հավասարվեր իրենց տան դռանը, երբ լուսավորված պատուհանի առաջ, որի փեղկերը բոլորովին բաց էին, մարդկային մի ուրվագիծ տեսավ: Ուրվագիծը կանգնած էր անշարժ և լույսի ֆոնի մեջ դրսից նմանում էր չինական ստվերի: Նա նայում էր դեպի դուրս: Կարմրավուն անփայլ մի կրակ վառվում և հանգչում էր նրա բերանին, ըստ երևույթին, ծխախոտ էր ծխում: Մի քանի քայլ էլ առաջ գնալով, նա հանկարծ ճանաչեց պատուհանի մոտ կանգնած ուրվագիծը: Սկզբում շունչ առավ սաստիկ թեթևացած, հետո կատաղի մի զայրույթ լարեց նրա թողացած մկանունքները: Նորից արագացրեց քայլերը և այն վայրկյանին, երբ դռան առաջ սալահատակից մայթն էր բարձրանում, պատուհանի առաջ կանգնած ստվերը, ըստ երևույթին, տեսավ նրան և իր ամբողջ իրանով ներքև, դեպի փողոց խոնարհվեց:

— Մանե՞ ... այդ դու ե՞ս, — շշունջով կանչեց Վահանը երկրորդ հարկի բարձրությունից:

Մանեն չպատասխանեց, տղային արագությամբ գրպանից հանեց բանալին, դուռը բաց արեց, մտավ և բարձրացավ վերև միջանցքի իրեն ծանոթ մութ սանդուղքով:

Հյուրասենյակի դուռը, նրա առաջ բաց արեց Վահանը՝ սիգարը բերանին:

Մանեն մտավ և գլխից թոցրեց անձրևից թրջված շալը:

Վահանը, շատ հանգիստ, դուռը փակեց և լավ նայեց քրոջը: Քրտինքը խոշոր կաթիլներով գլորվում են Մանեի կարմրատած այտերի վրայով. մազերը խճճվել և կպել էին քրտնած ճակատին, նա հազիվ էր շունչ քաշում: Բաց պատուհանից սկսել էր սառը քամի փչել: Վահանը մոտեցավ ու ծածկեց փեղկերը: Նրա բոլոր շարժումների մեջ նկատվում էր մի առանձին հանդարտ զգուշություն:

— Զգուշացիր, չմրսես, — ասաց նա: — Գնա շորերդ փոխիր:

Մանեն ատելությամբ լի աչքերը փայլեցրեց նրա վրա, ուզում էր հեռանալ դեպի իր սենյակը, բայց հանկարծ կանգ առավ և նայեց եղբորը:

— Թե՞ այս գիշեր գնում էիր գյուղ, — ասաց նա:

— Գնում էի, բայց էլի չգնացի: Կայարանից ետ դարձա:

— Ինչո՞ւ:

— Բաղամյանի հետ խոսելու:

Վահանը նստեց և, գլուխը բարձրացնելով, ծուխը բացեց բերանից դեպի առաստաղը:

Մանեն նայում էր նրա անվրդով դեմքին և զգում էր, որ ձեռքերն ու շրթունքները նորից սկսում են դողալ անզոր զայրույթից:

— Հետո՞, — հարցրեց նա:

— Հետո, գնացի և խոսեցի: Խոսելուց հետո գնացի հյուրանոցը, ճամպրուկս թողի և եկա քեզ մոտ, որովհետև առավոտյան գնացքով անպատճառ պիտի գնամ, այնպես որ այլևս ժամանակ չէի ունենա քեզ տեսնելու, իսկ քեզ տեսնել անպատճառ ուզում էի: Զանգակը մի երկու անգամ քաշեցի, դուռը բաց չարին: Տեսա, որ ոչ մի տեղ ճրագ չկա և մտածեցի, որ ամենքդ քնած եք արդեն: Մտա բակի դռնից, ծառային զարթեցրի, և նա ներս բերեց ինձ: Մտա ննջարանդ, որ զարթեցնեմ քեզ, չկայիր: Գրեթե երկու ժամ է, որ սպասում եմ քեզ: Այսպիսի պատիժ կյանքումս չեմ կրել: Քունս շան պես տանում էր, բայց զսպում էի ինձ: Տերը բարի տա մարզարեին. լուսամուտի առաջ կանգնած ականջ էի դնում նրա կառքի գողգողոցին և մտածում՝ «բախտավո՛ր մարդ. դու այդտեղ վերևը զբոսնում և ձիերիդ պայտերի տակից հուր ու կայծակ ես թափում, բայց իսկի մտածո՞ւմ ես թե այստեղ այս մժղուկների աշխարհում ի՛նչ ահավո՛ր դրամաներ են կատարվում... » Մի քիչ էլ որ ուշանայիր, պիտի գայի քո հետևից:

— Ո՞ւր, — հարցրեց Մանեն զարմանքով:

— Բաղամյանի տուն:

Մանեն ցնցվեց:

— Դու ի՞նչ գիտեիր, թե ես նրա մոտ էի:

Վահանը ուսերը թոթվեց:

— Ուրիշ ո՞րտեղ կարող էիր լինել: Երբ որ տեսա տանը չես, իսկույն հիշեցի այսօրվա մեր խոսակցությունը: Դու նրան վիրավորել էիր, այդ պատճառով չէիր կարող չգնալ ներողություն խնդրելու:

Մանեն ետուետ գնաց պաշարված մի տեսակ սնահավատ երկյուղով այն սրատեսության վերաբերմամբ, որ ցույց էր տալիս

Վահանը: Կարճ ժամանակ նա նայում էր եղբորը վերին աստիճանի ապշած, հետո հանկարծ առաջ նետվեց և շշնջաց զայրույթից լացող ձայնով.

— Լսիր... Ուրեմն դու լրտեսո՞ւմ էիր... Ուրեմն դեռ չէի՞ր գնացել... թաքնվե՞լ էիր այնտեղ... լսո՞ւմ էիր մեր խոսակցությունը...

Վահանն ուզեց ծաղրել, բայց, տեսնելով քրոջ զսպած զայրույթից փայլող աչքերը, զսպեց իրեն և ասաց տարակուսանքով.

— Ի՞նչ ես ասում, չեմ հասկանում: Ես ի՞նչ գիտեի, թե դու այնտեղ ես, որ թաքնվեի և լրտեսեի:

— Հապա ո՞րտեղից գիտես, թե ես գնացել էի ներողություն խնդրելու: Այս րոպեիս, դու կրկնեցիր ճիշտ նույն բառերը, ինչ որ ես ասացի Բաղամյանին: Ո՞րտեղից, ինչի՞ց գիտեիր այդ:

— Ասացի, որ մեր այսօրվա խոսակցությունից, — այս անգամ արդեն ծիծաղեց Վահանը: — Եվ այդ բանը պետք է վերագրես իմ հոգեբանական հոտառությանը, և ոչ թե լրտեսական ընդունակության, որ ես չունիմ: Եվ ի՞նչ կարիք կար լրտեսելու, քանի որ ինքդ ոչինչ չես ծածկում և ամեն բան խոստովանում ես ինձ, չնայելով որ... խիստ չարացած ես ինձ վրա: Ասենք՝ ծածկելու ընդունակ էլ չես, որովհետև չափազանց անկեղծ ես: Բնավորությունդ այն մարդկանց բնավորությունից է, որոնք մարդ սպանելուց հետո, փոխանակ փախչելու, գնում են ոստիկանանություն և ասում ուղղակի. «Ես — մարդ սպանեցի, բռնեցեք ինձ»: Այս գիշեր իմ այստեղ գալը և քո այնտեղ գնալը պատահական մի զուգադիպություն է, և ոչ թե առաջուց գիտեի, թե դու այնտեղ պիտի լինիս, և երկաթուղու կայարանից ետ դարձա հատկապես քեզ լրտեսելու համար, ինչպես, երևի, կարծում ես դու: Լրտեսել... Ո՞րտեղից հնարեցիր, չեմ հասկանում: Փառք աստծու, դու տեսար և նույնիսկ հանդիմանում էիր ինձ, որ ես անտարբեր եմ և հենց սկզբից չէի ուզում խառնվել այս գործին: Եվ այդպես էլ պիտի հեռանայի և հեռանում էի, բայց կայարան գնալիս մտածեցի, որ այսքան անտարբերություն արդեն դատապարտելի է, մանավանդ այն բանից հետո, որ անցյալ օրն ինքդ էիր խնդրում ինձ, որ ազատեմ քեզ այդ անդունդից: Մասամբ խիղճս հանգստացնելու և մասամբ եղբայրական պարտքս կատարելու համար ետ դարձա և ուղղակի գնացի Բաղամյանի մոտ: Առաջարկեցի, որ ձեռք վերցնի քեզնից: Ուրիշ ի՞նչ կարող էի անել: Նա վիրավորվեց և վիրավորեց ինձ: Ասաց, որ ես իրավունք չունիմ խառնվելու այս գործին: Շատ ճիշտ նկատողություն: Ես լինեի նրա տեղը, նույնը կպատասխանեի: Այսպես, թե այնպես, կյանքիս մեջ առաջին անգամ ուզեցի ղեկավարվել զգացմանս թելադրանքով և... քիթս ջարդեցի: Բայց մի անգամ որ խրվել եմ այս ցեխի մեջ, ուզում եմ մինչև վերջ խրվել և այնպես հեռանալ: Լսիր ինչ եմ ասում:

Վահանը վեր կացավ և մոտեցավ քրոջը:

— Ինչքան էլ որ դու բնավորությանդ համաձայն հետևողաբար ես, վարվել, — ասաց նա լրջորեն, — նախ չհավատաս այն նամակին, հետո վռնդելով նրան, հետո զղջալով, որ այդպես խիստ ես վարվել այնուամենայնիվ, չէի կարծում, և չէի կարող կարծել, թե այդպես շուտ և առանց դրությունդ կշռադատելու, առանց հետևանքների մասին մտածելու, առանց նույնիսկ կասկածներդ ստուգելու, վեր կկենաս և կգնաս նրա մոտ, այն էլ… գիշերով: Եթե այդ բանը վճռել ես անել և արդեն արել ես, կնշանակի՝ այլևս այն Մանեն չես, որ անցյալ օր առաջս չոքած աղերսում էր, որ փրկեմ իր պատիվը... Այդպե՛ս է, թե ոչ:

Մանեն սաստիկ գունատվեց և զգաց, որ լեզուն ցամաքում է բերանում:

— Ի՞նչ ես ուզում դրանով ասել, — շշնջաց նա:

— Հասկացիր, էլի՛, ինչ որ ուզում եմ ասել...

Մանեն եղունգները ցցեց ձեռքերի ափերի մեջ, ուսերը սաստիկ վեր քաշեց, ներքին շրթունքը ձախ կողմից առավ ատամների մեջ, ընկավ բազկաթոռի վրա և սկսեց հեծկլտալ ջղային ուժգին ցնցումներով:

— Անխի՛ղճ... անաստված... մի՞թե կարելի է այդպես վիրավորել, — արտասանեց նա հեծկլտանքի միջից:

Վահանը կարճ ժամանակ նայում էր նրան լուռ, հետո հանգիստ տարակուսանքով թոթվեց ուսերը, սիգարը բերանը դրեց, ձեռքերը կոխեց գրպանները և հեռացավ դեպի լուսամուտը:

— Ես մեղավոր չեմ, — ասաց նա ապակու միջից նայելով դեպի դուրս: — Ինքդ ես առիթ տալիս այդպիսի կասկածների: Կեսգիշերին էլ ծածուկ գնալ...

— Լռի՛ր, — աղաղակեց Մանեն, վեր թռչելով տեղից: — Ինչպե՛ս դու համարձակվում ես... ինչպես ես համարձակվո՛ւմ...

եղբայրս ես, այո, դժբախտաբար, բայց մի որոշ սահման կա, որից դենն անցնելու իրավունք չունի՛ս... չե՛մ թույլ տա, թեկուզ եղբայրս չէ, աստվածս էլ լինիս... Լսո՞ւմ ես...

Վահանը վախեցած նայեց դռներին, ոտների ծայրերի վրա արագորեն մոտեցավ քրոջը և շշնջաց.

— Անմի՛տ, ի՞նչ ես բղավում: Ուզում ես ամբողջ տունը ոտի՞ կանգնեցնել: Փառք աստծու, այնպես գնացել և եկել ես, որ ոչ-ոք չի իմացել, հիմա...

— Ես ոչ-ոքից չեմ վախենում... հասկանո՞ւմ ես, ոչ-ոքից, — շարունակեց աղաղակել Մանեն կատաղած: — Եթե մի բան կա, որից ես վախենում եմ, այդ իմ խիղճն է միայն, իսկ խիղճս այս րոպեին այնպես հանգիստ է, ինչպես, աստված տա, քոնը հանգիստ լինի...

— Մանե, ի սեր աստծու…

— Լռի՛ր, լռի՛ր… Ես իրավունք չեմ տալիս քեզ խոսելու… Ավելի լավ է, ինքս իմ բերանով կհայտնեմ բոլորին, ամբողջ աշխարհին, թե որտեղ էի, քան թե թույլ կտամ քեզ, որ ա՛յդ եղանակով խոսես ինձ հետ… Ես ոչ ոքից չեմ վախենում...լսո՞ւմ ես, չե՛մ վախենում, չե՛մ վախենում...

Տեսնելով որ իր հորդորներն ավելի են գրգռում քրոջը, Վահանը խոհեմություն համարեց լռել, հեռացավ նորից դեպի պատուհանը և բաց արավ մի փեղկը: Դրսից ներս թափանցեց, հեղեղի շրփշրփոցը և քամու ուժգին մի հոսանք անձրևի խոշոր կաթիլներ շպրտեց նրա երեսին ցնցուղի պես: Նա շտապեց փակել փեղկը, և շրփշրփոցը խլացավ:

— Ի՞նչ ես ուզում ինձնից: Ինչո՞ւ ինձ այսպես տանջում, չարչարում ես, — շարունակեց Մանեն: — Մի ամիս չկա, որ այստեղ ես, և բոլոր արյունս տակնուվրա ես անում գրեթե ամեն օր: Ես կարոտ մնացի մի լուրջ, մի ջերմ, մի սրտացավ խոսքի: Շարունակ ծաղր ու հեգնանք, երբ ես լուրջ խորհրդի էի կարոտ, շարունակ անտարբերություն ու չեզոքություն, երբ ես կարոտ էի եղբայրական ջերմ սիրո և հոգացողության. իսկ այժմ անտեղի և անտանելի միջամտություն, երբ ես ատում եմ քեզ և... զզվում քեզնից: Այո՛, ատում և զզվում, որովհետև ապացուցեցիր, որ ուրիշ բանի արժանի չես: Պարզ մարդ ես, ինչո՞ւ պարզը չես ասում. կայարանից վերադարձել ես ո՛չ թե նրա համար, որ եղբայրական պարտքդ կատարես և խիղճդ հանգստացնես, այլ նրա համար, որ հարյուր, մի ողորմելի՛ հարյուր ֆրանկից պարտքը սաղացնես...

— Այդ խո նա ասաց, — նկատեց Վահանը, դիտելով, թե ինչպես անձրևի կաթիլները ջրային ցանցեր են կազմում պատուհանի ապակիների վրա և արագորեն ծորում ներքև:

— Այդ ես էլ եմ ասում, որովհետև տեսա, թե ինչ մարդ ես դու: Մինչև անգամ քիչ մնաց, որ նա... թքեր քո երեսին, և դու... ոչինչ... որովհետև հարյուր ֆրանկդ նաղդացրիր: Ամո՛թ քեզ:

Վահանը հանգիստ դարձավ և ժպտալով նայեց քրոջ հուզմունքից վառվող աչքերին:

— Իսկ խուրդա-փարաների օդային ճանապարհորդությո՞ւնը, — հարցրեց նա: — Իսկ ապտա՞կը: Չէ՞ որ նա ինձ ապտակ էլ տվեց, իսկական ապտակ: — Կամ, գուցե, մոռացե՞լ է քեզ իր այդ քաջությունն էլ հայտնել:

Մանեն զզվանքով ու ատելությամբ նայեց եղբոր ծիծաղից դողդողացող կախ ընկած կզակին և, առանց այլևս մի խոսք անգամ արտասանելու դիմեց դեպի իր սենյակը, բայց կիսաճանապարհին կանգ առավ հանկարծ և դառավ դեպի Վահանը.

— Նպատակդ ի՞նչ է, որ այս կեսգիշերին եկել ես ինձ մոտ, — հարցրեց նա այս անգամ հանգիստ խստությամբ:

— Նպատա՞կս...

Վահանը նայեց սիգարի ծայրին, և նրա դեմքը լուրջ արտահայտություն ստացավ:

— Ահա թե ինչ էր նպատակս: Կարող ես ինձ ատել, զզվել ինձնից, բայց, խնդրում եմ, լսիր ինձ հանգիստ, որովհետև այս րոպեին ամենևին տրամադիր չեմ կատակ անելու: Կայարան գնալիս ես լուրջ կերպով կշռադատեցի դրությունդ և տեսա, որ, իիրավի, շատ վտանգավոր ճանապարհի վրա ես: Եթե քո այդ տրագիկական սիրո մեջ ևս մեկը, որ չարաչար պիտի տուժի, — մտածում էի ես և այս րոպեին էլ նույնն եմ մտածում, — այդ ոչ ամուսինդ կլինի և ոչ Բաղամյանը, այլ դու և միմիայն դու: Եվ ոչ-ոք չի պատժիլ քեզ այնպես խիստ, ինչպես դու ինքդ քեզ, որովհետև, ինչպես առաջ էլ ասացի, դու այն բնավորություններիցն ես, որոնց դատավորն ամենից առաջ իրենք են լինում և ամենախիստ, ամենաանողոք դատավորը: Բաղամյանին չսիրել չես կարող, քանի որ մի անգամ արդեն սիրել ես, — այդպես է երևում, — իսկ ամուսնուդ դավաճանել առավել ևս չես կարող, քանի որ այդպես է քո տարօրինակ խառնուրդը: Եվ ահա պատրաստ է այն տրագեդիան, որի ցավալի վախճանը պարզ է: Մի կողմից սեր, մյուս կողմից պարտքի ստոիկյան գիտակցության: Պայքարը հեշտ չէ: Եվ հաղթանակը ո՞ր կողմն էլ լինի, մեջտեղ ճխլվողը դու պիտի լինիս: Փրկություն չկա քեզ համար ո՛չ մի դեպքում: Այս խորհրդածությունններն էին անցնում գլխովս, երբ գնում էի կայարան: Եվ երբ պարզորեն պատկերացրի քեզ սպասող վախճանը, զգացի, որ իմ քույրն ես, իմ հարազատը և ահագին մեղք պիտի լինիմ բարձած խղճիս վրա, եթե քեզ թողնեմ մենակ և գործ չդնեմ ինձնից կախված ամեն միջոց այդ վախճանը քեզնից հեռացնելու համար: Այդ պատճառով ետ դարձա հարկ համարեցի նախ գնալ Բաղամյանի մոտ: Դժբախտաբար, մենք չկարողացանք հասկացնել իրար: Իմ միջամտությունը նա ընդունեց իբրև անձնական վիրավորանք: Նրա մեջ խոսեց ավելի վիպասանը և հրապարակախոսը, քան թե կյանքի մարդը: Նա համառեց: Իսկ ես թեև բնավորությամբ ամենևին համառ չեմ, բայց երբ համառի եմ հանդիպում, նրանից ավելի համառ եմ դառնում: Ազնիվ խոսք եմ ասում քեզ. այդ միջոցին հարյուր ֆրանկի մասին այնքան էի մտածում, որքան այս րոպեին դու մտածում ես, թե պապուասների մեջ կա՞ արդյոք դրամի գաղափարը: Հարյուր ֆրանկի պատմությունը մեջ ընկավ բոլորովին պատահական կերպով: Նա պինդ բռնեց այդ միջադեպից և իսկույն վճարեց իր պարտքը հոգեբանական այն պարզ հասկանալի պատճառով, որ կատարյալ անկախ և ազատ ախոյան հանդիսանա իմ դեմ և մասամբ էլ նվաստացրած լինի ինձ իր առաջ: Այդպես է մարդկային բնավորությո՛ւնը, պարտքը վճարելիս մարդ միշտ կարծում է, թե ինքն ավելի մեծահոգի և ազնիվ է, քան թե նա, ումից որ պարտք է վերցրել: Ես ինձ նվաստացած չզգացի, իհարկե: Իսկ երբ մանր դրամները շպրտեց, քիչ մնաց, որ ինքս ինձ կորցնեի, և լավ է, որ չկորցրի, որովհետև այս րոպեին նա հիվանդանոցում կլիներ, իսկ ես ոստիկանատանը: Ինչ վերաբերում է այն բանին, որ ուզում էր անկախ և ազատ ախոյան հանդիսանալ, այո էլ միտք չուներ. Որովհետև ես նրա մոտ գնացել էի ամենաբարի մտադրություններով և ոչ մի առիթ չտվի, որ հակառակը կարծեր: Ինչևիցե: Նրա մոտ գնալս ապարդյուն անցավ: Մնում էր մի ուրիշ ելք:

— Դու չափազանց երկար ես խոսում և կրկնում ես միևնույնը, — ընդհատեց նրան Մանեն սառնորեն: — Կարճ կտրիր՝ ի՞նչ ես ուզում:

— Այ, ասում եմ: Մնում էր մի ուրիշ ելք, — այն, որ գայի քեզ մոտ, պարզեի քեզ քո դրությունը և նորից խնդրեի, որ գայիր ամառ գյուղը տանեի քեզ, որովհետև, ինչպես այսօր էլ ասացի, քո այդ սերը ժամանակավոր մի հիվանդություն է, որ առաջացել է, անշուշտ, մենակությունից, պարապությունից, ձանձրույթից, և այդ հիվանդությունից բժշկվելու ամենալավ դարմանն այն կլինի, որ առժամանակ հեռու լինիս Բաղամյանից, նոր անձեր, նոր բաներ տեսնես, նոր տպավորություններ ստանաս: Մինչև անգամ ես կարող էի տանել քեզ արտասահման, եթե... Բայց, — իսկույն վրա բերեց Վահանը, տեսնելով, որ Մանեն անհամբեր դժկամության նշաններ է ցույց տալիս, — այդպիսի բան այլևս չեմ առաջարկում քեզ, որովհետև, այն րոպեից, որ եկա տեսա տանը չես, այդ րոպեին թողեցի մտադրությունս, որովհետև զգացի, իսկ այժմ համոզվում եմ, որ արդեն ուշ է…

— Դարձյա՛լ... դարձյա՞լ ուզում ես ինձ վիրավորել, — բացականչես Մանեն նորից հուզվելով:

— Ներողություն, ներիր խնդրում եմ, — շտապով վրա բերեց Վահանը: — Ես այն չէի ուզում ասել, ինչ որ դու ես կարծում: Ես լիովին հավատում եմ, որ դու մաքուր ես մնացել…

— Լռի՛ր, լռի՛ր, անխի՛ղճ մարդ, — աղաղակեց Մանեն ձեռքերի մատները հյուսելով իրար մեջ, և նրա աչքերի մեջ ցոլացին հուսահատ անզորության արցունքի կաթիլներ: — Ո՞վ է քեզ իրավունք տվել, որ խոսում ես իմ մաքրության մասին... Ուզում ես, որ ես հանգիստ լսեմ քեզ, մինչդեռ ամեն րոպե, ամեն վայրկյան գրգռում ես ինձ, կոպիտ կերպով շոշափում իմ ամենանվիրական զգացումներս, խոսում ես այնպիսի բաների մասին, որոնց վերաբերմամբ չէի կամենալ հաշիվ տալ ո՛չ ոքի... Մի անգամ գլուխս քարովը տվի և խնդրեցի, որ օգնես ինձ: Այժմ չե՛մ ուզում... Լսո՞ւմ ես, չեմ ուզում: Ազատիր ինձ քո հոգացողությունից... խնդրում եմ ազատիր, աղաչում եմ, ազատիր և, եթե կարելի է, մոռացիր իմ գոյությունն անգամ...

— Զարմա՛ցք, զարմա՛ցք, — արտասանեց Վահանը ուսերը թոթվելով: Նա մոտեցավ սեղանին, հանգած սիգարը ձգեց մոխրամանի մեջ, նայեց ժամացույցին և առավ գլխարկը: — Ազատում եմ քեզ իմ հոգացողությունից և գնում եմ: Ինձ մնում է միայն ասել այն, ինչ որ ասացի Բաղամյանին, ես կատարեցի իմ պարտքը: Բարի գիշեր:

Նախասենյակում վերարկուն հագնելիս հարցրեց.

— Դուռը կողպեքով չե՞ք կողպում գիշերները:

Մանեն դուրս գնաց նախասենյակ և լուռ սպասում էր, մինչև, որ Վահանը տնքտնքալով հագավ իր նեղ վերարկուն և հետնից ձիգ տվեց ներքև, որ մեջքի վրա գոյացած ծալքերը նստեն: Հետո եղբոր հետևից իջավ մինչև փողոցի դուռը: Վահանը բաց արեց դուռը և կանգ առավ ակամա:

Փողոցի մեջտեղով, փշշալով ու վշշալով, մի ամբողջ գետ էր վազում հեղեղի ջրերից գոյացած: Երկինքը սկսել էր պարզվել արևմուտքում, որտեղ արդեն երևում էին աստղերը մաքուր ու շողշողուն: Քամին գորշագույն ամպերը քշում էր դեպի արևելք, որտեղ երկինքը փայլատակում էր դեռ, սակայն որոտի ձայն այլևս չէր լսվում: Անձրևն այժմ մաղում էր միայն և, ըստ երևույթին, կտրվելու վրա էր: Մաքրված օդի մեջ զգացվում էր մի հաճելի ցուրտ թարմություն:

— Այս ջրերից անցնելը խաթա է. կոշիկներս թուլուխ պիտի դառնան, — ասաց Վահանը, կռացավ, տնքտնքալով ետ ծալեց անդրավարտիքի տոտերը, վերարկուի օձիքը վեր քաշեց և ապա ցած թողեց ծղոտե գլխարկի շրջապատը հովանոցի ձևով: — Դե՛հ, մնաս բարյավ, առավոտվա գնացքով գնում եմ անպատճառ:

— Գնաս բարյավ, — արտասանեց Մանեն և ակամա առավ եղբոր պարզած ձեռքը:

Վահանը նայեց նրա սառն դեմքին և ժպտաց դառնորեն:

— Շատ հիմար կերպով ենք բաժանվում, չէ՞, — ասաց նա:

Քույրը ոչ մի խոսք չպատասխանեց:

— Ափսո՜ս, — ակամա դուրս թռավ Վահանի բերանից: — Ի՛նչպես ընդունեցիր և ի՛նչպես ես ճանապարհ դնում... Ա՛յ թե որտեղ է ասված՝ «Շատ մի սիրիր. ատել կա: Բայց մի մոռանար մյուս դարձվածքի «Շատ մի ատիր, սիրել կա»... Ինչնիցե: Աստված վերջը բարի անի... Այս անձրևը լավ է: Ես վախենում էի, թե կարկուտ կգա: Անցած տարի խաղողիս կեսը փչացրեց անտերը: Դե՛հ, մնաս բարյավ: Շուտ փակիր դուռը, օդը զով է, քրտնած էիր կմրսես:

Եվ Վահանը դուրս գնաց:

Մանեն դուռը փակեց:

14

Գիշերվա մի ժամին Բաղամյանը զարթնեց անկողնում և զգաց, որ մրսում է: Ամբողջ մարմնի մեջ ինչ-որ անհանգստացնող թմբիր էր զգում. բոլոր ոսկորները, մանավանդ սրունքների մեջ, մղմղում էին կատարվում: Հիշեց, որ այդ գիշեր Մանեին ճանապարհ դնելուց հետո տուն դառնալիս այն աստիճան թրջվել էր անձրևից և քրտնել, որ հազիվ էր կարողացել շորերը հանել անկողին մանելու համար. հետո վեր էր կացել և բաց արել լուսամուտը, որովհետև ննջարանում սաստիկ տոթ էր կանգնած: Լուսամուտն այդպես էլ բաց էր մնացել, և նրան թվում էր, թե այժմ այդտեղից ցուրտ քամի է փչում, բայց նա սաստիկ ալարում էր վեր կենալ և լուսամուտը փակել: Նա կոլոլվեց վերմակի մեջ, ծնկները պինդ ծալեց սրունքների մեջ զգացած մղմիղը հանգստացնելու համար և նորից քնեց:

Բայց այս անգամ շատ անհանգիստ էր նրա քունը: Նրան թվում էր, թե քնած չէ, վեր է կացել, ուզում է փակել լուսամուտը, բայց չի կարողանում, փեղկերը կպել են պատին, իսկ դրսից ցուրտ քամի է փչում, այն աստիճան ցուրտ, որ նրա ատամները զարկվում են իրար: Նա դառնում է, որ գնա նորից պառկի, բայց հանկարծ կանգ է առնում. նրա առաջ կանգնած է Վահանը իր իսկայական մարմնով և ասում է՝ «Ո՞ւր եք գնում»: Արյունը խփում է նրա գլխին, և նրան թվում է, թե հանկարծ կրակի բոցեր են պատում իր մարմինը: Ցնցողաբար բարձրացնում է ձեռքը, որ ապտակ տա նրա չար թշին, բայց մեկ էլ տեսնում է, որ իր առաջ կանգնած է ոչ թե Վահանը, այլ Մանեն ձեռքերի ափերը քունքերին դրած և ջշնջում է սաստիկ չռած աչքերով՝ «Բաղամյան, մի՛թե այդ դուք եք... դուք...»: Բաղամյանը ետուետ է գնում, զարկվում է լուսամուտի տախտակին, և ցուրտը սառույց է կտրում նրա մեջքը...

Բաղամյանը շուռ եկավ մյուս կողքի վրա և տնքաց ողնաշարի մեջ զգացած ցավից: Նա բաց արեց աչքերը և տեսավ, որ արդեն լուսացել է:

Գիշերվա հեղեղից հետո առավոտը հիանալի էր: Ննջարանը ողողված էր արևի ջերմ ճառագայթներով: Բաց լուսամուտից երևում էր մաքուր երկինքը փիրուզի պես բաց կապույտ ու անփայլ: Սեղանի վրա ճկճկում էր ծոցի ժամացույցը: Դուրսը, լուսամուտի տակ, մածուն ծախող վրացի գյուղացին բղավում էր՝ «Մածո՛նի, մածո՛նի...»:

Բաղամյանը վեր կացավ անկողնից շատ վատ տրամադրության մեջ: Պարզապես զգում էր, որ հիվանդ է: Մարմինը սարսռում էր. ծնկները ծալվում էին. գլուխը կապարի ծանրություն էր ստացել. աչքերի կապիճների և քունքերի մեջ երբեմնակի սուր ցավ էր զգում, գիշերը կիսաքուն անցկացրած արբած մարդու նման, թվում էր, թե ողնաշարը կորացել ու փետացել է և չի կարողանում շտկել, երբեմն-երբեմն շունչը կտրվում էր թիկունքի մեջ զգացած ծակոցներից:

Բայց և այնպես սովորական ժամին գնաց խմբագրատուն: Ամեն անգամ, որ խոնարհվում էր այս կամ այն հոդվածի կամ թղթակցության մեջ որևէ բան կամ նախադասություն ջնջելու կամ փոփոխելու համար, նրան թվում էր, թե գանգի մեջ ուղեղի տեղ ընկած է արճճի մի զանգված, որ ծանրորեն դիպչում է ճակատին և գլուխը քաշում է ներքև:

Մի կերպ վերջացնելով աշխատանքը, տուն դարձավ: Ախորժակն այնպես կապվել էր, որ հացի մի պատառ անգամ չառավ բերանը: Նրա ամբողջ մարմինը ձգտում էր դեպի անկողին, բայց նա կարեվեր ջանք էր գործ դնում չպառկելու, որովհետև կանխազգում էր, որ եթե պառկի, այլևս չպիտի կարողանա վեր կենա:

Մինչդեռ նա ուզում էր գնալ Մանեի մոտ, ուզում էր ասել նրան, որ գիշերվա իր վարմունքի գիտակցությունը սպանում է իրեն, որ այդ գիտակցության պատճառած անտանելի տանջանքից իրեն ազատել կարող է միայն նրա ներումն ու մոռացումը: Ներել և մոռանալ — այդ է փափագում միայն, փափագում է իր ամբողջ էությամբ, իր հոգու ամբողջ զորությամբ:

Այդ մտադրությամբ երեկոյան դեմ դուրս եկավ տնից: Քաղաքի փողոցները կամաց-կամաց լցվում էին ամառվա երեկոներին հատուկ ժխորով: Ամեն մի սուր ձայն, կառքի ամեն մի դղրդոց անտանելի ցավ էր պատճառում նրա հիվանդ ջղերին: Նա կանգ առավ տրամվայի կայարանում, սպասելով վագոնին, երբ հանկարծ առաջովը սլացող կառքերից մեկը գրավեց նրա ուշադրությունը: Այդ կառքի մեջ նստած էր Մանեի ամուսինը — Սանթրոսյանը — ժոկեի գլխարկով և երկարաճիտ կոշիկներով: Բաղամյանը ձեռքը մեքենայաբար տարավ դեպի գլխարկը, բայց

Սանթրոսյանը, ըստ երևույթին, չտեսավ նրան, և կառքը սլացավ անցավ:

Երկար ժամանակ Բաղամյանը նայում էր կառքի հետևից տեղնուտեղը քարացած, մինչև որ կառքը չքացավ նրա աչքից. հետո մեքենայաբար նստեց հենց այնտեղ դրված երկայն նստարանի վրա, մի հաստ կնոջ կողքին, և չտեսավ տրամվայի վագոնը, որ եկավ մի-երկու րոպե կանգնեց կայարանում և, հաստ կնոջն ու մի քանի ուրիշ նստողներ ընդունելուց հետո, շարունակեց ճանապարհը զանգակը զրնգզրնգացնելով:

Սանթրոսյանի հանդիպումն այն աստիճան անակնկալ էր նրա համար, որ նա հարց տվեց իրեն, թե դա մի պատրանք չէ՞ր արդյոք, կառքի մեջ նստած մարդն արդյոք Սանթրոսյա՞նն էր, թե նրան նման օտար մի մարդ: Երբ անակնկալի առաջին զորեղ տպավորությանն անցավ, նա տեսավ, որ այդտեղ զարմանալի ոչինչ չկար. մարդը կորած չէր, երկարատև բացակայությունից հետո այսօր-վաղը գալու, էր, և ահա եկել է... Բայց ե՞րբ է եկել, երեկ գիշե՞ր, թե՞ այս առավոտ... թե՞ հենց նոր է գալիս: Բաղամյանը շտապով հանեց ժամացույցը և նայեց, ժամը վեցին մոտ էր: Երկար ժամանակ նա աշխատում էր հիշել, թե այդ ժամին երկաթուղու որևէ գնացք արդյոք ժամանո՞ւմ է Թիֆլիս. հետո վեր կացավ և դիմեց մոտիկ կանգնած մի ոստիկանի: Ոստիկանը չգիտեր: Վերջը մի կառապանից իմացավ, որ այդ ժամին ոչ մի գնացք չի ժամանում: Ուրեմն Սանթրոսյանն եկել է կամ երեկ գիշեր, կամ այս առավոտ (այդ ժամերին արդեն, — Բաղամյանն այդ լավ գիտեր, — գնացքներ ժամանում էին Թիֆլիս):

Նորից նստեց նստարանի վրա և, բոլորովին ուշադրություն չդարձնելով, թե ինչ է կատարվում շուրջը, անձնատուր եղավ մի ծանր մտատանջության: Արդյոք ե՞րբ է եկել Սանթրոսյանը — գիշե՞րը, թե՞ այս առավոտ: Արդյոք ի՞նչ կլինի պատահած, եթե եկած լինի գիշերը, այսինքն այն ժամանակ, երբ Մանեն իր մոտ էր: Արդյոք ինչո՞վ կլինի բացատրած կնոջ տարաժամ բացակայությունը տնից և վերադարձը կես գիշեին: Իհարկե, հարցրած կլինի, թե որտեղ էր, և արդյոք ի՞նչ կլինի պատասխանած Մանեն... Այս և այդպիսի բազմաթիվ հարցեր մեկը մյուսի հետևից փոթորկի պես անցնում էին նրա գլխով, և նա չէր կարողանում կանգ առնել որևէ մեկի վրա, սառնորեն մտածել, դատել և հավանական պատասխանը գտնել: Բայց միևնույն էր, ամեն մի պատասխան դարձյալ կասկածելի պիտի լիներ նրա համար և չպիտի կարողանար հանգստացնել նրան, մինչև որ չիմանար, թե երբ էր եկել Սանթրոսյանը, — գիշե՞րը, թե այս առավոտ: Այս էր գլխավոր հարցը, որ սաստիկ մտատանջում էր Բաղամյանին, և այն միտքը, թե Սանթրոսյանը կարող է եկած լինել գիշերը և իմացած լինել ամեն բան, սառն քրտինք էր դուրս կորզում նրա ճակատից: Իր համար չէր, որ վախենում էր նա, այլ Մանեի համար, որովհետև գիտեր, թե որ աստիճան անկեղծ էր իր սիրած այդ կինը և որքան անընդունակ սուտ խոսելու, իր ուր եղածը ծածկելու, իսկ ամուսնու նախանձն ինչե՛ր ասես չի կարող անել...

Հանկարծ մի անմիտ բուռն ցանկություն տիրեց Բաղամյանին. — գնալ ուղղակի Սանթրոսյանի մոտ, խոստովանել նրան ամեն բան, ասել, որ Մանեն անմեղ է, առաքինի, հավատարիմ, մաքուր. ինչ որ պահանջելու է նրանից, թող պահանջի իրենից, ինչ որ անելու է նրան, թող անի իրեն, ինքն ամեն, ամեն բանի պատրաստ է, նույնիսկ իր կյանքն իր ձեռքով զոհաբերելու, միայն թե չվշտացնի նրան, չվիրավորի նրան, ձեռք չտա նրան... Իսկ եթե, այնուամենայնիվ, ձեռք կտա, կհամարձակվի ձեռք տալ... օ՜, այն ժամանակ... Բաղամյանի ջղերը սաստիկ լարվեցին, և նա վեր կացավ ակամա: «Կսպանեմ... աստված է վկա, կսպանեմ», — մտածեց նա և այդ րոպեին լիովին զգում էր, որ ուրիշ կերպ վարվել չէր կարող այն մարդու հետ, որը պատահական տերն էր իր պաշտած կնոջ, — այն կնոջ, որի մի կաթիլ արցունքը չէր փոխիլ ամբողջ աշխարհի հետ...

Բայց ամենից առաջ պետք էր իմանալ, թե երբ էր եկել Սանթրոսյանը: Ինչպե՞ս իմանար, ումի՞ց իմանար: Նրա միտն ընկավ Հեղինեն, որը թերևս այդ օրը տեսած լիներ ընկերուհուն, հետևաբար կիմանար, թե երբ է եկել նրա ամուսինը: Բաղամյանն էլ երկար չմտածեց այդ մասին և անմիջապես դիմեց դեպի Հեղինեի տուն:

15

Հեղինեն տունը չէր: Ծառան Բաղամյանին հրավիրեց սեղանատուն: Այստեղ Բաղամյանը, բացի Հեղինեի խուլուհամր քրոջից՝ Սալոմեից, տեսավ և Նաիբյանին: Սալոմեն նստած էր հեշտաեռի առաջ և գուլպա էր գործում մատների զարմանալի արագ շարժումներով: Մայր մտնող արևի կարմրավուն ճաճանչները բոցավառվում էին բաց լուսամուտի ապակիների մեջ և այդտեղից անդրադառնում ոսկու պես պլպլացող փոքրիկ մաքուր հեշտաեռի ուռուցիկ փորի մեջ: Սեղանի հակառակ ծայրին դրված էին մի հոգու ճաշի դեռևս ձեռք չտված պարազաներ: Նաիբյանն արագ քայլերով անցուդարձ էր անում սենյակի երկարությամբ, անդադար կրծելով փոքրիկ բեղը շրթունքի մերթ ձախ, մերթ աջ կողմը: Զսպած հուզումից նրա խորշոմած պստիկ դեմքի վրա մկանունքները ցնցվում էին ջղաձգաբար, և խոշոր աչքերը փայլում ինչ-որ չարագուշակ կրակով: Ամեն բանից երևում էր, որ անհամբեր սպասողական դրության մեջ էր: Սալոմեն շուտ-շուտ վախեցած հայացքներ էր ձգում նրա վրա և սաստիկ անհանգիստ էր երևում: Բաղամյանի գալուստը խիստ ուրախացրեց նրան: Նա վեր թռավ տեղից և Բաղամյանին տարավ նստեցրեց իր մոտ:

— Օրիորդը ո՞րտեղ է, շո՞ւտ կգա, — հարցրեց Բաղամյանը բարձրաձայն, մոռանալով, որ ինչքան էլ բարձր խոսի — միևնույն է, Սալոմեն չի լսի:

Սալոմեն նրա առաջը քաշեց մի կտոր թուղթ ու մատիտ, որ մշտապատրաստ պահում էր իր մոտ: Բաղամյանը գրեց իր հարցմունքը:

Սալոմեն կարդաց, թուղթը շուռ տվեց և մատով ցույց տվեց իր պատասխանը, որ գրել էր արդեն Նաիբյանի գրած նույն հարցմունքի տակ. «Չգիտեմ: Այսօր շատ ուշացավ»: Երբ Բաղամյանը կարդաց այդ պատասխանը, Սալոմեն մտահոգ հայացքով ծածուկ նրա ուշադրությունը հրավիրեց Նաիբյանի վրա և գրեց հետևյալը. «Լավ է, որ եկա՛ք: Ես սաստիկ վախենում եմ այդ պարոնից: Մեկ հարցրեք՝ ի՞նչ է ուզում, ինչո՞ւ հանգիստ չի տալիս քրոջս»: Երբ Բաղամյանն այդ էլ կարդաց, Սալոմեն վերցրեց թուղթը, ճմռեց և գրպանը կոխեց, երևի վախենալով, թե միգուցե Նաիբյանը կարդա:

Բաղամյանը նայեց Նաիբյանին: Նաիբյանը շարունակում էր ջղային արագ քայլերով անցուդարձ անել սենյակում, և ամեն մի անցուդարձի ժամանակ վայրկենաբար հանգչում և նորից վառվում էին հեշտաեռի փորի մեջ լուսամուտի ապակիներից անդրադարձող արևի ճաճանչները:

— Նաիբյան, ի՞նչ է պատահել, — հարցրեց Բադամյանը զարմացած, նոր նկատելով, որ նա չափազանց հուզված է:

— Ինչ որ պատահել է կտեսնես, — արտասանեց Նաիբյանն ատամների միջից, քայլելիս մի պապիրոս հանեց, վառեց և լուցկին շպրտեց բաց լուսամուտից դուրս:

Էլի հին պատմությունը, — մտածեց Բադամյանը, որին շատ լավ հայտնի էին Նաիբյանի և Հեղինեի տարօրինակ հարաբերությունները: Նա այլևս չփորձեց որևէ բան իմանալու Նաիբյանից: Այդ միջոցին նրան ոչինչ չէր հետաքրքրում, նրան զբաղեցնում էր միայն այն տաժանելի միտքը, թե ե՞րբ էր եկել Սանթրոսյանը, և Հեղինեն կգիտենա՞ր արդյոք այդ:

Վերջապես եկավ Հեղինեն: Նա մտավ իրեն հատուկ աղմկալի քայլերով, մանկաբարձական գործիքների անբաժան պայուսակը ձեռքին, շոգից և արագ քայլելուց կարմրատած ու քրտնած: Նրան տեսնելուն պես Նաիբյանը կանգ առավ և դադարեց բեղը կրծելուց:

Հեղինեն ամենևին ուշադրություն չդարձրեց նրան կամ ցույց տվեց, թե ուշադրություն չի դարձնում, անցավ ուղղակի նրա քթի տակով, մի բարև շպրտեց Բադամյանին, պայուսակն ու փեղույրը դրեց լուսամուտի տախտակի վրա ու գնաց նստեց սեղանի մոտ:

Օ՛հ, մեռա, — ասաց նա, հոգնած ետ ընկավ աթոռի մեջքին, պենսնեն վերցրեց քթից և սկսեց թաշկինակով հով անել երեսին: Հետո, հանկարծ տեսնելով ճաշի պարագաները դարձավ քրոջը. — Այս ի՞նչ է: Ես ճաշել եմ: Հավաքել տուր այս բաները:

Սալոմեն հասկացավ նրան: Երկու քույրերն առհասարակ այնքան վարժվել էին, որ հասկանում և հասկացնեմ էին իրար ամեն բան առանց որևէ դժվարության. իսկ դժվար դեպքերում, երբ գրելը սրտամաշ մի բան էր, մանավանդ Հեղինեի համար, հասկացնում էին իրար մատներով, որոնց մի շարժումն առանձին տառի նշանակություն ուներ նրանց համար, իսկ այդ պայմանական տառերից նրանք ամբողջ բառեր և նախադասություններ էին կազմում: Բայց Հեղինեի ասածը հասկանում էր մեծ մասամբ նրա շրթունքների շարժումներից, այնպես որ Հեղինեն շատ անգամ իր ասելիքն ասում էր առանց որևէ ձայն հանելու, այլ միայն շարժում էր շրթունքները որոշակի: Առհասարակ կանանց և երեխաների ասածը Սալոմեն ավելի լավ էր հասկանում, քան տղամարդկանց ասածը, որոնց բեղերը խանգարում էին նրան նրանց շրթունքների շարժումը որոշակի նկատելու: Սալոմեն վեր կացավ, գուլպան դրեց աթոռի վրա և սկսեց իր ձեռքով հավաքել ճաշի պարագաները:

— Անտանելի պաշտոն է մեր այս պաշտոնը, — ասաց Հեղինեն, դառնալով Բաղամյանին: — Մի րոպե հանգստությո՛ւն չունենք: Մի տնից քարշ են տալիս մյուսը: Էլի վնաս չունի, եթե ցերեկն է պատահում այդ. բայց որ կեսգիշերին են գալիս, երբ անկողնումդ քաղցր քնած ես լինում, դե կարող եք, էլի երևակայել... Արի տես, որ մեր այս օրհնված կանայք էլ մեծ մասամբ գիշերներն են ցավում: Առհասարակ ես նկատել եմ, որ մարդկային արարածները աշխարհ են գալիս և աշխարհից հեռանում մեծ մասամբ գիշերները... Բայց ի՞նչ է պատահել ձեզ, Հիվա՞նդ եք, — հարցրեց նա պեննսնեն դնելով և դիտելով Բաղամյանի գունատ դեմքը:

— Հա, մի քիչ մրսել եմ:

— Եվ ի՞նչ, եկել եք որ բժշկե՞մ, — հարցրեց Հեղինեն ծիծաղելով և հանկարծ վրա բերեց, — հա՛, կարող եմ շնորհավորել ձեզ, Սանթրոսյանն եկել է:

— Դուք ո՞րտեղից գիտեք այդ, — հարցրեց Բաղամյանն ուրախացած, որ Հեղինեն ինքն սկսեց խոսել իրեն այնքան մտատանջող հարցի մասին:

— Այս առավոտ տեսա նրան, այն ժամանակ, երբ կառքով տուն էր գնում կայարանից: Վահանն էլ հետն էր:

Բաղամյանը սաստիկ թեթևացած շունչ քաշեց: Հարցը լուծված էր. Սանթրոսյանն եկել էր առավոտյան: Ուրեմն Մանեն ... «Ա՜խ, որքա՜ն սիրում եմ, որքա՜ն սիրում...» մտածեց Բաղամյանը տանջող անձկությամբ:

Հեղինեն նայեց նրան խորամանկ ժպիտով:

— Եկեք մի բան ասեմ, Բաղամյան, չնեղանաք:

— Ի՞նչ:

— Դուք վախենում եք:

— Ումի՞ց:

— Ես ի՞նչ գիտեմ, — բացականչեց Հեղինեն և այս անգամ ծիծաղեց նույնիսկ վիրավորական կերպով:

Չնայելով իր ինքնազսպումին, Բաղամյանն, այնուամենայնիվ շփոթվեց և ակամա հարց տվեց ինքն իրեն՝ իիրավի արդյոք Մանեի համա՞ր էր իր մտահոգությունը, թե իր անձի համար ևս...

— Ես դեռ չտեսա մի մարդ, — շարունակեց Հեղինեն, — որ սիրելիս լինի ուրիշի կնոջը և սարսափելիս չլինի նրա ամուսնուց... Խնդրեմ, խնդրեմ, մի փորձեք համեմատել. ես գիտեմ, ինչ որ ասում եմ... Բայց զարմանալի երևույթ, այդպիսի բան կանանց մեջ չի նկատվում, կինն ամուսնացած տղամարդուն սիրած ժամանակ իսկի բանի տեղ չի դնում նրա կնոջը: Ինչո՞վ կբացատրեք այս:

— Որովհետև այդպիսի կանայք սովորաբար պոռնկական բնավորություն են ունենում, — լսվեց նրա հետևից:

Հեղինեն, որ կարծես բոլորովին մոռացել էր Նասիբյանի ներկայությունը, ուսի վրայից նայեց նրան և ոչինչ չասաց:

Ճաշի պարագաները հավաքելուց հետո, Սալոմեն նստեց իր առաջվա տեղը, հեշտաեռի մոտ: Նա դարձավ քրոջը և ինչ-որ անախորժ ձայներ արձակեց:

Հեղինեն հասկացավ նրան և պատասխանեց վանկ-վանկ, աշխատելով որոշ արտահայտություն տալ շրթունքների շարժմանը:

— Ու-շա-ցա, ո-րով-հե-տև ճա-նա-պար-հին բըռ-նե-ցին տա-րան ու-րիշ ծը-նընդ-կա-նի մոտ:

— Սո՛ւտ ես ասում, — հանկարծ աղաղակեց Նասիբյանը և կանգ առավ դողալով:

Հեղինեն աթոռի վրա դարձավ դեպի նա:

— Պարոն, ես քեզ խորհուրդ եմ տալիս, խելոք կաց, — ասաց նա սպառնալից հանգստությամբ: — Այսքան ժամանակ համբերեցի, բայց էլ մտադիր չեմ համբերելու, մեկ էլ տեսար ծառային կանչեցի և վզակոթիդ տալով փողոց շպրտել տվի:

Նասիբյանը փրփռաց:

— Ի՞նչ ... ի՞նչ ... դեռ խոսում է՞լ ես ... դեռ սպառնում են է՞լ ես, — ֆշշացրեց նա ատամները սեղմած, ձեռքերը բռունցք կազմած և հետզհետե մոտենալով Հեղինեին սպառնագին:

Հեղինեն վեր թռավ տեղից և վերցրեց թեյի դատարկ բաժակներից մեկը:

— Չմոտենաս, թե չէ՝ տեսնո՞ւմ ես այս բաժակը ... ճակատիդ վրա կփշրեմ:

Բաղամյանին այստեղ ևս վիճակված էր նույն դերը կատարել, ինչ որ թատրոնի պարտեզում Վահանի և Նասիբյանի միջև պատահած ընդհարման ժամանակ: Նա վեր կացավ, գրկեց Նասիբյանի պստիկ մարմինը և հեռացրեց:

Բայց Նասիբյանն այդ բանից ավելի փրփրեց:

— Թող, մի բռնիր, — աղաղակեց նա, անզուսպ կատաղությամբ խփելով Բադամյանի կրծքին:

Բադամյանը թողեց նրան, բայց ձեռքերով կապեց նրա ճանապարհը:

Այն ժամանակ Բադամյանի ուսի վրայից դառնալով դեպի Հեղինեն, Նասիբյանը շարունակեց աղաղակել.

— Դու սուտ ես ասում, քեզ որ մի նոր ծննդկանի մոտ չեն տարել, այլ դու եղել ես այն պարոնի մոտ և նրա մոտ էլ ճաշել... Կարծում ես ես այդ չգիտե՞մ ... Ես ամեն բան գիտեմ, և ինձ չես կարող խաբել ... Լսու՞մ ես, չես կարող...

— Խեղճ իմ գլուխ: Հապա ի՞նչ անեմ, որ չխաբեմ, ոտներս դողում են քեզնից, — ասաց Հեղինեն ծիծաղելով:

— Ծաղրում էլ ես, հա՞ ... Ծիծաղում էլ ես, հա՞ ... Ես քեզ... կմորթեմ, — ճչաց Նասիբյանը:

— Թե աստված կսիրես, — ասաց Հեղինեն ավելի բարձրաձայն ծիծաղելով: — Այ քսուտ, հավ որ մորթես, այն էլ մեծ քաջություն կլինի քո կողմից ... Բադամյան, ի՞նչ եք բռնել: Թողեք, իսեր աստծո, կկարծի թե իսկապես մի բան է, որ ձեռները բռնում են:

Բադամյանն ազատ թողեց Նասիբյանին: «Փու, ինչ զզվելի է...», — մտածեց նա:

Նասիբյանը կատվի պես հավաքեց իրեն, ըստ երևույթին պատրաստվելով հանկարծ ոստնել դեպի Հեղինեն:

Հեղինեն նորից վերցրեց թեյի դատարկ բաժակը:

— Համարձակվիր մոտենալ, համարձակվել, — սպառնաց նա հաստատուն ձայնով:

Խուլ ու համր Սալոմեն, որ մինչև այժմ սարսափահար նայում էր մերթ Նասիբյանին, մերթ քրոջը, առաջ նետվեց Նասիբյանի ճանապարհը փակելու համար, բայց քույրն իսկույն բռնեց նրա թևից, նստեցրեց և, նորից դառնալով Նասիբյանին, կանչեց նույն հաստատուն ձայնով:

— Արի ... քաջ ես, մոտեցիր:

Հեղինեի մարտակոչն այն աստիճան ազդու էր, որ Նասիբյանը տեղից շարժվել չկարողացավ: Նա ուզում էր խոսել, աղաղակել առաջվա պես, նույնիսկ ջարդել, փշրել, բայց այն գիտակցությունը, որ ինքը ոչինչ չի կարող անել, կապում էր նրա ձեռքն ու ոտքը և խեղդում էր նրան: Կարճ ժամանակ երկու ախոյան կանգնած էին իրար դեմ առ դեմ, երկուսն էլ լուռ էին, բայց մեկնանզոր կատաղությունից ինքն իրեն ուտելով, մյուսը հանգիստ և անսասան, բայց խիստ վճռական-սպառնական դիրք բռնեց:

— Ես հիմա ոչինչ չեմ անիլ... ոչինչ չեմ կարող անել դժբախտաբար, — ասաց, վերջապես, Նասիբյանը ծանր շնչելով:

— Թե աստվածդ կսիրես, — խաղրեց Հեղինեն:

— Բայց ուրիշ անգամ ... կտեսնես ...

— Եթե դու կհամարձակվես դարձյալ ոտ դնել այստեղ, ոտդ կփշրեմ:

— Շատ բարի, շատ բարի, շատ բարի, — արտասանեց Նասիբյանը ատամների միջից, գլխարկը թռցրեց աթոռի վրայից և արագ քայլերով դիմեց դեպի Հեղինեն: — Բայց այժմ գիտե՞ս ինչ կասեմ քեզ: Ես կասեմ, որ դու ... ծախու արարած ես:

Եվ նախքան նա դուրս կգնար, ինչ-որ մի բան ուժգնորեն տրաքեց նրա ականջի մոտ, և ինչ-որ սուր-սուր բաներ մանրիկ սառույցների պես դիպան նրա երեսին: Դա թեյի բաժակն էր, որ Հեղինեն ձեռքի կատաղի թափով շպրտեց նրա հետևից: Բաժակը թռավ սեղանի մոտ նստած Բաղամյանի գլխով, շեշտակի անցավ Նասիբյանի ականջի մոտով և, դիպչելով դռանը, տրաքեց ու փշուր-փշուր ցանուցիր եղավ հատակի վրա:

Նասիբյանը չքացավ սենյակից:

Տեսարանն այնքան տգեղ էր, որ Բաղամյանն ակամա, դարձրեց երեսը, որպեսզի չնայի Հեղինեին: Նա իր մեջ վիրավորված էր տեսնում այն նուրբ զգացումը, որ տածում էր առհասարակ դեպի կին-արարածը, իսկ այդ րոպեին իր առաջ տեսնում էր ոչ թե մի կին, մի քնքուշ արարած, որի բոլոր գրավչությունն իր քնքշության մեջն էր, այլ մի կոպիտ տղամարդ, որը հարկավոր դեպքում պատրաստ է դիմելու բռունցքի:

Իսկ խեղճ Սալոմեն, մեռելի պես գունատված, նայում էր քրոջ դեմքին սարսափահար և, առանց այն էլ լեզու չունենալու, բոլորովին զրկվել էր ձայն հանելու ընդունակությունից: Հեղինեն կանգնած էր սեղանի մոտ և, գունատ, ամբողջ մարմնով դողում էր կատաղությունից: Բաժակը շպրտելիս պենսնեն ընկել էր նրա քթից և դայթանի վրա կախ ընկել նրա կրծքին:

— Ա՛խ, թե մի կդիպչեր... ա՛խ, թե մի կդիպչեր, — ասում էր նա գոհացում չտեսած վրիժառության անզորությամբ: — Գժվում եմ, գժվում, որ մտածում եմ, թե ինչպես նա համարձակվում է այդպիսի իրավունքներ բանեցնել ինձ վրա, գոռալ հոխորտալ, այդպիսի անամոթ խոսքեր ասել երեսիս... ինչպե՛ս է համարձակվում... Այսպիսի բան տեսնված կա՞ աշխարհիս երեսին... Երեկվա քնձռոտ, քոսոտ շունը, որի առաջ խղճահարությունից մի քիչ հացի փշրանք եմ նետել, այսօր տեր ու տիրական է դառել գլխիս, հաշիվներ է պահանջում ինձնից, վիրավորում է ինձ ամենալիրբ կերպով... Եվ այս բանն ես ստիպված եմ տանել ամե՛ն օր, շարունա՛կ... Սա ի՛նչ դրություն է, սա ի՛նչ դրություն է...

Հեղինեն ոտով դեն հրեց աթոռը, պեննենե քթին դրեց և խիստ հուզված սկսեց անցուդարձ անել սենյակում:

— Ո՛չ, բավական է, — աղաղակեց նա, — այլևս չեմ կարող դիմանալ: Մինչև այժմ ես միայն սպառնում էի, բայց չէի կատարում սպառնալիքս, իսկ այժմ... Ես կգնամ ոստիկանատուն և ապահովություն կպահանջեմ... Այսպես չի կարելի... Մարդ հանգստություն չունենա մինչև անգամ իր սեփական տանը... Սա ի՛նչ դրություն է... Գոնե մի խոսքով, մի ամենահասարակ խոսքով կապված լինիմ նրա հետ, էլի կասեմ քարն իմ գլուխը, իրավունք ունի, բայց, ախր ես ո՞վ, նա ո՛վ, ի՞նչ կապ կա մեր մեջ... Մի բան, մի փաշա, մի սուլթան այն իրավունքները չի բանեցնիլ իր հարճի վրա, ինչ իրավունքներ որ նա է բանեցնում ինձ վրա... Սա գժվելու բան չէ՞...

Հատակի վրա ցրիվ եկած բաժակի փշուրներն ընկնում էին նրա ոտների տակ և տրխկալով ավելի ևս փշրվում. այդպիսի դեպքերում նա կանգ էր առնում, ոտով շպրտում էր փշուրները պատի կողմը և նորից շարունակում իր ջղային քայլվածքը:

Հանկարծ նա կանգ առավ Բաղամյանի առաջ, որը, բոլորովին անտարբեր ու անզգա, նայում էր լուսամուտի ապակիներին, որոնց մեջ հետզհետե հանգչում էին արևի ճառագայթները:

— Վիպասան մարդ եք,ահա ձեզ մի տիպ, հայոց ազգի ազատամիտի մի տիպ: Անաչառ եղեք, դուրս բերեք այդ տիպը: Ինչո՞ւ չեք դուրս բերում: Երևի կասեք, որ դա տիպ չէ, որ դա պարոդիա է: Բայց ո՞ր ազատամիտը մեզանում պարոդիա չէ, ասացեք խնդրեմ, ո՞ր ազատամիտը...

Բաղամյանն արմունկները դրեց սեղանի վրա, աչքերը փակեց և ճակատն ու քունքերը սեղմեց մատների մեջ: Նա սիրտ չուներ խոսելու. հազիվ թե լսում էլ էր Հեղինեի ասածները. զգում էր միայն, որ նրա ծկլթոցները սաստիկ գրգռում են իր ջղերը: Այժմ նա բոլորովին հիվանդ էր զգում իրեն. գլուխը սաստիկ ցավում էր. ճակատը մերթ սառում էր, մերթ վառվում, բերանի մեջ անհամություն էր զգում, կարծես դառն բան լիներ կերած, մեջքը և սրունքները կոտրատվում էին առավոտվանից ավելի սաստիկ անհուն փափագ էր զգում պառկելու և պինդ. սաստիկ պինդ ծալելու ծնկները:

— Դուք լսում եք, հա՞, — շարունակեց Հեղինեն: — Լռո՞ւմ եք, որովհետև հաշիվներիդ չի գալիս, որ խոսեք, չէ՞: Դուք ստիպված եք չտեսնելուն տալ այս զազրելի տիպը որովհետև ձեր կուսակցությանն է պատկանում, չէ՞ ... Բայց իմացե՛ք, այսուհետև ես թքել եմ ձեր բոլոր կուսակցությունների վրա, որովհետև ձեր այդ կուսակցությունների անունը կա միայն, իսկ ամանումը... ցեխ կա միայն: Ես այժմ հասկանում եմ Վահանին, նա բոլորովին իրավունք ուներ արհամարհելու և ծաղրելու ձեզ բոլորիդ էլ, որովհետև ի՞նչ եք դուք — ֆրազյորներ և կապիկներ: Ձեզ որ փետրահան անեն, տակներիումդ մի-մի մղդսի դուրս կգա: Բայց ափսոս մղդսին. նա գոնե համբերատար է, իսկ ձեր հոգու խորքում մի-մի սուլթան կա նստած: Դուք ազատամիտ, մինչև անգամ չափազանց ազատամիտ եք, երբ գործը չի վերաբերում ձեր անձնականին, բայց հենց որ բանը գալիս է ձեր կաշուն, դուք ամենաթունդ խավարամիտից էլ խավարամիտ և, որ ամենազարշելին է, պարզապես բռնակալ եք դառնում: Ձեր այս անտանելի օդում խեղդվել կարելի է... Բաղամյանը վեր կացավ:

— Ներեցեք, ես գնում եմ:

Հեղինեն հանկարծ լռեց և զարմացած նայեց նրան:

— Գնո՞ւմ եք:

— Այո: Վատ եմ զգում ինձ:

— Թե՞ նեղացար իմ խոսքերից:

— Չէ: Ձեր խոսքերը, համենայն դեպս, ավելորդ էին, և դուք էլ իզուր եք այդքան տաքանում, մի՞թե չեք տեսնում, որ նա շատ էլ նորմալ վիճակի մեջ չէ...

— Որ այդպես է, թող գնա գժատուն, ինչո՞ւ է ինձ մոտ գալիս:

— Վերջիվերջո կգնա, ապահով եղեք:

16

Տուն հասնելուն պես Բաղամյանը պառկեց: Մարմնի մեջ սաստիկ ցուրտ էր զգում, այնուհետև ջերմեց: Թիկունքի մեջ ծակոցները սաստկացել էին: Գիշերն անցկացրեց խիստ անհանգիստ: Սաստիկ տաքության մեջ նրան թվում էր, թե պտտվում վեգի պես և այդպես պտտելով գլխիվայր սլանում է շեշտակի մի մութ անդունդ՝ լի ինչ-որ աղոտ-փայլուն բծերով՝ նման մանրիկ աստղերի:

Առավոտյան ծառային ուղարկեց ծանոթ բժշկի հետևից: Բժիշկը հանգստացրեց նրան, ասելով, որ ոչինչ չկա, հարկավոր է միայն տաք մնալ և քրտնել, և դեղ գրեց: Սակայն օրվա ընթացքում Բաղամյանը նորից դողացրեց և ջերմեց: Երկրորդ օրը նկատեց, որ չոր կերպով հազում է: Այդ բանը վախեցրեց նրան: Բժիշկը նորից եկավ. այս անգամ ուշի-ուշով քննեց հիվանդի թոքերը և ասաց, որ հարկավոր է շատ զգույշ կենալ, և նոր դեղ գրեց:

Սակայն այլևս ոչ մի զգուշություն և ոչ մի դեղ չօգնեց: Թոքերի բորբոքումը գնալով սաստկանում էր. օր-օրի վրա բարձրանում էր տաքության աստիճանը. հիվանդը չէր կարողանում ամոքել ծարավը կաթի և սելթերյան ջրի խառնուրդով, որ բժիշկը պատվիրել էր խմել ջրի տեղ: Իսկ հազը հետզհետե չորանում էր և ուժեղանում: Հինգերորդ օրվանից գիշերները, երբ տաքության աստիճանը խիստ բարձրանում էր, նա կորցնում էր ուշքը և զառանցում: Սակայն առավոտները համեմատաբար լավ էր լինում և կարողանում էր մտածել իր դրության մասին: Իսկ այդ դրությունը նրան հանաք բան չէր երևում: Նրան վախեցնում էր մանավանդ այդ չոր հազը, որ ուժգնության րոպեներին կարծես ուզում էր պոկել նրա թոքերն և դուրս շպրտել բերանից:

Ուշքը գլխին եկած ժամանակ նրա միտքը շարունակ պտտվում էր Մանեի շուրջը, և մի տարօրինակ եսական-վրեժխնդրական զգացում թելադրում էր նրան մեռնել: Նրա ջերմոտ երևակայությունը ստեղծում էր զանազան սանտիմենտալ տեսարաններ, և նա առանձին հաճությամբ կանգ էր առնում այն տեսարանի վրա, թե ինչպես ինքը պառկած է դագաղի մեջ, ձեռքերը կրծքին ծալած, գլուխն ուսին ծռած, վարդերի և ծաղիկների մեջ թաղված, և թե ինչպես Մանեն չոքած է դագաղի առաջ սև հագուստով և, դեմքը ձեռքերով ծածկած, հեկեկում է անմխիթար արցունքներով: Իսկ Սանթրոսյանը... Սակայն Սանթրոսյանի մասին Բաղամյանի երևակայությունը ոչինչ չէր կարողանում ստեղծել, տեսնում էր միայն նրա ժոկեի գլխարկը և երկարաճիտ կոշիկները:

Ութերորդ օրը հիվանդի վիճակը բոլորովին վատացավ: Այդ օրը, երեկոյան դեմ, նրան առաջին անգամ այցելեց Հեղինեն:

— Բաղամյան, ի՞նչ է պատահել ձեզ, — հարցրեց նա՝ խոնարհվելով հիվանդի բոլորովին փոխված դեմքի վրա:

Բաղամյանը, սաստիկ տաքության մեջ, շաղված աչքերով նայեց նրան, ինչ-որ շշնջաց և սպիտակած, կարծես կաթնոտ լեզվով սկսեց լպստել չորացած և տեղ-տեղ ճաքած շրթունքները:

Հեղինեն ձեռքի ափը դրեց նրա ճակատի վրա, ճակատը չոր էր մաղաղաթի պես և այրվում էր վառարանի նման:

— Այս ե՞րբ եք այսպես մրսել Անցած շաբաթ օր մեր տանն էիք, այն օրվանի՞ց եք պառկած:

Հիվանդը տենդից վառվող աչքերով նայում էր Հեղինեին և, ըստ երևույթին, չէր հասկանում, թե ինչ էր ասում նա: Հեղինեն ավելի խոնարհվեց նրա դեմքի վրա:

— Բաղամյան... Բժիշկ գալի՞ս է: Հիվանդը ափով դրական շարժում արավ:

— Ո՞վ է նայում ձեզ:

— Ի՞նչ...

— Ո՞վ է նայում, ասում եմ, ձեզ:

— Ծառան:

— Բժիշկն այսօր եկե՞լ է:

— Չգիտեմ:

Սաստիկ ջերմը մթագնել էր հիվանդի հիշողությունը: Խոսելիս նրա ձայնը հազիվ էր լսվում: Նա չէր դադարում շրթունքները լպստելուց, շնչում էր խիստ արագ և լսելի հեթեթոցով և վառվող, անմիտ, կարծես սարսափահար աչքերը չէր հեռացնում Հեղինեի դեմքից:

Հեղինեն անհանգիստ դրության մեջ էր. չէր իմանում գնա, թե մնա, երբ եկավ բժիշկը: Նրանք լավ ծանոթ էին իրար: Հիվանդի վիճակը լուրջ մտառությամբ քննելուց հետո բժիշկը փսփսաց Հեղինեի ականջին.

— Դուք գիտե՞ք, որ դրությունը շատ վտանգավոր է:

— Դա պարզ է, — նկատեց Հեղինեն: — Այս գիշեր անպատճառ կրիզիս կլինի: Վատն այն է, որ մարդ չկա մոտը:

Ծառայի խնամքին թողնել անկարելի է: Դեղերը գրեթե ամեննին չեն գործածվում: Ես շատ սխալվեցի, որ հենց սկզբից չփոխադրեցի հիվանդանոց: Այժմ մնում է, որ մի ֆելդշեր կամ գթության մի քույր կանչենք:

— Ի՞նչ եք կարծում, եթե մեր տուն փոխադրենք...

— Ի՜նչ եք ասում... այս դրության մե՞ջ... Անկարելի է:

— Իսկ եթե ես մնա՞մ:

— Դո՛ւք... Դրանով, իհարկե, մեծ բարություն արած կլինիք:

— Շատ բարի, կմնամ: Այսօր մի առանձին գործ էլ չունիմ:

Եվ Հեղինեն մնաց:

Բժիշկը նոր էր հեռացել, որ հիվանդի սենյակը մտավ Զաքարը: Հայտնի չէր որտեղից էր իմացել նա իր եղբորորդու հիվանդությունը և թեպետ չէր սիրում նրան և երկար ժամանակ չէր եղել նրա մոտ, բայց և այնպես արենակցական զգացումը ստիպել էր ծերունուն այցելելու հիվանդին: Ծերունին անձամբ ծանոթ էր Հեղինեին, լավ կարծիք չուներ նրա բարոյականի մասին, մանավանդ Նասիբյանի մոր պատմությունը լսելուց հետո, և այժմ կասկածանքով վերաբերվեց այն բանին, որ նրան տեսավ հիվանդի մոտ: Զաքարը նստեց հիվանդի մոտ, փորձեց խոսեցնել նրան, բայց Բաղամյանը չճանաչեց ծերունուն: Հեղինեն խնդրեց Զաքարին, որ հիվանդին չանհանգստացնի, և դուրս տարավ նրան կից սենյակը: Եղբորորդու դրությանը, ըստ երևույթին, ծանր տպավորություն էր թողել Զաքարի վրա, բայց նա չէր կորցրել ծերունիներին հատուկ սառնասրտությունը: Կից սենյակումս նա ծանր ու բարակ նստեց աթոռի վրա և հարցրեց. — էս ո՞նց եղավ, որ մեռնում է:

Հեղինեն նայեց նրա թավ հոնքերին, և նրան ապշեցրեց այն անսասան խաղաղությունը, որ արտահայտում էին նրա աչքերը, նրա դեմքի ամեն մի խորշը: Այդ զառամյալ ծերունին կարծես թե հարցնում էր մի շատ հասարակ բան:

— Ո՞րտղից հնարեցիք, թե մեռնում է, — նկատեց Հեղինեն դժկամությամբ:

— Աչքերը... աչքերը լավ չէին, — շշնջաց ծերունին կարծես ինքն իրեն: Մի քիչ լռելուց հետո, նորից իր թավ հոնքերի տակից նայեց Հեղինեի աչքերին և հարցրեց նույն խաղաղ ձայնով:

— Տերտերին իմաց տվե՞լ եք:

Հեղինեն այս անգամ չկարողացավ զսպել իր զայրույթը:

— Ինչե՛ր եք ասում, չեմ հասկանում, — բացականչեց նա, — եկաք-չեկաք, մեռնելուց և տերտերի մասին եք խոսում... Զոռո՞վ եք ուզում, ի՛նչ է, որ մեռնի:

Վերջին խոսքերը Հեղինեի բերանից դուրս թռան ինքնաբերաբար, և նա մտածեց, թե մի՞թե այդ փտած ծերունին պիտի հանդիսանար Բաղամյանի ժառանգը, քանի որ Բաղամյանն ուրիշ ոչ մի ավելի մոտիկ ազգական չուներ: Այդ միտքը բոլորովին վրդովեց նրան, և նա ավելացրեց ավելի ես զայրագին.

— Հենց թեկուզ մեռնելիս էլ լինի, մի՞թե ձեր տերտերը պիտի փրկի:

— Տերտերը չի փրկի որդի, բայց տերտերի տված հաղորդը կփրկի:

— Ո՛նց չէ. որ հաղորդես, է՛, իսկույն ոտի կկանգնի:

— Հաղորդը դեղ խո չի, որդի, որ առողջացնի: Հաղորդը հոգու համար է, որ սրբի մեղքերից: Մարմինը չի փրկիլ, բայց հոգին կփրկի:

— Հոգի՛... ի՛նչ հոգի, — բացականչեց Հեղինեն գրգռված ոչ այնքան նրա խոսքերից, որքան նրա հանգիստ, դոգմատիկական տոնից: — Մարմինն ինքը հոգի է՝ քանի կենդանի է. իսկ երբ որ մեռնի, հոգի էլ ո՞րտեղից կլինի, որ փրկի...

Զաքարը լսում էր Հեղինեի խոսքերի տարափը վերին աստիճանի ապշած: Մինչև անգամ նրան տիրել էր սրբազան մի սարսափ, որ այնտեղ, կից սենյակում, մարդը պատրաստվում էր ավանդելու իր հոգին, իսկ այստեղ ուրանում էին այդ հոգու գոյությունը, հետևաբար և այն ահեղ դատաստանը, որի առաջ պատասխանատու, պիտի լիներ այդ հոգին իր երկրավոր մեղսալից կյանքի համար...

— Բաս հոգի չկա, է՞լի — հարցրեց նա: — Ու երբ որ հոգի չկա, բաս աստծու ահեղ դատաստան էլ չկա, է՞լի...

— Չկա, բաս կա՞:

— Բաս ավետարանը սուտ է ասում, է՞լի:

— Է՛հ, թողեք, թե աստված կսիրեք, — գրգռված արտասանեց Հեղինեն և, որպեսզի ծերունին երկար չխոսի, դուրս գնաց հիվանդի սենյակը: Այնուհետև, երբ նորից դուրս եկավ այնտեղից, ծերունին արդեն պատրաստվում էր գնալու:

— Ես ուրիշ բան չեմ ասիլ որդի, — ասաց Զաքարը: — Մենակ

կասեմ՝ վա՜յ քու հոգուն վա՜յ, վա՜յ, հազար վայ... Դու որ աղջիկ ես, այդպես ես խոսում, բաս տղերքն ինչպես կլինեն խոսելիս... Ես զարմանում եմ, որ աշխարհը դեռ դիմանում է, չի կործանվում, ինչպես որ կործանվեց Սոդոմ-Գոմորը:

— Ուրեմն, երևի շատ էլ մեղավոր չենք, որ չի կործանվում, — կծու կերպով նկատեց Հեղինեն:

— Հը՛մ, սպասիր հալա, աստծու համբերությունն էլ վերջ ունի:

17

Զաքարը հիվանդի բնակարանից դիմեց դեպի Սանթրոսյանների տուն: Նա վերին աստճանի վրդովված էր Հեղինեի վարմունքից և ուզում էր իր սրտի մեջ ամբարած մաղձը թափել այնտեղ, ուր իրեն հասկանում և համակրանքով էին վերաբերվում:

Արևը նոր էր մտել և սենյակում դեռևս բավական լույս էր: Մանեն և սկեսուրը նստած էին ճաշասենյակում: Մանեն հավաքում էր թեյի պարագաները: Թեյը խմելուց հետո Սանթրոսյանը և Վահանը առանձնացել էին հյուրասենյակը, որ գտնվում էր ճաշասենյակին կից և որի դուռը բաց էր: Նրանք գործնական խոսակցության մեջ էին, և նրանց ձայները պարզորոշ լսվում էին ճաշասենյակում:

Սանթրոսյանը հանքային գործին կպած էր ֆանատիկոսի եռանդով: Նա կազմել էր հսկայական ծրագիրներ ապագայի համար, բայց առայժմ Թիֆլիս էր եկել մի քանի դրամատերերի հետ բանակցելու և կնոջն ու մորն ամառանոց փոխադրելու նպատակով: Թիֆլիս հասած օրը երկաթուղու կայարանում հանդիպելով Վահանին, թռուցիկ կերպով պատմել էր նրան իր գործերի դրությունը և այդ գործերն ընդարձակելու մտադրությունը. հետո հիշելով, որ Վահանը փող ունի սկզբում կատակով, ապա լրջորեն առաջարկել էլ նրան, որ միանա իր հետ և միասին աշխատեն ապագա ընկերության հիմքը դնելու: Այդ բանը նստել էր Վահանի խելքում, և նա թողել էր այդ օրը գյուղ վերադառնալու մտադրությունը, որպեսզի մանրամասնորեն ծանոթանա գործերին և լրջորեն խորհրդակցի փեսայի հետ: Սանթրոսյանն իր հետ բերել էր հանքերի զանազան նմուշներ, որոնք թափված էին սեղանի վրա, և այդ բոլորը մի առ մի ցույց էր տալիս Վահանին ու բացատրում:

Մանեն ճաշասենյակից ականջ էր դնում ամուսնու և եղբոր խոսակցությանը և շատ ուրախ էր, որ նրանք ամեն օր զբաղված են իրենց գործերով և մի առանձին ուշադրություն չեն դարձնում իր վրա: Ամուսնու անակնկալ վերադարձից հետո նա այն դրության մեջ էր զգում իրեն, ինչ դրության մեջ որ, անշուշտ, զգում է իրեն հանկարծ ծուղակն ընկած թռչունը: Սկզբում նա սարսափեց, երբ եղբորն ամուսնու հետ տեսավ, բայց Վահանը փեսայի ներկայության ժամանակ քրոջ հետ վարվում էր այնպես, որ կարծես ոչինչ չգիտեր Մանեի գաղտնիքից և նրա հետ ոչ մի ընդհարում չէր ունեցել: Վահանի գործադրած այդ տակտը բավական հաշտեցրեց Մանեին եղբոր հետ: Ինչ վերաբերվում է Սանթրոսյանին, նա մի առանձին բան չնկատեց կնոջ մեջ, բացի միայն այն բանից, որ Մանեն բավական նիհարել էր:

Զաքարը չգիտեր, որ Սանթրոսյանն եկել է, և, երբ Օսանն ավետեց նրան որդու գալուստը, նա ուրախությունից մոռացավ Հեղինեի հետ ունեցած վրդովեցուցիչ խոսակցությունը և ճաշասենյակից անմիջապես անցավ հյուրասենյակ: Օսանը հետևեց նրան, իսկ Մանեն մնաց ճաշասենյակում:

Սանթրոսյանը ծերունուն ընդունեց շատ սիրալիր կերպով և կատակով հանդիմանեց նրան, որ այդպես ուշ է գալիս իր գալուստը ողջունելու: Զաքարն երդում-կրակ ընկավ, թե չէր իմանում, որ նա եկել է, թե չէ, որ իմանար... Ծերունին սկսեց հավատացնել թե ո՛ր աստիճան սիրում ու հարգում է Սանթոսյանին, թե որքան երախտապարտ է նրան...

— Լավ, այդ թողնենք, — շտապեց ընդհատել նրան Սանթրոսյանը: — Դուք ինձ այս ասացեք՝ ինչպես եք, ինչպես չեք՛: Է՞լի խռով եք ձեր եղբոր որդու հետ:

Ծերունին նոր հիշեց, թե որտեղից էր եկել, և նրա աչքերն ուրախությունը հանկարծ փոխվեց տխրության: Նա գլուխը գլուխը խոնարհեց կրծքին և խորը հառաչեց.

— Եղբորս որդին մեռնում է, — ասաց նա:

— Քա՛, ի՞նչ ես ասում, Աշո՞տը, — գրեթե ճչաց Օսանը շանթահար:

Նույն վայրկյանին ճաշասենյակից լսվեց ինչ-որ մի թխկոց, որից հետո հյուրասենյակում տիրեց խորհրդավոր լռություն:

— Բան կոտրվե՞ց, — հարցրեց Զաքարը, գլուխը կամաց բարձրացնելով:

Վահանը վեր կացավ, արագ քայլերով անցավ, նայեց տան շեմքից դեպի ճաշասենյակ և տեսավ Մանեին, որ նստած էր սեղանի մոտ քարացած և մեռելի պես գունատ: Նրանց հայացքները հանդիպեցին իրար: Մանեն ձեռքերով պինդ բռնել էր սեղանի ծայրից, նայում էր նրան անմիտ, չռած աչքերով և կարծես թե հարցնում էր. «Այս ի՞նչ է, տունը շարժվո՞ւմ է…»:

— Ի՞նչ պատահեց, — հարցրեց Սանթրոսյանը, իր հանգիստ ձայնով:

Վահանը ետ դարձավ:

— Ոչինչ: Մանեն էր: Բաժակն ընկավ ձեռքից կոտրվեց:

Զաքարը ծանրորեն երերեց գլուխը:

— Վատ նշան է… շատ վատ նշան է, — արտասանեց նա:

— Սպասիր, պարոն Զաքար, ինչպե՞ս թե մեռնում է, — հարցրեց Վահանը, խիստ հետաքրքրված ծերունու հաղորդած անակնկալ նորությունից:

— Դե, մեռնելն ինչպես կլինի, որդի, մեռնում է, է՛լի: Այս րոպեիս նրա մոտիցն եմ գալիս: Ոչ ուշք կա գլխին, ոչ բան: Հանգել գնացել է: Հետը խոսեցի, չճանաչեց:

— Քա, ինչի՞, ի՞նչ է պատահել, — սկսեց հարցուփորձ անել Օսանը կանանց հատուկ ցավակցական հետաքրքրությամբ:

— Չեմ իմանում, Օսան ջան: Ես էլ պատահմունքով իմացա: Նա ինձ ե՞րբ էր բանի տեղ դնում, որ ժամանակին իմաց տար: Որ իմաց տար, երևի մի բան կանեի, որ անտեր չմնար: Թե չէ, հիմի ո՞վ է նրան մտիկ անողը: Մի ծառա ունի, մեկ էլ իրեն էն թուրքն է գնացել կողքին նստել:

— Ի՞նչ թուրք:

— Սոլիկենց Ստեփանի աղջիկը, աննամուսների աննամուսը: Թուրք, թուրքից էլ վատթար... Ասում եմ մեռնում է, տերտեր կանչենք, գա հաղորդի: Տերտերս ո՞րն է, հաղորդս ո՞րն է, ասում է: Բաս ասում եմ, հոգին: Ուզում ես, որ մեղավոր հոգով գնա աստծու ահեղ դատաստանի առաջը կանգնի՞: Ինչ դատաստան, ի՛նչ հոգի, ասում է: Հոգին մարմինն է, մարմինը մեռավ, ասում է, հոգին էլ մեռավ: Պրծա՛վ գնաց:

Բաղամյանի ծանր հիվանդության լուրը մի առանձին տպավորություն չգործեց Սանթրոսյանի վրա: Թեև Բաղամյանը, իբրև, հեռու-մոտիկ ազգական, նրա տուն գնում-գալիս էր հաճախ, բայց Սանթրոսյանը, թե ամուսնությունից առաջ և թե հետո մեծ մասամբ բացակա լինելով Թիֆլիսից, միջոց չէր ունեցել այնպիսի մոտիկ հարաբերություն հաստատելու նրա հետ, ինչպես մայրն ու կինը։

Վահանը թեև աշխատում էր արտաքուստ անտարբեր ձևանալ և նույնիսկ այն ժամանակ, երբ Զաքարը խոսում էր Հեղինեի մասին, աչքով էր անում Սանթրոսյանին և աշխատում էր ժպտալ, բայց և այնպես մի տարօրինակ անհանգիստ դրության մեջ էր. մերթ նստում էր, մերթ վեր էր կենում, ման էր գալիս սենյակում, և նրա ամբողջ ուշադրությունը ճաշասենյակի կողմն էր։ Հետո նա դուրս գնաց այնտեղ և, սեղանի վրայից խոնարհվելով դեպի քույրը, շշնջաց.

— Աստված սիրես, Մանե, ուշքդ հավաքիր։ Այդպես չի կարելի։ Երեսիդ գույն չկա։ Ծերունին երևի չափազանցնում է։ Այնպես արա, որ բան չնկատվի։

Մանեն նստած էր արձանացած, մեծ-մեծ աչքերով նայում էր եղբորը, և նրա անմիտ հայացքից երևում էր, որ չէր հասանում, թե ինչ է ասում Վահանը։ Վահանը իր ձեռքով մի բաժակ թեյ լցրեց, դուրս տարավ դրեց Զաքարի առաջ։

— Այն թուրքի դատաստանը որ քեզ տան, պարոն Զաքար, ի՞նչ կանես, — հարցրեց նա, նստելով ծերունու մոտ։

— Ես ի՞նչ դատաստան անող եմ, որդի, աստծուն հայհոյողի դատաստանն աստված պետք է անի։ Եվ կանի, կտեսնես, որ կանի։

Օսանը վեր կացավ և դուրս գնաց հարսի մոտ։

— Քա, իմացա՛ր ինչ ասեց Զաքարը։

Մանեն գլխով դրական պատասխան տվեց, կարծես զրկված խոսելու ընդունակությունից։

Օսանն այն աստիճան ազդված էր ծերունու հաղորդած անսպասելի նորությունից, որ չնկատեց հարսի տարօրինակ դրությունը։ Նա շարունակ ախ ու վաշ էր քաշում և նրա ջրակալած աչքերն արտասուքի առատ կաթիլներ էին թափում ներքև։

Մանեն նստած էր հանգիստ, անմիտ հայացքով նայում էր սկեսրոջ այտերի վրայով գլորվող արտասուքի կաթիլներին, լսում էր նրա երկար ու բարակ վշտահար խոսքերը և ամենևին ձայն չէր հանում: Նրան թվում էր, թե վերացել է աշխարհից, կորցրել է մտածելու և զգալու ընդունակությունը և ամեն բան, ինչ որ տեսնում է ու լսում, կատարվում է մի ծանր մղձավանջի մեջ:

Զաքարը չկարողացավ երկար մնալ Սանթրոսյանի մոտ. մինչև անգամ ձեռք չտվեց թեյի բաժակին և վեր կացավ:

— Գնում եմ տերտեր տանեմ, չեմ թողնիլ, որ ջահել հոգին կորչի: Եվ դուրս կանեմ այն թուրքին, դուրս կանեմ: Ի՞նչ բան ունի, որ ներս է խցկվել:

Ծերունին ամբողջապես դողում էր հուզումից, և դուրս գնալիս տարօրինակ կերպով առաջ էր ընկել նրա սպիտակ գլուխը:

Ճաշասենյակում նրան բռնեց Օսանը:

— Ո՞ւր ես գնում:

— Գնում եմ տերտեր տանեմ, այն թուրքին էլ դուրս անեմ:

— Սպասիր, ես էլ եմ գալիս:

Օսանը շտապով դուրս գնաց հագնվելու, իսկ ծերունին նստեց սեղանի մոտ, Մանեի դիմաց, և սպասում էր նրան

— Նա ջահել էր, մեղքեր շատ էր գործել շա՛տ: Ո՞վ ջահել ժամանակը մեղքեր չի գործում: Բայց որ հայ-քրիստոնյան մեռնելիս չհաղորդվի. էլ ի՞նչ երեսով պետք է գնա կանգնի աստծու դատաստանի առաջ: Մեր աշխարհային դատաստանը չէ, է՛, որ խտրես, աստծու դատաստանն է, վերջին դատաստանը, ահե՛ղ դատաստանը...

Մանեն նայում էր ծերանուն, լսում էր նրան և անհուն ցանկություն էր զգում գլուխը դնելու սեղանի վրա և լալու, լալու, հավիտյան լալու:

Օսանը վերադարձավ քիշմիրի սև շալը ծածկելով ուսերին: Շտապելուց նրա ձեռքերը դողում էին, իսկ գլուխը սովորականից ավելի խիստ կերպով էր շարժվում:

— Մանե ջան, — ասաց նա, — բան է, որ տեսնեմ շատ վատ է, կմնամ, չեմ գալ այս գիշեր:

Մանեն քիչ էր մնում վեր թռչեր տեղից ու աղաղակեր «Ես էլ եմ գալիս...», բայց նա տեղնուտեղը քարացավ, որովհետև այդ միջոցին հյուրասենյակից դուրս եկավ ամուսինը Վահանի հետ:

— Մայրիկ, դու էլ ես գնո՞ւմ, — հարցրեց Սանթրոսյանը:

— Բաս ի՞նչ անեմ, որդի: Ես էլ որ չգնամ, ո՞վ պետք է մտիկ տա այն անտեր՝ անտիրական որբին: Չորանան նրա մոր ոսկորները, ոնց որ չորացել են...

— Օրիորդ Սոլիկյանը նրա մոտ է, ասում է:

— Ի՛հ, հողեմ նրա լպստած գլուխը: Զաքարը խո սուտ չի ասում: Լավ աղջիկը ի՞նչ գործ ունի ջահել տղի մոտ: Նա ո՛վ, նա ո՛վ...

— Խե՛ղճ մայրիկ, — ասաց Սանթրոսյանը, երբ մայրն ու Զաքարը դուրս գնացին, — մի հեռավոր ազգականի համար որ այդքան վշտանում է, հապա ի՞նչ պիտի անի, որ ե՞ս լինեմ մեռնելիս: Այն ո՞ր բանաստեղծն է, Մանե, որ ասում է, «Ես մի արցունք միայն տեսա իսկական, — այն մոր արցունքն էր անզուգական»... Բայց ի՞նչ է պատահել քեզ. երեսիդ գույն չկա: Հիվա՞նդ ես:

Մանեն ցնցվեց և ձեռքով շփեց ճակատը:

— Չգիտեմ... Բաժակը... Կարծեմ վախեցա, — արտասանեց նա կամաց:

— Զարմանալի արարածներ են այս կանայք, — բացականչեց Վահանն ուրախացած, որ Մանեն կարողացավ պատրվակ գտնել իր դրության իսկական պատճառը ծածկելու ամուսնուց: Բաժակ կոտրվի՝ կվախենան, մուկ վազի՝ կվախենան: Բան չկա, սիրելիս, վեր կաց մի քիչ ջուր խմիր, կանցնի: Վեր կաց:

Մանեն տեղից անգամ չշարժվեց:

— Դե վեր կաց, մի համառիր, — խնդրեց Սանթրոսյանը:

Մանեն կամաց վեր կացավ և անհաստատուն քայլերով դուրս գնաց:

Վահանը այժմ մտածում էր, թե ինչպես անի, որ Սանթրոսյանին հեռացնի տնից: Սակայն Սանթրոսյանն ինքը հայտնեց, որ այդ երեկո ժամը 8-ին ժամադիր է եղել մի դրամատերի հետ և գնալու է նրա մոտ:

— Այժմ արդեն ութին մոտ է, — ասաց նա նայելով ժամացույցին: — Խնդրում եմ մնացեք Մանեի մոտ, իսկ ես կաշխատեմ շուտ գալ:

Վահանը մնաց: Սակայն շուտով տեսավ, որ իր ներկայությունն ավելորդ էր, որովհետև հենց այն րոպեին, երբ ուզում էր հաղորդել քրոջը, որ զգույշ մնա, Մանեն վճռականերեն խնդրեց, որ իրեն հանգիստ թողնի:

Եվ Վահանը հանգիստ թողեց Մանեին, առաջվա փորձերից խրատված:

18

Գիշերը կամաց-կամաց մոտենում էր: Մութ ստվերներն աննկատելի կերպով դուրս էին սուլում սենյակների անկյուններից, սեղանների, աթոռների տակից, իջնում էին առաստաղից, բարձրանում էին հատակից, միախառնվում էին իրար հետ, թանձրանում և կլանում առարկաները: Եվ որքան ժամանակն անցնում էր, և մութը թանձրանում, այնքան Մանեն զգում էր, որ ուղեղի մեջ ցնցված է ինչ-որ մի բան և դուրս չի գալիս այնտեղից: Հետո միայն իմացավ, որ այդ բանը սկեսրոջ խոսքերն էին՝ «որ տեսնեմ շատ վատ է, կմնամ, չեմ գալ այս գիշեր»: «Կգա՞ արդյոք, թե ոչ», — մտածում էր Մանեն և սպասում: Ժամանակն անցնում էր սպանիչ դանդաղությամբ: Ամայի սենյակներում, գիշերային անդորրության մեջ ականջները թշշում էին: Քարացած օդը լցվում էր ինչ-որ մրմունջով անըմբռնելի, խորհրդավոր և ահավոր, մեռնողի վերջին շունչի պես:

Մանեն դուրս գնաց պատշգամբ:

Հսկայական տների հետևից քաղաքի գլխավոր փողոցն ուղարկում էր իր դեռևս եռուն կյանքի խուլ աղմուկը, որ գալիս էր մեռնելու այստեղ, այս խաղաղ փողոցում: Դիմացի տան պատուհանները լուսավորված էին պայծառ: Ներսը ասուեգործ վարագույրների ցանցի հետևը կանանց և տղամարդկանց ստվերներ էին շարժվում, և երբեմն-երբեմն շատ պարզորոշ լսվում էին նրանց խոսակցության և ծիծաղի ձայները: Դաշնամուրի և ջութակի ներդաշնակ ձայների մի ամբողջ հեղեղ էր դուրս հոսում այդ պատուհաններից, մերթ ուրախ և բուռն՝ զորահանդեսի ելած զինվորների աղաղակի պես, մերթ տխուր ու թախծալի, ինչպես թաղման նվագածությունը: Ջութակը լեզու էր կտրվել, խոսում էր, աղերսում, լալիս էր հուսահատ հեկեկանքով, — թվում թէ, թե մեռնում և փրկություն հայցում. իսկ դաշնամուրը, անհուն վիշտը սեղմած կրծքի մեջ կարծես թե աղոթք էր մրմնջում մեռնողի վրա իր պեղալի խուլ ձայներով...

Մանեն զգաց, որ ինչ-որ մի բան կամաց-կամաց բարձրանում է իր սրտի խորքից և բռնում է բուկը: Նա նստեց և տաքացած ճակատը սեղմեց պատշգամբի երկաթյա սառն վանդակի վրա: «Մեռնում է, — մտածում էր նա: — Ինչո՞ւ ինչ է պատահել... Կարելի բա՞ն է այդ... Ո՞ւմ պատճառով... մի՞թե իմ... մի՞թե ինձ համար...»:

Մի բարձրաձայն խմբական քրքրիջ ուշքի բերեց նրան: Նա գլուխը բարձրացրեց և մեքենայաբար նայեց դիմացի տան ճրագավառ պատուհաններին: Դաշնամուրը լռել էր, իսկ ջութակը նախկին վշտահար հեծկլտանքի տեղ այժմ ինչ-որ անասնական ձայներ էր հանում, մերթ խռխռացնում էր խոզի պես, մերթ մլավում կատվի պես, մերթ ծվծվում մկան պես...

Մանեն վեր կացավ, ներս մտավ և անցավ ներքին սենյակները, որպեսզի չլսի այդ անտանելի ձայները:

Սկեսուրը վերադարձավ: Այդ բանը, ուրախացնելու տեղ, զարմացրեց Մանեին, նա կարծես թե վճռել էր, որ այդ գիշեր Բաղամյանը պիտի մեռներ անպատճառ, հետևաբար Օսանը պիտի մնար նրա մոտ նրա աչքերը փակելու:

Սկեսուրը սաստիկ բարկացած էր, Հեղինեն չէր թողել, որ նա մնա հիվանդի մոտ, ասելով, որ պառավի ներկայությունն ավելորդ է և խանգարել միայն կարող է, ուստի նրան էլ Զաքարին էլ պարզապես դուրս էր արել: Տերտերին անգամ ուզում էր ներս չթողնել, բայց քաշվեց: Իսկ հիվանդի դրությունը շատ վատ էր. հաղորդությունն ընդունելիս ամենևին ուշք չկար գլխին: «Չէ, չի լուսացնիլ այս գիշեր», — վերջացրեց իր պատմությունն Օսանը:

«Չի լուսացնիլ այս գիշեր», — այս խոսքերն ընկան Մանեի ուղեղը և այնուհետև երկար ժամանակ պտտվում էին այնտեղ, լարված մեքենայի անիվի պես: Խիստ անհանգիստ, դրության մեջ, նա չէր իմանում ինչ անի, ինչ մտածի, մերթ նստում էր, մերթ վեր կենում, նորից նստում, բաց էր անում որևէ գիրք, բայց, առանց մի բառ անգամ կարդալ կարողանալու, նորից վեր էր կենում, ման գալիս, և ամբողջ ժամանակ նրա միտքը կրկնում էր մեքենայորեն՝ «չի լուսացնիլ այս գիշեր...»: Այդ միջոցին նա ոչինչ չէր զգում. զգում էր միայն, որ սպասում է ինչ-որ մի բանի և այդ սպասողությունը հետզհետե փոխվում է ջղային անհամբերության: Հետո պարզապես տեսավ, որ սպասում է, թե երբ պիտի քնի սկեսուրը:

Երբ, վերջապես, սկեսուրն առանձնացավ իր ննջարանը, մի տարօրինակ երկյուղ պաշարեց Մանեին: Անշարժ կանգնած, նա կարճ ժամանակ ուշիուշով ականջ էր դնում դեպի նախասենյակը, և ամեն մի շրշյուն արագ զարկել էր տալիս նրա սիրտը: Հետո կամաց հանեց գլխի ամառվա թեթև ծածկոցը, ծածկեց այնպես, որ միայն աչքերն էին երևում և զգուշորեն, կարծես մի բան գողացած, դուրս եկավ:

Առաջին երկու փողոցն անցավ գրեթե վազելով, հետո զգալով, որ ծնկները ծալվում են, և շունչը հազիվ է ետ բերում, կառք նստեց:

Մի տասը րոպեից կառքը կանգ առավ Բաղամյանի բնակարանի առաջ:

Դուռը ներսից փակ էր: Նա ուշադրություն չդարձրեց այդ բանի վրա, արագորեն բարձրացավ սանդուղքով, որի ժամանակ ոտներն ամեն քայլափոխին խճճվում էին շրջազգեստի փեշերի մեջ, և մտավ առաջին սենյակը: Այստեղ, գրասեղանի վրա, կանաչ լուսամփոփի տակ վառվում էր լամպը, և մի մոմ բրոնզյա մոմկալի մեջ: Պատուհանի տախտակի վրա դրված էր կանացի մի փեղույր: Սենյակում ոչ-ոք չկար: Հյուրնան սենյակի դուռը կիսաբաց էր: Այնտեղից ոչ մի շշուկ չէր լսվում:

Մանեն կամացուկ բաց արավ այդ դուռը, ներս մտավ և կանգ առավ ակամա զարհուրած սենյակում լսվող մի տարօրինակ շնչառությունից և մանավանդ կիսախավարից, որպիսին լինում է սովորաբար մեռնողի սենյակում գիշեր ժամանակ:

Սենյակի մի անկյունում դրված էր հիվանդի մահճակալը: Գլխավերևը, մահճակալի հետևը, կլոր սեղանի վրա վառվում էր մի ցածրիկ մոմկալ սև մարմարի պատվանդանով: Ճրագը լուսավորում էր միայն մահճակալի հետևը և մեռած փայլ էր տալիս պատի պաստառի ոսկեզօծ նկարներին: Մահճակալի կողքին, բարձի մոտ, դրված էր եռոտանի կլորիկ սեղան, որի վրա դարսված էին դեղերի սրվակները և ճկճկում էր Բաղամյանի ծոցի ժամացույցը:

Զգալով, որ արյունը սառում է երակների մեջ, Մանեն ոտների մատների վրա մոտեցավ հիվանդին և խոնարհվեց նրա դեմքի վրա: Բայց այդ դեմքը պարզ նշմարել չկարողացավ սենյակում տիրող կիսախավարի մեջ: Այն ժամանակ առավ մոմկալը և, գլխից բարձր բռնած, սկսեց դիտել Բաղամյանի դեմքը:

Հիվանդի աչքերը փակ էին. երեսն էլ, կարմիր էր կտրվել. շնչում էր ծանր ու հատու, և երբեմն չոր հազի շատ թույլ ձայներ էին դուրս թռչում նրա բաց բերանից: Երկայն փափուկ մազերն անկարգ խոպոպիկներով շաղ էին անցել բարձի վրա: Մանեն առավ նրա ձեռքը և իսկույն բաց թողեց — այնքան տաք էր ու չոր:

— Բաղամյա՛ն, — շշնջաց նա:

Հիվանդը չլսեց: Նա պառկած էր անշարժ. շնչում էր ոչ թե քթով, այլ բաց բերանով, և այդ շունչը դիպչում էր Մանեի երեսին բաղնիքի գոլորշու պես խոնավ ու տաք:

— Բաղամյան, — կրկնեց Մանեն, ավելի ևս խոնարհվելով հիվանդի դեմքի վրա: — Բաղամյա՛ն... Չե՞ս լսում

Հիվանդի աչքերն այս անգամ բացվեցին ծանրորեն, ավտոմատի աչքերի պես, և, փոխանակ Մանեին նայելու, նայեցին ճրագի լույսին ու նորից փակվեցին նույն ծանրությամբ:

Մանեն սոսկաց: Այդ Աչքերը… այդ հայացքը… անգիտակից, զգայազուրկ, ֆոսֆորային հայացքը... Մի՞թե արդեն մեռնում է... Մանեն մեքենայաբար նայեց չորս կողմը, կարծես ուզում էր օգնություն աղաղակել, բայց սենյակում, բացի իրենից և հիվանդից, ուրիշ ոչ ոք չկար: Նոր հիշեց, որ Հեղինեն այդտեղ պիտի լիներ, բայց նա չկար: Ծառան ևս չէր երևում: Մանեն նորից խոնարհվեց հիվանդի դեմքի վրա, նորից սկսեց կանչել նրան, բայց Բաղամյանի աչքերն այլևս չբացվեցին: Հիվանդը պառկած էր առաջվա պես անշարժ և առաջվա պես շնչում էր կիսաբաց բերանով ծանր ու հատու: Հիվանդությունը միանգամայն փոխել էր նրա դեմքը. դա կարծես Բաղամյանը չէր, այլ բոլորովին անծանոթ մի մարդ խոր ընկած աչքերով, դուրս ցցված այտոսկրերով և սուր քթով, որը պլպլում էր մահվան դեղնությամբ:

Մանեն մոմկալը դրեց առաջվա տեղը և նստեց մահճակալի մոտ դրված աթոռի վրա: «Սա երազ է... անշուշտ երազ է, — մտածում էր նա մեքենայաբար: — Մեռնել… ինչի՞ց... ինչո՞ւ համար… այսպես հանկարծ... այսպես անակնկալ..» Նա հայացքը հառել էր հիվանդի փակ աչքերին, որոնք կիսախավարի մեջ թվում էր թե փակ չեն, այլ բաց են և խոռոչները, ամբողջովին սև ու դատարկ, նայում են առաստաղին ինչ-որ ահարկու խորհրդավորությամբ:

Հիվանդը տնքաց, շարժվեց, ձեռքերով ետ քաշեց վերմակը կրծքից, և, խիստ տաքության մեջ, սկսեց զառանցել: Մանեն ցնցվեց և լարեց իր ամբողջ լսողությունը, բայց հիվանդի զառանցանքից ոչինչ չհասկացավ: Անկապ խոսքեր էին միայն, որ դուրս էին գալիս հիվանդի բերանից կիսատ կամ աղավաղված, ինչպես լեզուն կապված անդամալույծի արտասանած բառեր: Մեջ ընդ մեջ նա լեզվի ծայրով լպստում էր շրթունքները և բերանը շարժում տարօրինակ կերպով, կարծես բերանում ատամներ չուներ և այդ անատամ բերանով ինչ-որ փափուկ բան էր ծամում: Այնուհետև հիվանդը հանգստացավ և նորից առաջվա դրության մեջ ընկավ:

Մանեն զամվել էր աթոռի վրա: Նա պարզ հաշիվ չէր կարողանում տալ իրեն, թե ինչո՞ւ եկավ, ի՞նչ պիտի շինի այդտեղ, ի՞նչ է իր դերը: Բնազդմամբ միայն հասկանում էր, որ այդտեղ, իր կողքին պատրաստվում է ինչ-որ խիստ կարևոր մի բան, որին ինքը ներկա պիտի լինի, չի կարող ներկա չլինել, որովհետև այդ բանը որ կատարվի, դրանով վճռված կլինի իր համար ահագին նշանակություն ունեցող մի խնդիր՝ կյանքի և մահու չափ ահագին ու կարևոր:

Այժմ նա հանգիստ էր: Կամաց-կամաց նրան պատում էր միտքը թմրեցնող, զգացումները բթացնող այն անդորրությունը, որ պատում է մահապարտին իր անխուսափելի վախճանին սպակելիս: Նա ետ էր ընկել աթոռի մեջքին և անմիտ հայացքով դիտում էր իր սեփական ստվերը, որ խաղում էր դիմացի պատի վրա հետևից լուսավորող մոմի երերուն լույսից: Ծոցի ժամացույցը ճկճկում էր սեղանի վրա անդուլ ու անտարբեր:

Հարևան սենյակից ինչ-որ շտապ քայլերի ձայներ լսվեցին, և նույն րոպեին ներս մտավ Հեղինեն արագ ու զգուշորեն: Որովհետև մոմը լուսավորում էր Մանեի հետևից, այդ պատճառով Հեղինեն իսկույն չկարողացավ որոշել, թե ով է նստած հիվանդի մոտ. բայց երբ մոտեցավ և տեսավ, Մանեն է, զարմանքից մի զսպած ճիչ արձակեց ակամա.

— Մանե՛... Ի՞նչ ես շինում այստեղ, — շշնջաց նա:

Մանեն իր մեծ-մեծ սառած աչքերով նայեց նրան և ոչինչ չպատասխանեց:

Հեղինեն հանկարծ դարձավ դեպի հիվանդը, խոնարհվեց նրա դեմքի վրա և սկսեց ականջ դնել նրա շնչառությանը, հետո բռնեց Մանեի ձեռքից, նշանացի հասկացրեց նրան, որ վեր կենա, և դուրս տարավ հարևան սենյակը:

— Ինչո՞ւ ես եկել, ո՞վ ասաց, որ գաս, — շշնշաց նա, դուռը զգուշորեն դնելով:

Մանեն շարունակում էր նայել նրան իր սառած աչքերով, պարզ երևում էր, որ նրան բոլորովին այլ միտք է զբաղեցնում, և նա չէր լսում, թե ինչ է հարցնում ընկերուհին:

— Մեռնում է, չէ՞, — հարցրեց նա տարօրինակ հանգիստ ձայնով:

— Ո՞վ ասաց քեզ, թե մեռնում է, — բացականչեց Հեղինեն զայրացած: — Այն հիմար պառավնե՞րը: Եվ դու գլուխդ կորցրած վազել ես այս կեսգիշերին: Եվ, երևի, թաքուն... Հա՞:

Մանեն ոչինչ չպատասխանեց:

— Լսիր, քեզ հետ եմ, ի՞նչ ես լռում... Ամուսինդ գիտե՞, որ այստեղ ես:

— Ոչ:

— Բայց որ իմանա՞:

— Ի՞նչ անեմ, — ասաց Մանեն, անփութորեն թոթվելով ուսերը: — Չիմանա էլ ես ինքս կհայտնեմ, — ավելացրեց նա:

Հեղինեն, վերին աստիճանի ապշած, ձեռքերը զարկեց իրար:

— Մանե՛, գժվե՞լ ես... Հասկանո՞ւմ ես ինչ ես ասում...

Մանեն նստեց: Զարմանալի անդորրություն էր տիրում նրա բոլոր շարժումների և հայացքի մեջ:

— Այժմ ինձ համար ողջ մեկ է, — ասաց նա, շարունակ տարված իր ներքին մտքերով: — Հիմարություն է... Բոլորը հիմարություն է...

Հեղինեին թվաց, թե երազի մեջ է լսում այդ խոսքերը Մանեի բերանից: Ինքը, որ թեորիայով այնքան համարձակ մտքեր էր հայտնում ամուսնական կապի և ազատ սիրո մասին և այնքան ծաղրում էր Մանեի հայացքները, այժմ մնացել էր ապշած և շփոթված նույն այդ Մանեի առաջ, որովհետև այստեղ թեորիա չկար, այլ կանգնած էր ինքը մերկ իրականությունը, սոսկալի իր պարզությամբ, անհոգությամբ և արհամարհանքով:

— Մանե, լսիր ինչ եմ ասում, — ասաց նա առնելով ընկերուհու ձեռքերը: — Աղաչում եմ, վեր կաց գնա: Աստված է վկա, դու քեզ կկործանես: Գնա: Դեռևս վաղ է: Եթե հարցնեն, ասա ինձ մոտ էիր, մեր տանը: Չէ՛, չէ՛. ձեռոնք գիտեն, որ այստեղ եմ: Ասա որ... մի խոսքով — հնարիր ինչ ուզում ես, միայն մի ասիր, որ այստեղ էիր... Լսո՞ւմ ես, լսո՞ւմ ես, Մանե ջան: Իսկույն ծառային կասեմ, որ կառք կանչի:

Եվ, առանց սպասելու Մանեի պատասխանին, նա շտապով դուրս գնաց, բայց իսկույն էլ վերադարձավ:

— Զարմանալի է, մի՞թե ծառան դեռևս չի վերադարձել. ես նրան մեր տուն ղրկեցի, որ...

— Ավելորդ է, — ընդհատեց նրան Մանեն նույն հանգիստ ձայնով. — այս գիշեր ես պետք է մնամ այստեղ:

— Ինչո՞ւ համար:

— Հենց այնպես:

— Ինչպե՞ս թե՝ այնպես:

— Որովհետև ես այսպես եմ ուզում:

— Մանե, մի՛ համառիր: Աղաչում եմ, մի՛ համառիր:

— Դա քաջություն չէ, դա խելացնորություն է: Ճիշտ է, Բաղամյանի դրությունը լավ չէ, բայց, հավատացնում եմ քեզ ոչինչ չի պատահիլ: Բժիշկն այս երեկո այստեղ էր, ասաց, որ նրա առողջ կազմվածքը կհաղթե: Վերջապես, ես էլ մի բան հասկանո՞ւմ եմ, թե ոչ: Թոքերի պարզ բորբոքում է, որ առաջացել է մրսելուց և անզգույշ մնալուց, ուրիշ բան չկա: Չես հավատո՞ւմ ինձ:

— Երեխա՞ եմ, ինչ է, որ ուզում ես խաբել: Ես տեսա նրա աչքերը. նա արդեն մեռած է... Ես կանչեմ նրան, և նա չլսի՞ ինձ... նա նայի ինձ և չճանաչի՞...

Մանեի ձայնը դողաց: Նա շրթունքները պինդ սեղմեց իրար և կուլ տվեց հեծկլտանքը: Աչքերն առատորեն լցվեցին արցունքով:

— Այսքան ժամանակ ես չարչարեցի, տանջեցի նրան... չարչարեցի, տանջեցի և ինձ, — շարունակեց նա դողդոջուն ձայնով: — Ինչո՞ւ համար, մեկ հարցնող լինի, ինչո՞ւ համար: Որ նրան և նրա հետ ինձ ա՞յս օրին հասցնեմ: Ես կարծում էի, թե միայն ինձ եմ զոհաբերում, մինչդեռ...Պարտականություն՝ ասում էի ինձ, սրբազան ուխտ՝ ասում էի ինձ: Բայց, ահա, թող գան և ազատեն ինձ այս հուսահատությունից այդ պարտականությունն ու սրբազան ուխտը: Ո՞ւր են, թող գան: Թող գան և համոզեն ինձ այժմ, որ նրա մահը ոչինչ է ինձ համար, որ վաղը, մյուս օրը նրան գերեզման կդնեմ, իսկ ես, այնուամենայնիվ, կարող եմ հանգիստ շարունակել իմ կյանքը... Օ՛, եթե գիտենայի, թե այնքա՛ն սիրում եմ նրան...

Մանեն թաշկինակը սեղմեց աչքերին և այլևս չկարողացավ զսպել ծանր, խեղդող հեկեկանքը:

Հեղինեն փորձեց նրան հանգստացնել, բայց իզուր. Մանեի հեկեկանքը գնալով սաստկանում էր: Հեղինեն, վերջի-վերջո, դուրս եկավ համբերությունից:

— Այդպես չի կարելի, վերջապես, — բացականչեց նա բարկացած: Հազիվհազ կարողացա հեռացնել սկեսուրիդ և այն ծերունուն, որ չխանգարեն, հիմա դու ես եկել և ստիպում ես, որ հիվանդին թողած, քեզնով զբաղվեմ: Գլուխս քարովը տվի, որ մնացի: Չե՞ք թողնիլ, որ տեսնեմ ինչ եմ անում: Ամբողջ վեց ժամ է, որ այստեղ եմ, և մի րոպե հանգստություն չեմ ունեցել, հիմա էլ մոտակա դեղատնից հեռախոսով խոսեցի բժշկի հետ, խնդրեցի, որ իսկույն գա և երկու էլ ուրիշ բժիշկ հրավիրի կոնսիլիում անելու համար: Վազելով գնացել և վազելով էլ եկել եմ, որովհետև ամեն մի րոպեն թանկ է: Մարդն այնտեղ կռվում է մահվան հետ, և իմ ներկայությունն անհրաժեշտ է այնտեղ, իսկ դու ստիպում ես, որ քեզ հետ չանա թակեմ: Սա ինչի՞ նման է, ասա խնդրեմ: Եվ դեռ ասում ես, թե սիրում ես նրան...

Այս խոսքերն ազդեցին Մանեին. նա դադարեց հեկեկալուց և նայեց ընկերուհուն շատ խեղճացած:

— Ես քեզ ի՞նչ եմ անում որ, — նկատեց նա:

— Սրանից էլ ավելի բան պետք է անե՞ս, չես թողնում, որ մի րոպե մտնեմ հիվանդի մոտ:

— Մտիր, ես քեզ ե՞րբ եմ բռնում:

— Ա՛խ... ինչպե՞ս անեմ, որ քեզ բան հասկացնեմ: Մանե ջան, հոգի ջան, հասկացիր ինձ. ես չեմ կարող հանգիստ իմ բանս տեսնել, քանի որ դու այստեղ ես:

— Ես քեզ չեմ խանգարիլ, աստված է վկա Էլեն, չեմ խանգարիլ. ուզում ես, կքարանամ նստած տեղս...

— Փո՛ւ, ի՛նչ համառ և անհասկացող կին ես եղել, — զայրացած նկատեց Հեղինեն և, պենսնեն քթի վրա ուղղելով, դուրս գնաց հիվանդի սենյակը:

Բժիշկները շատ չուշացան: Ամենից առաջ եկավ Բաղամյանի անձնական բարեկամ բժիշկը: Նա այն աստիճան մտահոգ էր հիվանդի դրության համար, որ գրեթե ոչ մի ուշադրություն չդարձրեց Մանեին: Շուտով հավաքվեցին և մյուս բժիշկները — երեք հոգի: Դրանցից մեկը հայ էր, մյուսը՝ հրեա, երրորդը՝ ռուս զինվորական — բոլորն էլ շտապող, վերին աստիճանի անտարբեր: Հիվանդի վիճակը մի առ մի քննելուց հետո չորս բժիշկները նստած էին սեղանի շուրջը խորհրդակցում էին, որի ժամանակ երկուսը ծխում էին, մեկը մատիտով զանազան նկարներ էր գծում սեղանի վրա ընկած լրագրի լուսանցքների վրա և շուտ-շուտ հորանջում էր, մյուսը, զինվորականը, երկու ձեռքով ոլորում էր բեղի ծայրերը, ներքին շրթունքով բարձրացնում էր վերին շրթունքը և ցած նայելով աշխատում էր ինքն իր աչքով տեսնել իր բեղը: Նրանք խոսում էին կես-ռուսերեն, կես-գերմաներեն, կիսատ-պռատ նախադասություններով՝ համեմված լատինական տերմիններով: Հաճախ դիմում էին Հեղինեին զանազան հարցումներով, որոնց նա պատասխանում էր գերմաներեն, երևի նրա համար, որ Մանեն ոչինչ չհասկանա:

Եվ Մանեն, իիրավի, բոլորովին ոչինչ չէր հասկանում բժշկական այդ խոսակցությունից, չնայելով, որ լարել էր իր ամբողջ լսողությունը և աշխատում էր ոչ մի բառ չթողնել ականջից: Հեռու նստած, նա միանգամայն ապշած էր մնացել, թե ինչպես այդ մարդիկ կարողանում էին այդ աստիճան անտարբեր լինել, նույնիսկ ծիծաղել և հորանջել այն միջոցին, երբ զբաղված էին իրենց նման մի մարդու կյանքի և մահվան խնդիրը որոշելով: Եվ այդ մարդը հեռու չէր. նա՝ այնտեղ էր, նրանց կողքին, հարևան սենյակում, որի կիսաբաց դռնից լսվում էին նրա չարագուշակ հազի ձայները:

Խորհրդակցությունը երկար չտևեց, և երբ բժիշկները. գնացին, Մանեն վրա ընկավ ընկերուհու ձեռքերին և հարցրեց տենդային անհամբերությամբ.

— Ի՞նչ որոշեցին...

Հեղինեն, շփոթված, աշխատեց խլել իր ձեռքերը, բայց Մանեն ավելի պինդ բռնեց:

— Ասա , մի՛ թաքցնիր:

— Նրանք ոչինչ չեն հասկանում, — զայրացած բացականչեց Հեղինեն, — Որոշեցին, թե... Ես կհաստատեմ, որ նրանք ոչինչ չեն հասկանում, ոչինչ…

Մանեի ձեռքերը հանկարծ թուլացան, նա ինքն ամբողջապես կարծես փալաս կտրվեց և կամաց, երերուն քայլերով գնաց նստեց աթոռի վրա: Նա այլևս ոչինչ չհարցրեց: Եվ ի՞նչ հարկ կար: Ամեն ինչ այժմ պարզ էր: Այլևս ոչ մի կասկած, ոչ մի տարակուսանք, հետևաբար և ոչ մի հույս: Վարագույրն այժմ բաց էր, և այն, ինչ որ նա մինչև այժմ տեսնում էր այդ վարագույրի հետևը միայն անորոշ գծերով, այժմ միանգամից ներկայացավ նրան իր ամբողջ պարզությամբ:

Հեղինեն հուզված անցուդարձ էր անում սենյակում փոքրիկ արագ քայլերով և բերնից դուրս թռցրած կցկտուր բառերով կրկնում էր, թե բժիշկները ոչինչ չհասկացան, թե բոլորի քունն էլ տանում էր, թե ամենքն էլ շտապում էին, որ շուտով գնան քնեն:

Մանեն քարացած խոշոր աչքերով նայում էր ընկերուհուն, մտածում էր, թե ինչպե՞ս է, որ այնքան ծանր պեննանեն չի ընկնում նրա փոքրիկ քթից և, նրան լսելու տեղ, ականջ էր դնում հիվանդի սենյակից չոր հազի ձայներին, որոնք խուլ արձագանք էին տալիս մեջ-գիշերային անդորրության մեջ: Այժմ ավելի պարզ ու որոշակի, քան այնտեղ՝ հիվանդի սենյակում, նրա առջև պատկերանում էին Բադամյանի փակ աչքերը, որոնք կիսախավարի մեջ թվում էին թե փակ չեն,

այլ բաց ու դատարկ՝ անդունդի նման մութ ու խոր խոռոչներով, որոնց միջից այժմ նայում էր ինքը մահը:

Օդը ծանր էր և խաղաղ: Ժամանակն անցնում էր Մանեի համար ինչ-որ սարսափելի սպասողության մեջ, բայց նա հանգիստ, էր և ոչ մի բանից չէր վախենում: Նրան նորից տիրել էր միտքն ու զգացումները թմրեցնող այն անզորությունը, որի մեջ մարդ ապրում է մի տեսակ վերասլաց կյանքով, առանց զգալու իր ֆիզիկական գոյության ծանրությունը:

Մի կառք, դղրդացնելով խաղաղ փողոցը, մոտեցավ և կանգ առավ պատուհանի տակ: Հեղինեն մոտեցավ պատուհանին և նայեց ներքև: Մանեն անտարբեր հետաքրքրությամբ նայեց նրա հաստ մեջքին:

— Կարծեմ եղբայրդ է, Մանե, — խիստ անհանգստացած շշնջաց Հեղինեն, շտապով հեռանալով պատուհանից:

Մանեն նստած էր արձանի պես: Նրա դեմքի վրա ոչ մի գիծ չշարժվեց:

Վահանը մտավ իր լայն և հուժկու քայլերով: Սանդուղքներից բարձրանալուց քրտնել և հեթեթում էր սաստիկ: Քրոջը տեսնելուն պես կանգ առավ ակամա: Պարզ երևում էր, որ եկել էր քրոջ հետևից, բայց Մանեի դեմքը լավ դիտելուց հետո ոչ մի խոսք չասաց այդ մասին և դարձավ Հեղինեին.

— Անցնում էի այսպես. ասացի մեկ մտնեմ տեսնեմ ինչպես է Բադամյանը, — ասաց նա, ինքն էլ զգալով, որ շատ անշնորհք պատրվակ է առաջ բերում իր անժամանակ այցելության իսկական նպատակը քրոջից ծածկելու համար: — Կարո՞ղ եմ տեսնել նրան:

Հեղինեն իսկույն հասկացավ նրա մանևրը և նրան ներս տարավ հիվանդի սենյակը:

— Դուք Մանեի համար եք եկել, չէ՞, — հարցրեց նա:

— Այո:

— Գիտե՞ք, որ այստեղ է:

— Համոզված էի, որ այստեղ կլինի:

— Իսկ Սանթրոսյա՞նը:

— Ես քնած էի, որ նա եկավ ինձ մոտ հյուրանոց, զարթնեցրեց և ասաց, որ Մանեն տանը չէ և չի հայտնել, թե ուր է գնացել:

Կարծում էր, թե ինձ մոտ կլինի: Չծածկեցի, ասացի, որ այստեղ կլինի:

— Ի՛նչ եք ասում, — շշնջաց Հեղինեն սարսափած:

— Վնաս չունի: Խաբելն ավելի վատ կլիներ: Բաղամյանը նրա ազգականն է և մի տեսակ տանու մարդ էր, այնպես որ Սանթրոսյանը ուրիշ բան կասկածել չի կարող: Եվ տեսա, որ չկասկածեց և նույնիսկ չզարմացավ, որ ասացի, թե Մանեն այնտեղ կարող է լինել: Ուզում էր մինչև անգամ ինձ հետ գալ ի դեպ հիվանդին էլ տեսնելու, բայց չթողեցի: Որ նա երբեք էլ ոչինչ չի կասկածիլ — դրան ես համոզված եմ: Ցավն այս է, որ Մանեն ինքը չմատնի իրեն: Այս րոպեին որ նայեցի նրա աչքերին, վախեցա: Նա ընդունակ է ամեն բան անելու:

— Ես էլ այդ սարսափի մեջ եմ և մինչև այժմ չկարողացա համոզել որ գնա: Գիտե՞ք ինչ ասաց ինձ. ասաց, որ ամեն բան ինքը կհայտնի ամուսնուն:

— Ես հավատում եմ, որ այդպես էլ կանի:

— Բայց դա սարսափելի բան կլինի: Ի սեր աստծո, այնպես արեք, որ այդ հիմարությանը չանի, և տարեք, տարեք նրան շուտով: Մի քիչ առաջ չորս բժիշկ կար այստեղ: Կոնսիլիում ունեին: Միաձայն վճռեցին, որ ոչ մի հույս չկա:

— Մեզ չի՞ լսում արդյոք, — կամաց հարցրեց Վահանը, ակնարկելով հիվանդի կողմը:

— Սա՞... Սրա բանն արդեն վերջացած է: Բժիշկներն ասացին, որ այս գիշեր հազիվ թե լուսացնի: Եվ Մանեն այդ շատ լավ գիտե, թեև ես աշխատեցի ծածկել նրանից բժիշկների ասածը:

Վահանը ոտների ծայրերի վրա մոտեցավ հոգեվարքի մահճակալին, կարճ ժամանակ դիտեց Բաղամյանի արդեն մահվան դեղնությամբ պատած դեմքը և, ճնշված մոտալուտ մահվան պատճառած ծանր զգացման տակ, կամաց դուրս գնաց քրոջ մոտ:

Հեղինեն հետևեց նրան:

Մանեն նստած էր նույն դրության մեջ, ինչպես որ թողել էին նրան Վահանն ու Հեղինեն հիվանդի սենյակը մտնելիս:

— Մանե, ես գնում եմ, — ասաց Վահանը: — կգա՞ս տանեմ քեզ ձեր տուն:

Մանեն նայեց եղբորն այնպիսի հայացքով, որից երևում էր, որ չհասկացավ, թե ինչ ասաց Վահանը: Ըստ երևույթին, նա տարված էր մի չափազանց խոր մտքով, որը դեռևս զբաղեցնում էր նրան:

— Վեր կաց, սիրելիս, վեր կաց գնանք, — ասաց Հեղինեն այնպես, ինչպես խոսում են երեխայի հետ: — Վաղն առավոտյան ես քեզ տեղեկություն կտամ: Այս գիշեր կրիզիս է, և ես հաստատ համոզված եմ, որ վաղը լավ կլինի: Վեր կաց, արդեն շատ է ուշ է:

Մանեն վեր կացավ և, առանց մի խոսք անգամ արտասանելու, լունատիկի պես հետևեց եղբորը: Նրա հայացքը շարունակ հառած էր իր առաջ մի անորոշ կետի, ուր կարծես հոգի ու մարմին էր առել նրան զբաղեցնող միտքը և հիպնոսացրած գերեվարում էր նրան դեպի մի խորհրդավոր աշխարհ, որը, սակայն, իր խորհրդավորությամբ ամենևին չէր վախեցնում, այլ նույնիսկ գրավում էր նրան...

Սանթրոսյանը ըստ երևույթին հանգիստ, պարապում էր իր առանձնասենյակում, երբ կինն ու նրա եղբայրը ներս մտան: Ամուսինը գլուխը բարձրացրեց գրասեղանի վրայից, նայեց կնոջը և իսկույն վեր կացավ վախեցած:

Մանեն կանգնած էր նրա առաջ չափազանց գունատ և աչքերը վայր թողած: Գրասեղանի վրա դրված լամպի կապույտ լուսամփոփը մեռելային փայլ էր տալիս նրա դեմքին:

— Ի՞նչ է պատահել քեզ, հիվանդ ես, — հարցրեց ամուսինը:

— Բան չկա, — մեջ ընկավ Վահանը: — Բաղամյանի դրությունը մի քիչ ազդել է, կանցնի: Գնա, սիրելիս, գնա հանգստացիր, — ասաց նա քրոջը:

Մանեն կամաց հեռացրեց եղբոր ձեռքը և տեղից չշարժվեց:

— Մանե՛, դու ինձ վախեցնում ես, — բացականչեց Սանթրոսյանը:

— Լսիր, — ասաց Մանեն կարծես գերեզմանի միջից: — Նա մեռնում է… թերևս արդեն մեռած է... Իսկ ես... սիրում եմ նրան... սիրում էի նրան...

19

Գիշերվա ժամը երեքին մոտ էր:

Սանթրոսյանը դեռևս նստած էր մենակ իր

առանձնասենյակում և իզուր աշխատում էր խելքը գլուխը ժողովել: Նա լավ չէր հիշում, թե ինչ պատահեց կնոջ խոստովանությունից հետո, կարծես հանկարծ շշմեցրել էին նրան գլխին իջեցրած դագանակի այնպիսի մի զորեղ հարվածով, որից մինչև այժմ էլ չէր կարողանում ուշքի գալ: Մութ կերպով միայն հիշում էր, որ Վահանը քրոջը ներս տարավ ննջարան, որը գտնվում էր հենց առանձնասենյակին կից, հետո դուրս եկավ այնտեղից և ինչ-որ բաներ էր ասում, իսկ ինքը կանգնած էր ապուշի պես և ոչինչ չէր հասկանում նրա ասածներից: Հետո, մտավ մայրը գիշերվա զգեստով և քնաթաթախ և նույնպես ինչ-որ բաներ ասաց, որից նույնպես ոչինչ չհասկացավ: Վերջը տեսավ, որ մենակ է, և շուրջն այնպիսի անդորրություն է տիրում, որ կարծես աշխարհը քարացել էր: Ոչ մի ձայն, ոչ մի շշուկ չէր լսվում նույնիսկ դրսից: Լսվում էր միայն ծղրիդի մի խիստ համառ ճռինչ, որի մեկ գիշերվա անդորրությունն ավելի ևս քարացած էր թվում:

Սանթրոսյանին թվում էր, թե հանկարծ, մոգական մի գավազանի զորեղությամբ, ինքն ենթարկվել է հոգեփոխությանը, որ ինքն այլևս առաջվա մարդը չէ, այլ մի բոլորովին այլ արարած, որի մեջ ամեն ինչ օտար է, անծանոթ, զարմանալի և սարսափելի: Նույն օտարը, նույն անծանոթը, նույն զարմանալին ու սարսափելին նա տեսավ և զգաց Մանեի մեջ, որի չափազանց լուրջ, գունատ դեմքն իր վայր թողած աչքերով երևաց նրա առաջ և չքացավ ննջարանի դռան հետևը գերեզմանից ելած ուրվականի պես...

Սանթրոսյանը նստած էր արմունկները հենած ծնկներին և գլուխն առած ձեռքերի մեջ: Կնոջ ուրվականը չէր հեռանում նրա աչքի առջևից, և նա չէր իմանում ինչ է մտածում, ինչ է զգում. մտքերն ու զգացումները մի սարսափելի քաոս էին կազմում նրա մեջ: Նա նեղվում էր ծանր, տաք օդից, գիշերվա անդորրությունից ու մենակությունից և զգում էր, որ եթե պատուհանից մի քիչ հով փչեր, եթե ցերեկ լիներ, ինքն այդպես չէր նեղվիլ: Ծղրիդի ճռինչը մանավանդ ֆիզիկական ցավ զգացնելու չափ գրգռում էր նրա ջղերը, և նա չէր իմանում ո՛ւր փախչի, որ ազատվի այդ անտանելի համառ ճռինչը լսելուց:

Նա վեր կացավ, որ դուրս գնա պատշգամբ: Մութ հյուրասենյակով անցնելիս հարևան ճաշասենյակից խռոխտ հազի ձայներ լսվեցին: Նա ցնցվեց, կանգ առավ և ականջ դրեց: Վահանն էր հազողը: «Մի՞թե այստեղ է մնացել», — մտածեց Սանթրոսյանը և դուրս գնաց պատշգամբ:

Գիշերը զարմանալի խաղաղ էր: Բաց երկնքի տակ օդի մեջ թեև փոքր-ինչ զով թարմություն էր զգացվում, բայց և այնպես Սանթրոսյանը դարձյալ նեղվում էր, և այստեղ ևս լսվում էր ծղրիդի ճռինչը քաղցած մանկան լացի պես համառ և լռողի ջղերը քայքայող: Որքան նա աշխատում էր չլսելուն տալ, այնքան այդ ճռինչը հրամայաբար տիրում էր նրա ուշադրությանը: Վերջը տեսավ, որ այլևս ոչ մի բանի մասին չի մտածում, մտածում է միայն այն մասին, թե որտեղից է գալիս այդ ճռինչը — աջի՞ց, թե ձախից, վերևի՞ց, թե ներքևից, դրսի՞ց, թե ներսից, ինչպե՞ս չի հոգնում և ի՞նչ է ուզում ասել այդ փոքրիկ, աներևույթ միջատը գիշերվա անդորրությունն այդքան աղմկելով:

Բայց ահա կնոջ ուրվականը նորից եկավ կանգնեց նրա առաջ իր մեռելատիպ դեմքով: Այդ ուրվականը ինչ-որ բան ասաց — շատ խորհրդավոր և շատ զարմանալի մի բան — և անցավ չքացավ ննջարանի դռան հետևը...

Պատշգամբի կողքին երկրորդ թե երրորդ բաց պատուհանից նորից լսվեց Վահանի հազի ձայնը: «Մի՞թե այստեղ է մնացել», նորից մտածեց Սանթրոսյանը և ականջը լարեց դեպի այդ պատուհանը: Հազի ձայնը կրկնվեց: Սանթրոսյանը կամաց ներս գնաց, մթության մեջ խարխափելով անցավ հյուրասենյակով, շոշափելով գտավ ճաշասենյակի դուռը, զգուշորեն բաց արեց և կանգ առավ շեմքում: Ճաշասենյակում ևս ճրագ չկար վառված:

Նույն րոպեին ինչ-որ ճռճռաց, և լսվեց բոբիկ ոտների մի դրփոց հատակի վրա:

— Ո՞վ է, — կանչեց Վահանը, իր բամբ ձայնով:

— Դուք քնած չե՞ք, — կամաց հարցրեց Սանթրոսյանը:

— Փեսա՞:

— Ես եմ:

— Չէ, քնած չեմ:

— Կարո՞ղ եմ ձեզ մի փոքր անհանգստացնել:

— Կարող եք:

Սանթրոսյանը ներս մտավ և նույն զգուշությամբ դուռը փակեց իր հետևից:

Սենյակում այնքան մութն էր, որ կատարելապես ոչինչ չէր երևում, երևում էր միայն պատուհաններից մեկը, որի փեղկերը բաց էին, և այդ պատուհանից դուրս — դիմացի տան պատը, որ լուսավորված էր փողոցի լապտերի աղոտ լույսով: Նա կամաց առաջ անցավ՝ ձեռքերը տարածած իր առջև, որ մթության մեջ մի աթոռ գտնի, և հանկարծ դիպավ ճաշասեղանին:

— Սպասեցեք, ճրագ վառեմ, — ասաց Վահանը:

— Չէ՛, չէ՛, — արագ վրա բերեց Սանթրոսյանը շշունջով:

— Ես աթոռ եմ որոնում... Ահա, գտա... ճրագ հարկավոր չէ, չվառեք:

Աթոռը տարավ դրեց բաց պատուհանի առաջ և նստեց:

— Կարծում էի, թե գնացել եք, — ասաց նա:

— Ուզում էի գնալ, բայց մայրիկը չթողեց:

Տիրեց երկարատև լռություն:

— Դուք դեռ չե՞ք պառկել, — հարցրեց Վահանը:

— Պառկեցի, բայց քնել չկարողացա, — հանգիստ կերպով պատասխանեց Սանթրոսյանը: — Ամբողջ կյանքիս մեջ այս առաջին անգամն է, որ այսքան անհանգիստ գիշեր եմ անցկացնում, — ավելացրեց նա կարճ լռությունից հետո: — Չգիտեմ, իսկապե՞ս տոթ է, թե ես եմ, որ շնչելու օդ չեմ գտնում: Իսկ այն ծղրիդն էլ... լսո՞ւմ եք:

— Ի՞նչ ծղրիդ:

— Չե՞ք լսում:

— Հա: Ի՞նչ է որ:

— Եթե չեմ սխալվում, ծղրիդներն երևում են օգոստոսին, իսկ այժմ մենք դեռևս հունիս ամսումն ենք: Այնքան վատ է ազդում ինձ այդ ձայնը, որ կարծես քերթում են ջղերս բութ դանակով:

Սանթրոսյանը նորից լռեց մի կարճ ժամանակ, և ապա սենյակի մթության մեջ նորից լսվեց նրա հանգիստ ձայնը:

— Հարավային Ռուսաստանում եղած ժամանակս մի անգամ մի շատ սուր ընդհարում ունեցա պաշտոնակիցներիցս մեկի հետ: Խնդիրը վերաբերում էր անձնական պատվի, և ինձ հասցրած վիրավորանքը պիտի սրբվեր արյունով միայն, հետևյալ օրը կամ ես պիտի սպանեի ինձ վիրավորողին, կամ՝ նա ինձ: Եվ այնուամենայնիվ այդ օրվա նախընթաց գիշերն անգամ ես այսքան անհանգիստ չէի... Ի՛նչ է պատահում ինձ այս գիշեր — չեմ հասկանում: Խոհականությունս չեմ կորցրել, սառնասրտությունս — նույնպես, բայց և այնպես... ինձ թվում է թե... ամեն բան կորցրել եմ... ամե՛ն բան, ամե՛ն բան...

Նրա ձայնը նկատելի կերպով դողաց, և նա իսկույն լռեց:

Վահանը, անկողնակալի վրա նստած, տեսնում էր Սանթրոսյանի մութ ուրվագիծը պատուհանի քառանկյունի ֆոնի վրա և ուշի-ուշով ականջ էր դնում նրան:

— Իսկ Մանեն... քնա՞ծ է, — հարցրեց նա:

— Երևի... Չգիտեմ... Ես նրա մոտ չեմ մտել:

— Ինչպե՞ս թե...

— Մի՞թե ես այլևս իրավունք ունեմ նրա մոտ մտնելու...

Վահանը պարզ որոշել չկարողացավ, թե Սանթրոսյանն այդ խոսքերն արտասանեց մինչև հոգու խորքը վիրավորված մարդու հեգնությամբ, արդյոք, թե ներքին խիստ զսպած կատաղությամբ:

— Մեր միջև հանկարծ այնպիսի՛ մի վիհ է բացվել, որը... — ավելացրեց Սանթրոսյանը և դարձյալ լռեց:

Վահանի շատախոս լեզուն կարծես փորն էր ընկել: Նա չէր իմանում ինչ ասի, ինչպես հանգստացնի իր քրոջ մարդուն: Սանթրոսյանի երերուն ձայնից, արտասանած կցկտուր խոսքերից նա հասկանում էր, թե որքան տանջվում էր հոգեպես այդ մարդը, և նրան թվում էր, թե ինքն էլ մասնակից է իր քրոջ հանցանքին այդ դժբախտ մարդու առաջ, որ այդպես չարաչար տանջվում էր բոլորովին անարդար կերպով:

— Վիհ, ահավո՛ր մի վիհ, — կրկնեց Սանթրոսյանը, կարծես ինքն իրեն: — Մինչդեռ երեկ էր, այսօր էր, սրանից մի երեք ժամ առաջ էր, որ ես ոչինչ չգիտեի, ոչինչ չէի կասկածում, ոչի՛նչ... Եվ հոգիս այնքա՛ն խաղաղ էր: Իսկ այժմ... Իսկ ա՛յժմ: Ինձ թվում է, թե երազումս եմ, մի սարսափելի երազի մեջ, որից ուզում եմ դուրս գալ — չեմ կարողանում... Մանեն և... եթե ինձ ասեին, թե հանկարծ գայլ է դարձել, աղավնին՝ օձ, հրեշտակը՝ սատանա, եթե ինձ ասեին, թե երկինքը պիտի փուլ գա, աշխարհս պիտի կործանվի այս րոպեին, — կհավատայի, բայց այս բանին... բայց այն բանին, ինչ որ նա ասաց... այդ բանին չեմ ուզում հավատալ — չե՛մ ուզում, որովհետև հավատալու բան չէ և չի՛ կարող լինել... Մանեն և... Երկուսից մեկը. կամ ես մինչև այս հասակս միամիտ եմ եղել երեխայի պես և կամ թե մեր ժամանակումն իսկ կարող են այսպիսի հրաշքներ կատարվել: Մի՞թե դուք ևս հրաշք չեք համարում այս բանը, հրաշք, ամենազարմանալի հրաշքն աշխարհիս երեսին: Ահա մի ժամ է, երկու ժամ է, չգիտեմ որքան ժամանակ, կարծես թե աշխարհի գալուստ օրից ի վեր, մտածում եմ, մտածում եմ... ի՛նչ եմ մտածում — չգիտեմ: Ինձ թվում է, թե ուղեղս ցնցում է... զգում եմ, թե մեջս հետզհետե զարթնում է մի բան, սոսկալի մի բան, որ կարծես թե բռնում է ինձ պինդ, երկաթի ճանկերով և ստիպում է անել մի բան, զարհուրելի, աներևակայելի մի բան, որի մասին մտածելիս քարանում է ուղեղս, արյունս սառում է երակներիս մեջ... եվ ինձ թվում է երբեմն, թե արդեն կատարել եմ այդ բանը, և քիչ է մնում ճչում խելագար զարհուրանքով... ես հասկանում եմ, թե ինչ է այս և զսպում եմ ինձ, կարեվեր ջանք եմ գործ դնում զսպելու ինձ. ես ուզում եմ փախչել ինքս ինձնից, իմ մտածմունքներից, որոնք մրջյունների պես դժվժում են ուղեղիս մեջ, բայց... այս գիշերը, այս մութ գիշերը, այն ծղրիդը... Օ՛հ, ե՛րբ պիտի լուսանա վերջապես...

Սանթրոսյանին ուշքի բերեց մի ճթոց և ֆոսֆորային մի լույս, որ վառվեց և հանգավ Վահանի անկողնակալի վրա:

— Ի՞նչ եք անում, — հարցրեց նա:

— Ուզում եմ ծխել:

Մի ուրիշ լուցկի ճթաց և վառվեց:

Լույսի կարճատև լույսի տակ Սանթրոսյանը տեսավ Վահանին նստած, մերկ ոտները կախ արած և հաստ սիգարն ատամների մեջ բռնած: Լուցկին հանգավ, և այժմ սենյակի մթության մեջ լուսատտիկի պես առկայծում էր սիգարի կարմրավուն կրակը, վայրկենական լուսավորելով Վահանի մազազուրկ դեմքը: Սանթրոսյանի քթին դիպավ իրեն անսովոր և անախորժ ծխախոտի ծանր հոտը: Հեռու-մոտիկ հարևանի բակից լսվեցին քնաթաթախ մի կանչ, որն այնուհետև կրկնվում էր ընդմիջումներով, սկզբում խռպոտ, հետ հետզետե զլվելով:

— Կկանչի, կկանչի և նորից կքնի հանգիստ, — ասաց Սանթրոսյանը: — Իսկ ես...

նա լռեց և խոնարհվեց ծնկների վրա:

Պատի ժամացույցի լեզվակը, հարատև շարժուև, հնչեցնում էր մութ սենյակի լռության մեջ իր չափաբերական զարկերը խորհրդավոր անտարբերությամբ:

— Զարմանալի բան, — խոսեց Սանթրոսյանը երկար լռությունից հետո. — մարդ սկսում է խորը մտածել և խորը զգալ այն ժամանակ միայն, երբ հանկարծ դժբախտության մեջ է ընկնում: Ասում են, թե ուսումը, կրթությունը մարդուն կամքի ուժ և իրավունքի գիտակցություն են ներշնչում, բայց այս գիշերվա դեպքն ինձ բոլորովին հակառակն է համոզում: Ես տգետ մարդ չեմ, նույնիսկ մի ժամանակ պատրաստվում էի գիտական ասպարեզի համար, բայց և հազիվ թե որևէ մարդ այնպես թույլ և իրավազուրկ զգա իրեն, որքան ես եմ զգում ինձ այժմ: Ժողովրդի հասարակ մարդը, մի գռեհիկ գյուղացի, մի տգետ արհեստավոր, մի բիրտ բանվոր, եթե իմ տեղս լիներ այս րոպեին, կգիտենար, թե ինչ պիտի անի, և կաներ առանց տատանվելու, առանց երկմտելու, կաներ իսկույն, անձնատուր իր ամբողջ էությունը լափող անմիջական զգացմանը, իսկ ես... Ահավասիկ ես նստած եմ ձեր առաջ, թույլ, կամազուրկ, տատանվող, անվճռական, նույնիսկ վախկոտ, ինչպես մի Համլետ, որ ընդունակ է միայն մտածելու, մտածելու և սարսափելու իր մտածմունքներից: Ինչքան էլ որ խնդիրը շուռ եմ տալիս դեսուդեն, ինչ տեսակետից էլ որ մոտենում եմ նրան, իրավական թե բարոյական, փիլիսոփայական թե առօրյա կենցաղավարական, այնուամենայնիվ վերջ ի վերջո գալիս կանգ եմ առնում դարձյալ այն անողոք, անջնջելի կետի վրա, որ կինս, այսպես թե այնպես, իմս չէ այլևս, որովհետև սիրտն իմս չէ: Սա այնքան պարզ է, այնքան տրամաբանական, որ ավելորդ է անգամ այս մասին խոսել: Եվ այստեղ է, ահա, որ կտրվում են թևերս, և ես այնքան թույլ եմ զգում ինձ, այնքան իրավազուրկ, որքան նորածին մի մանուկ: Ի՞նչ կարող եմ անել: Իրավո՞ւնք ունիմ որևէ բան անելու, նույնիսկ հանդիմանական մի թեթև խոսք ասելու: Իբրև մարդ, նա ազատ է, նա անձեռնմխելի է, նա իրավունք ունի, իսկ ես չունիմ: Այդպես է պահանջում լոգիկան: Եվ երբ մի քիչ էլ առաջ եմ անցնում, տեսնում եմ, որ նույնիսկ ներելու իրավունք չունիմ, այո , նույնիսկ ներելու իրավունք, որովհետև ներելու իրավունք ունի միայն նա, ով ամենից առաջ պատժելու իրավունք ունի, իսկ ես հենց պատժելու իրավունքից է, որ զրկված եմ համարում ինձ: Ահա թե մինչև ուր կարող է տանել այս անողոք, այս պողպատյա լոգիկան: Շատ-շատ, ես իրավունք ունիմ միայն ասելու «մնաս բարև» և գնալ իմ ճանապարհով, բայց... հետո՞... Ահա՛ թե որտեղ է թաքնված Համլետը... Ապշելու բան է, թե ինչպես ձեռաց կարելի է փշրել մարդու ապագան, նրա ամբողջ կյանքը, այն բոլորը, ինչի համար նա երկար տարիներ տքնել, չարչարվել, տանջվել է... Ա՜խ, Մանե, Մանե, այս ի՞նչ արիր դու, այս ի՜նչ արիր...

Նրա հանգիստ ձայնը նորից դողաց, և նա ավելի կախեց գլուխը ծնկների վրա:

Աքաղաղը լռել էր, և մութ գիշերն առաջվա պես ննջում էր անդորր: Վահանի սիգարը մերթ վառվում էր, մերթ հանգչում, նրա անմազ դեմքը լուսավորելով իր վայրկենական անփայլ կրակով:

Հանկարծ ինչ-որ տարօրինակ խուլ ձայներ, քթի փփսոցի նման, դիպան Վահանի ականջին, «Լա՞ց է լինում», — մտածեց նա, նայելով Սանթրոսյանի կողմը: Սակայն այդ ձայներն իսկույն լռեցին:

— Ես նրան սիրում էի, չափազանց սիրում, — շարունակեց Սանթրոսյանը երերուն ձայնով, որից սակայն երևում էր, որ նա աշխատում է սրտապնդել իրեն: — Սիրում էի այն աստիճան, որ ամեն անգամ, երբ երկարատև բացակայություններից հետո գալիս էի տուն, նայում էի նրա աչքերին, գրկում էի նրան, ինձ թվում էր, թե պիտի մեռնեմ երջանկությունից... Եվ այս բոլորն այլևս չկա, չքացավ հանկարծ, միանգամից, միրաժի պես, անդարձ... Ի՞նչը ստիպեց նրան իր խոստովանությունն անելու ինձ և այդ էլ այն ժամանակ, ինքն իր աչքով տեսել և համոզվել էր, որ նա, ում որ սիրում է, մեռնում է: Չէ՞ որ ես երբե՛ք, երբեք չեմ կասկածել, չէի կասկածում և մինչև մահս էլ չէի կասկածիլ նրա հավատարմության և առաքինության մասին: Ուրեմն ինչո՞ւ արավ այդ բանը, ինչո՞ւ: Մի՞թե ինձ պատժելու համար... մի՞թե նրա համար, որ սրտիս մեջ գցեր այս թունավոր կասկածը, մի կասկած, որ վերաբերում է ոչ այնքան իրեն և նրան, ում որ սիրում է եղել, որքան ինձ, այո՛, ինձ, որովհետև ես այժմ մտածում եմ — և այս մտածմունքն ուղղակի մահ է ինձ համար — թե այն ժամանակ, երբ ես գրկում էի նրան և իմ ամուսնական իրավունքները բանեցնում, դրանով թերևս վայրենի մի բռնություն էի գործ դնում նրա զգացումների վրա, և նա չէր բողոքում այդ բանի դեմ կամ վախենալով ինձնից, կամ խղճահարվելով ինձ վրա... Եվ ես այժմ չգիտեմ, թե ո՛րն ավելի անտանելի, ավելի հուսահատական է ինձ համար — ա՞յն գիտակցությունն արդյոք, որ նա այլևս իմս չէ թե՞ այն կասկածը, որ նա իմս չէ եղել երբե՛ք, հենց սկզբից... Բայց մի ուրիշ բան կա, որ միանգամայն զինաթափ է անում ինձ: Այդ այն է, որ մտածում եմ, թե մի գուցե ես եմ պատճառը: Ապահով իմ ընտանեկան երջանկության վրա, վերին աստիճանի եսասեր և անհեռատես, կնոջս վրա նայելով իբրև մի առարկայի վրա, որով մարդիկ զվարճանում են հոգնատանջ աշխատանքից հետո, ես ընկել եմ մամոնայի հետևից, ամբողջ ամիսներ բացակայել եմ տնից, և մեկ տարի չէ, երկու տարի չէ... իսկ նա — դեռատի կին տաք արյունով, եռուն զգացումներով, զգվանքների կարոտ... մենակ... մոռացված կամ գրեթե մոռացված... Հետո, իմ այս հասակը... Չէ՞ որ ես մեծ եմ նրանից, կրկնակի մեծ... իսկ նա... այն պարոնը...

Սանթրոսյանը հանկարծ ոտի կանգնեց, և Վահանը տեսավ նրա մութ ուրվագիծը պատուհանի կիսախավարի ֆոնի վրա ձեռքերը տարօրինակորեն շարժելիս:

— Ո՛չ, ո՛չ, զզվելի, քստմնելի, զարհուրելի միտք է այս, — շշնջաց Սանթրոսյանն ատամները պինդ սեղմած իրար: — Այս է՛ս չեմ մտածում այսպես, սա նախանձի դևն է, որ մտել է զանգս և շամփրում է ուղեղս: Չեմ հավատում, չեմ ուզում հավատալ, չպետք է հավատամ դևի ներշնչումներին, այլապես իմ ֆլեգմատիկ բնավորությունն անգամ ընդունակ է կրակ դառնալու և լափելու մեկին էլ, մյուսին էլ և ինձ էլ նրանց հետ միասին...

Նա մի րոպե լռեց, ինչ՝ որ տարօրինակ հնչյուններ արձակելով, կարծես խեղդվելով օդի պակասությունից, հետո արագորեն առաջացավ դեպի այն կողմը, որտեղ երևում էր սիգարի կրակը, և կանգ առավ կիսաճանապարհին:

— Խոսեցեք, խոսեցե՛ք, ի սեր աստծո, — գրեթե ճչաց նա, բայց հանկարծ, կարծես ինքն իր ձայնից վախենալով, ձայնը խեղդեց կոկորդի մեջ: — Խոսեցեք, մի բան ասացեք, հանգստացրեք ինձ: Մի՛ լռեք, մի՛ խղճաք ինձ: Ասացեք ամեն բան, ինչ որ ճշմարիտ է: Փարատեցեք կասկածներս, միմիայն կասկածներս, և երդվում եմ՝, որ ես ձեր քրոջ մի մազին անգամ չեմ դիպչի…

Վահանը ձեռքով շոշափեց, գտավ կողքին աթոռի վրա դրած հագուստը, ձեռաց հագնվեց, վառեց ճաշասեղանի վրա առաստաղից կախված լամպը, սիգարը պատուհանից շպրտեց փողոց և գնաց կանգնեց ուղղակի Սանթրոսյանի առաջ:

Սանթրոսյանը կանգնած էր սաստիկ գունատ, հոգեկան սուր տանջանքից ծամածռված դեմքով:

— Լսեցեք, փեսա, — ասաց Վահանը շատ լրջորեն: — Եթե դուք կարծում եք, թե ես լռում եմ նրա համար, որ ոչինչ չունիմ ասելու կամ, այլ խոսքերով, հանցավոր եմ համարում քրոջս և չեմ ուզում ճշմարտությունն ասել ձեզ, որպեսզի դուք ձեռք չբարձրացնեք քրոջս վրա, շատ սխալվում եք: Ես լռում եմ նրա համար միայն, որ միջամտությունովս ցավին դարման չեմ անիլ:

Եվ, վերջապես, չէ՞ որ դուք ինքներդ ասացիք, թե մի անգամ որ նրա սիրտը ձերը չէ, ուրեմն ավելորդ է այս մասին խոսել: Այստեղ էլ պետք է վերջակետ դնեիք և մտածեիք միայն այն մասին, թե այսուհետև ինչ պիտի անեք: Բայց դուք դեռևս ուզում եք իմանալ ինչ-որ ճշմարտություն: Ես հասկանում եմ ձեր հոգեբանությանը: Որքան էլ դուք սառն դատողությամբ խնդիրը պարզ և վերջացած եք համարում հենց միայն այն իրողությամբ, որ ձեր կնոջ սիրտը, ուրեմն և ինքը, ձեզ չի պատկանում, այլ պատկանում է նրան, որին սիրում է, այնուամենայնիվ ձեր մեջ նստած կենդանաբանական արուն իր բողոքի ձայնն է բարձրացնում ձեր սառն դատողության դեմ և իր հրամայական պահանջներն է դնում ձեր առաջ ձեր էգի վերաբերմամբ, որին տիրելու բոլոր իրավունքները միմիայն ձեզ են տվել պետական և եկեղեցական ինչ հայացքով եմ նայում այս խնդրի վրա: Ես չեմ կարող և բարոյական ոչ մի իրավունք չունիմ դատավորի դեր ստանձնելու, հարցափորձ անելու, ստիպելու, սպառնալու: Դա դեմ է իմ խղճին, իմ համոզմունքին, իմ հասկացողությանը: Հենց միայն այն գիտակցությունը, որ տեսակցությունն ինձ հետ վերին աստիճանի ծանր պետք է լինի նրա համար, այս գիտակցությունն արդեն բավական է, որ ես միանգամայն խուսափեմ նրա հետ երես առ երես հանդիպելուց: Ես չեմ կարող տեսնել, թե ինչպես նա ճնշվում է իմ ներկայությունից, տանջվում է, չի ուզում պատասխանել և, այնուամենայնիվ, ստիպված է պատասխանել:

— Բայց չէ՞ որ դուք կոպիտ միջոցների չեք դիմելու: Չեք դիմելու, չէ՞:

— Այդ ավելի վատ:

— Ուրեմն ի՞նչ պիտի անեք, ձեր կարծիքով: Հիմա չեք ուզում նրա հետ երես առ երես հանդիպել, որպեսզի ձեր ներկայությամբ ճնշում չպատճառեք նրան, վաղն էլ, երևի, չեք ուզի մյուս օրն էլ, երևի... բայց մինչև ե՞րբ: Չէ որ մի օր, ուզեք-չուզեք, պետք է վերջ տաք այդ անորոշ դրությանը: Եվ, վերջապես, ես չեմ հասկանում, թե ինչպե՞ս պիտի անեք, որ, մարդ ու կին երես առ երես չհանդիպեք իրար երբեք: Հնարավոր բա՞ն է այդ:

— Դուք ճշմարիտ եք ասում, — ասաց Սանթրոսյանը Վահանի խելացի նկատողություններից ընկճված: — Իհարկե, այս բանը, այսպես թե այնպես, պետք է վերջացնել մի օր, բայց... Դուք ասացեք, ի՞նչ անեմ և ինչպե՞ս անեմ, քանի որ...

Նա չվերջացրեց և նորից շփոթված հայացքը, լի հոգեկան տանջանքի արտահայտությամբ, ման ածելով չորս կողմը, ձեռքերի մատները շփեց իրար այնքան ամուր, որ լսվեց խաղերի ճրթճրթոցը:

— Եկեք այսպես անենք, — ասաց Վահանը: — Գնանք նրա մոտ միասին: Ես կարծում եմ, որ թե դուք և թե նա այնքան չեք ճնշվիլ իրարից մի երրորդ անձի ներկայությամբ, որքան եթե մեն-մենակ հանդիպեք իրար: Համաձա՞յն եք:

Այս բանը, ըստ երևույթին, նստեց Սանթրոսյանի խելքում: Կարճ ժամանակ նա լայն բացած մտառու աչքերով նայում էր Վահանի աչքերին, հետո նրա դեմքը փոքր-ինչ պայծառացավ, և նա շշնջաց գրեթե ուրախացած.

— Այդ լավ ասացիք... Այո՛, այո՛, շատ լավ ասացիք: Այդպես անենք, այդպես ավելի լավ կլինի: Ոչ ես կճնշվեմ, ոչ նա: Ես այդ եմ ուզում միայն, ուրիշ ոչինչ: Հիանալի միտք է, հիանալի:

— Դե որ այդպես է, եկեք:

Վահանը առաջ ընկավ, Սանթրոսյանը հետևեց նրան: Նրանք անցան մութ հյուրասենյակով, որտեղ լուսո մի շերտ էր ընկնում առանձնասենյակի կիսաբաց դռնից: Առանձնասենյակից լսվում էր ծղրիդի ճռինչը, որը, սակայն, իսկույն լռեց, երբ նրանք ներս մտան այնտեղ:

Առանձնասենյակում Սանթրոսյանը կանգ առավ:

— Ես կմնամ այստեղ, երբ կանչեք, կգամ, — շշնջաց նա, զգալով, որ վարանումը նորից բռնում է իրեն ավելի ուժգին, քան մինչև այժմ:

— Շատ բարի, — ասաց Վահանը: — Այս դուռը բաց կթողնեմ:

Սանթրոսյանը նստեց աթոռի վրա և թաշկինակը մեքենայաբար տարավ դեպի ճակատը, որի վրա հանկարծ ինչ-որ սառն թացություն զգաց, իսկ Վահանը մոտեցավ ննջարանի դռանը:

Մտնելուց առաջ նա կամաց ծեծեց դուռը մատով և ականջ դրեց: Ներսից ոչ մի ձայն չլսվեց: Հետո նա զգուշորեն բաց արավ դուռը և ներս մտավ:

Ննջարանը լուսավորված էր արդուզարդի սեղանի վրա վառվող երկու մոմով, որոնց լույսերն անդրադառնում էին հայելու մեջ: Այդ լույսերը մերթ դողդողում, երկարում էին, կարծես տքնում էին բարձրանալ ավելի ու ավելի վեր, մերթ իջնում էին և անշարժանում: Մոմերը պարզ լուսավորում էին միայն իրենց շուրջը, իսկ սենյակի պատերի մոտ և անկյուններում, ուր նրանց լույսն անկարող էր փարատել կիսխավարը, կարծես թե ծուխ էր կանգնած:

Մանեն պառկած էր իր մահճակալի վրա շորերը հագին: Պառկած էր երեսն ի վեր, պառկած էր տարօրինակ կերպով. գլուխը բարձերի վրա չէր, այլ ընկած էր ներքև սաստիկ երկարացած վզով, — կարծես պառկած տեղից ինչ-որ բան էր դիտում հետևը. մի ոտը ծալված՝ գտնվում էր մահճի վրա և խճճվել էր շրջազգեստի փեշերի մեջ, մյուսը ձգված էր հատակի վրա, երևան հանելով նրա սև փայլուն կիսակոշիկը բարձր կրունկով և երկայն սև գուլպան մինչև սրունքը: Մոմերը լուսավորում էին նրան ոտների կողմից, և նրա դեմքը գտնվում էր կրծքից թռած ստվերի մեջ:

Վահանը կամաց խոնարհվեց նրա դեմքի վրա, հետո հանկարծ ավելի կռացավ և սկսեց լավ դիտել այդ դեմքը: Մանեի մի աչքը կիսաբաց էր, մյուսը՝ խուփ, ծնոտը ծռված էր, բերանը բացված էր լայն և նրա մեջ երևում էին փղոսկրի պես սպիտակ երկշար ատամները և ինչ-որ ուրիշ սպիտակ մի բան, փրփուրի նման... Այդ բոլորը այնպիսի արտահայտություն էին տվել նրա դեմքին, որ Վահանին սկզբում թվաց, թե նա լուռ ծիծաղում է: Մի ձեռքը կախ էր ընկած մահճակալից, մյուսով բաց էր արել կրծքի կոճակները և պոկել էր շապիկի նուրբ անկվածից մի կտոր. այդ կտորը տեղ-տեղ փաթաթվել էր նրա երկայն մատներին, որոնց վրա երկու մատանի, — մեկը պարզ՝ նշանի, մյուսը թանկագին շողակնյա, — պլպլում էին մոմերի լույսերից:

— Մանե՛, — կանչեց Վահանը և նրան թվաց, թե այդ իր ձայնը չէր, այլ ուրիշի ձայն, ոչ-մարդկային մի ձայն, որից ինքն էլ սարսափեց:

Մանեն պառկած էր նույն դրության մեջ, անշարժ, և նրա ահարկու դեմքը ծիծաղում էր առաջվա պես լուռ ու քարացած:

— Մանե՛, — կրկնեց Վահանը, մեքենայաբար առնելով քրոջ կախ ընկած ձեռքը:

Այդ ձեռքը թույլ էր փալասի պես:

Այնուհետև, այլևս չիմանալով, թե ինչ է անում, Վահանը երկու ձեռքով վրա ընկավ քրոջ ուսերին և բարձրացրեց նրան: Մանեի գլուխն իր ծիծաղող դեմքով ետ ընկավ թուլացած և կախ ընկավ, ավելի ևս երկարացնելով նրա սպիտակ նիհար վիզը:

Վահանը դիակը բաց թողեց թուլացած ձեռքերից: Դիակը վայր ընկավ, և գլուխը քարի ծանրությամբ խրվեց փափուկ բարձի մեջ, կզակը դեմ տալով կրծքին:

Մի րոպե Վահանին թվաց, թե սենյակը հանկարծ մթնեց, և հատակը փախչում է ոտների տակից: Նա պինդ բռնեց մահճակալի գլխից, որ վայր չընկնի: Նույն րոպեին, կարծես երազի մեջ, տեսավ Սանթրոսյանի դեմքը դիակի վրա խոնարհված, և այդ դեմքի վրա երկու ահագին աչքեր, որոնք կարծես դուրս էին պրծել խոռոչներից և խոշորացած բիբերով նայում էին խելագար զարհուրանքով... Հետո նրա ականջին դիպավ վայրենի մի ճիչ և ապա մի խուլ ձայն, — կարծես ինչ -որ ծանր ու փափուկ մի մարմին վայր ընկավ գորգի վրա...

Իսկ ծղրիդն այնտեղ շարունակում էր իր անվերջ միապաղաղ ճռինչը՝ միանգամայն անտարբեր դեպի մարդկային կյանքը, որ, անզոր ու անօգ, կարծես հավիտենական մի անեծքով, փոթորկում էր ցավատանջ գալարումներով և կործանվում կրքերի ողբերգական պայքարի մեջ...